Cadre d'action pour l'investissement

Édition 2015

OCDE
DES POLITIQUES MEILLEURES POUR UNE VIE MEILLEURE

Merci de citer cet ouvrage comme suit :
OCDE (2015), *Cadre d'action pour l'investissement Édition 2015*, Éditions OCDE, Paris.
http://dx.doi.org/10.1787/9789264235441-fr

ISBN 978-92-64-20867-4 (imprimé)
ISBN 978-92-64-23544-1 (PDF)

Crédits photo : © Janne Ahvo/iStock/ThinkStock.com.

Les corrigenda des publications de l'OCDE sont disponibles sur : *www.oecd.org/about/publishing/corrigenda.htm*.

Avant-propos

L'objectif du Cadre d'action pour l'investissement est de mobiliser l'investissement privé en faveur de la croissance économique et du développement durable, contribuant ainsi au bien-être économique et social des personnes dans le monde. Il vise également à faire avancer la mise en œuvre des Objectifs du Développement Durable et à contribuer à mobiliser du financement pour le développement en appui de l'agenda post-2015.

Se basant sur des bonnes pratiques internationales, le Cadre propose des lignes directrices dans douze domaines de politiques d'une importance critique pour améliorer la qualité de l'environnement favorable à l'investissement. Il encourage les décisionnaires à poser des questions pertinentes par rapport à leur économie, leurs institutions et la définition de l'action publique en vue de développer un ensemble de politiques effectif, et pour évaluer les progrès réalisés.

Le Cadre, initialement développé en 2006, a été mis à jour par un groupe de travail international, établi sous l'égide du Comité d'investissement et le Comité d'aide au développement dans le contexte du Groupe consultatif de l'OCDE sur l'investissement et le développement. La mise à jour tient compte des retours des nombreux utilisateurs du Cadre aux niveaux national et régional depuis sa création, ainsi que des changements dans le paysage économique mondial.

Le Cadre a été adopté et déclassifié par le Conseil de l'OCDE, le conseil de direction de l'organisation, et accueilli par les ministres lors de leur réunion annuelle à l'OCDE en juin 2015, accompagné d'une recommandation du Conseil pour promouvoir son utilisation par la communauté internationale. L'OCDE et ses partenaires vont continuer à collaborer, et coopérer avec la Banque mondiale, les Nations Unies et d'autres institutions intéressées, et bénéficier de l'implication effective du secteur privé, des syndicats et des organisations de la société civile, pour appuyer l'utilisation et la mise en œuvre effectifs du Cadre.

Table des matières

Mise à jour du cadre d'action pour l'investissement

Le *Cadre* a été créé en 2006 par un groupe de travail composé de représentants d'une soixantaine de pays. Étant l'un des rares instruments d'action élaborés par les gouvernements à l'appui du dialogue international sur la politique d'investissement, de la coopération et de la réforme, il a été largement appliqué dans des dizaines de pays dans toutes les régions du monde.

Cette expérience a permis de tirer de nombreux enseignements sur les améliorations possibles du *Cadre*, notamment en vue de soutenir l'agenda pour le développement pour l'après-2015, de trouver des financements au service des solutions de développement et de mettre en œuvre les Objectifs de développement durable. En outre, le paysage politique mondial a connu de profondes mutations depuis que le *Cadre* a été entériné lors de la Réunion du Conseil de l'OCDE au niveau des Ministres de 2006. De nouvelles forces ont remodelé l'investissement, notamment la crise économique et financière qui a éclaté en 2008, la montée en puissance de nouveaux investisseurs extérieurs et l'expansion des chaînes de valeur mondiale. Toutes ces évolutions ont conduit les Ministres des pays de l'OCDE à demander une mise à jour du *Cadre*.

Cette mise à jour a bénéficié d'un processus inclusif faisant intervenir de nombreuses parties prenantes, sous l'égide d'un groupe de travail réunissant des pays à divers stades de développement et présidé par la Birmanie (M. Aung Naing Oo, Directeur général de la Direction de l'investissement et de l'administration des entreprises au ministère de la Planification nationale et du Développement économique) et la Finlande (Son Excellence Okko-Pekka Salmimies, Ambassadeur auprès de l'OCDE et de l'UNESCO), ainsi que du Groupe consultatif de l'OCDE sur l'investissement et le développement – organe conjoint du Comité de l'investissement et du Comité d'aide au développement.

Le Groupe de la Banque mondiale, la CNUCED, la CESAP, la Commission européenne et d'autres organisations internationales ont participé à la mise à jour du *Cadre*, notamment à la faveur de réunions du groupe de travail et de consultations régionales en Afrique du Sud, en Indonésie, au Pérou et au Sri Lanka. Des organisations régionales telles que la Coopération économique pour l'Asie-Pacifique, l'Association des nations d'Asie du Sud-Est, la Communauté de développement de l'Afrique australe et les pays de la région MENA ont joué un rôle significatif dans les travaux de mise à jour. Une réunion du groupe de travail consacrée en priorité aux questions de mise en œuvre a été organisée conjointement avec le Groupe de la Banque mondiale à Washington, DC. Le processus a pu se prévaloir des contributions éclairées du Comité consultatif économique et industriel (BIAC), de la Commission syndicale consultative (TUAC), d'OECD Watch et d'autres représentants d'entreprises, d'organisations non gouvernementales et de cellules de réflexion lors de nombreuses consultations publiques et d'un processus de consultation en ligne.

Outre le Comité de l'investissement et le Comité d'aide au développement, onze autres comités de l'OCDE, appuyés par leurs secrétariats respectifs, se sont associés à la mise à jour du *Cadre* : le Groupe de travail sur la conduite responsable des entreprises ; le Groupe de travail du Comité des échanges ; le Groupe de travail sur le climat, l'investissement et le développement ; le Comité de la gouvernance publique ; le Comité de la politique de la réglementation ; le Groupe de travail sur la politique fiscale ; le Comité des affaires fiscales ; le Comité sur la gouvernance d'entreprise ; le Comité de l'emploi, du travail et des affaires sociales ; le Comité de la concurrence ; et le Groupe de travail sur les petites et moyennes entreprises (PME) et l'entrepreneuriat.

Au sein du Secrétariat de l'OCDE, la mise à jour a été gérée par la Division de l'investissement rattachée à la Direction des affaires financières et des entreprises, avec la contribution des divisions de la competition, de lutte contre la corruption, des affaires d'entreprises, et des affaires financières de la Direction des affaires financières et des entreprises. Des contributions importantes ont été également fournies par la Direction de la coopération pour le développement ; le Centre de politique et d'administration fiscales ; le Programme sur la fiscalité et le développement ; la Direction de l'environnement ; la Direction de la science, de la technologie et de l'innovation ; la Direction des Echanges et de l'Agriculture ; la Direction de l'Emploi, du travail et des affaires sociales ; la Direction de la Gouvernance publique et du développement territorial ; le Centre sur entrepreneuriat, les PME et le développement local ; et le Sécretariat des relations mondiales.

Préambule

L'objectif du *Cadre d'action pour l'investissement* est de mobiliser l'investissement privé en vue d'une croissance économique régulière et d'un développement durable, et ainsi de contribuer au bien-être économique et social des citoyens des pays du monde entier.

Le *Cadre* est un instrument qui propose une liste de questions importantes devant être examinées par tout pays soucieux de créer un environnement favorable à tous les types d'investissement et de faire en sorte que la société recueille davantage les fruits du développement. À cet égard, le *Cadre* vise à faire progresser la mise en œuvre des Objectifs de développement durable et à mobiliser les financements au service du développement.

Le *Cadre* s'inscrit dans le contexte plus large des efforts mondiaux accomplis récemment pour renforcer l'environnement international et national de l'activité économique. Il a en commun avec ces initiatives de promouvoir la transparence et un partage approprié des missions et responsabilités entre les pouvoirs publics, les entreprises, la société civile et les autres acteurs qui œuvrent au développement et à la lutte contre la pauvreté, et il s'appuie sur les valeurs de la démocratie et du respect des droits de l'homme.

L'objectif fondamental du *Cadre* est d'encourager les gouvernants à se poser les bonnes questions sur leur économie, leurs institutions et le cadre de leurs politiques afin de définir des priorités, de mettre en place un ensemble cohérent de mesures et de faire le point sur les progrès accomplis. Le *Cadre* ne formule pas un ensemble de prescriptions toutes faites et n'a pas non plus un caractère impératif. C'est au contraire un instrument flexible permettant de formuler et d'évaluer les choix fondamentaux auxquels se trouvent confrontés les pays dans la poursuite du développement au moyen de l'investissement.

En 2006, un Groupe de travail composé de représentants de gouvernement de 60 pays membres et non membres de l'OCDE a élaboré la structure et le contenu du *Cadre* en s'appuyant sur des consultations régionales en Afrique, en Asie, en Amérique latine et en Europe du Sud-Est. La Banque mondiale, les Nations Unies et d'autres institutions internationales, ainsi que des organisations patronales, syndicales et de la société civile ont également participé à la mise au point du *Cadre*.

Depuis sa création, le *Cadre* est utilisé dans le monde entier pour les examens de la politique d'investissement des pays réalisés par l'OCDE, mais aussi pour des applications à l'échelon infranational, à l'occasion de nombreux programmes et dialogues régionaux sur l'investissement, ainsi qu'au sein de groupements régionaux tels que l'Association des nations de l'Asie du Sud-Est et la Communauté de développement d'Afrique australe et dans le contexte du G20. Il trouve également une large utilisation lors d'activités ciblées de renforcement des capacités, d'examens mutuels et d'exercices de partage de connaissances, tout comme pour la formulation de conseils techniques sur l'investissement et le développement. Des applications sectorielles du *Cadre* ont aussi vu le jour, comme le

Cadre d'action pour l'investissement agricole et les *Lignes directrices pour l'investissement dans une infrastructure énergétique propre.*

Pour prendre en compte cette variété d'expériences et les transformations du paysage économique mondial, le *Cadre* a été mis à jour en 2014-15 sous l'égide d'un groupe de travail coprésidé par la Birmanie et la Finlande. Cette mise à jour a également bénéficié des contributions du Groupe consultatif de l'OCDE sur l'investissement et le développement, ainsi que de nombreuses consultations publiques, dialogues et séminaires en ligne.

Le *Cadre* mis à jour couvre un large éventail de domaines, mais ne prétend pas être complet. Au-delà de la stabilité macroéconomique, de la prévisibilité politique, de la cohésion sociale et du respect de l'état de droit, conditions préalables à un développement durable, le *Cadre* examine de nombreux autres domaines d'action de manière intégrée, en s'inspirant des bonnes pratiques mondiales, notamment : politique d'investissement ; promotion et facilitation de l'investissement ; politique commerciale ; politique de la concurrence ; politique fiscale ; gouvernance publique ; gouvernance d'entreprise ; politiques en faveur d'une conduite responsable des entreprises ; mise en valeur des ressources humaines ; cadre d'investissement pour la croissance verte ; investissement privé dans les infrastructures ; et financement de l'investissement. Le *Cadre* aide les pouvoirs publics à appréhender ces domaines dans leur ensemble, afin de promouvoir la cohérence des politiques au service d'objectifs économiques, sociaux et environnementaux.

D'autres questions, telles que le développement rural, la promotion des petites et moyennes entreprises, l'innovation, la parité homme-femme et l'entrepreneuriat féminin influent également sur l'environnement des entreprises. Le *Cadre* ne consacre pas une section spécifique à ces aspects, mais diverses questions dans différentes sections thématiques prennent expressément en compte leur importance pour les conditions de l'investissement et pour le développement durable.

Le *Cadre*, en encourageant un processus structuré de formulation et de mise en œuvre des politiques à tous les niveaux d'administration, peut être utilisé de diverses manières dans le contexte des stratégies nationales et régionales de développement. Les éclairages qu'il apporte peuvent être fructueux pour les auto-évaluations, les examens par les pairs, la coopération régionale et les discussions multilatérales, qui contribuent à définir les priorités pour les réformes qui ont trait à la politique d'investissement au service du développement durable. Le *Cadre* pourra aussi servir de référence pour les programmes de renforcement des capacités mis au point par les organisations internationales, pour les organismes de promotion de l'investissement, et pour les bailleurs de fonds qui aident les pays en développement partenaires à améliorer les conditions de l'investissement. Il aide également les organisations patronales et syndicales ainsi que d'autres organisations non gouvernementales à dialoguer avec les pouvoirs publics. Comme en témoigne son application depuis 2006, le *Cadre* peut être adapté avec souplesse aux besoins et aux conditions économiques, sociales, juridiques et culturelles particulières qui caractérisent les pays à différents stades de développement. Il peut également servir de base à la coopération internationale sur les questions liées à l'investissement, y compris à travers des initiatives d'intégration régionale et des initiatives émanant du pays d'origine.

L'OCDE, en collaboration avec les pays membres et non membres, les organisations partenaires, les donneurs et les autres parties concernées, prêtera son concours au niveau méthodologique – notamment pour l'élaboration des indicateurs de progrès – et dans le domaine du renforcement des capacités institutionnelles, en vue d'une utilisation efficace du *Cadre* compte tenu de la diversité des situations et des besoins. Le *Cadre* s'inspire aussi de l'expérience et des instruments de l'OCDE dans les domaines d'action entrant en ligne de compte et du dialogue mondial et régional engagé par ses comités avec les économies non membres. Il complète les initiatives récentes de l'OCDE qui s'adressent aux pouvoirs publics et aux entreprises, notamment les Principes directeurs de l'OCDE à l'intention des entreprises multinationales mis à jour en 2011, et pourra être mis en œuvre en synergie avec les travaux du Comité d'aide au développement de l'OCDE visant à favoriser une croissance durable tirée par le secteur privé.

Introduction

Le *Cadre d'action pour l'investissement* aborde la question du développement durable et inclusif par le prisme du développement tiré par le secteur privé. Porter l'attention sur le climat d'investissement offre un moyen d'appréhender de façon cohérente et exhaustive les défis de la croissance et du développement, en examinant la question sous l'angle microéconomique selon le point de vue du principal agent générateur de gains de productivité : l'entreprise. Cet angle d'approche n'a pas pour but de donner la primauté aux préoccupations des investisseurs privés : rendement privé et rendement social de l'investissement ne se rejoignent pas toujours, et les pouvoirs publics poursuivent à juste titre des objectifs de développement qui vont au-delà de la rentabilité des entreprises. Néanmoins, il offre un cadre permettant de comprendre les liens entre les politiques et leurs effets sur les résultats, tout en mettant en relief l'importance décisive de la gouvernance publique.

Le *Cadre* examine toutes les formes d'investissement faisant intervenir tous les types d'entreprises. Un climat propice à l'investissement offre des chances à tous les investisseurs, publics et privés, grands et petits, nationaux et étrangers. L'hétérogénéité des investisseurs, la diversité des facteurs qui sous-tendent les décisions d'investissement et la multiplicité des objectifs poursuivis par les pouvoirs publics plaident toutes en faveur d'une approche à l'échelle de l'ensemble de l'administration afin d'accroître la cohérence des politiques. Cette cohérence s'applique à chacune des composantes du climat d'investissement, qu'il s'agisse d'encourager l'investissement étranger, de promouvoir les effets d'entraînement et les retombées technologiques, d'augmenter la qualité de la main-d'œuvre, d'améliorer les infrastructures ou de tout autre domaine.

Le *Cadre* n'a pas un caractère prescriptif ; il n'existe pas de solution unique au développement du secteur privé qui puisse fonctionner dans tous les pays, dans tous les secteurs et à toutes les époques. Il reconnaît le rôle de la concurrence pour stimuler la croissance de la productivité et le principe connexe de non-discrimination et de traitement national, mais il reconnaît aussi que l'efficience économique n'est qu'un des termes de l'équation.

La gouvernance publique compte autant que les politiques d'amélioration du climat d'investissement. Le *Cadre* analyse non seulement les politiques, mais aussi la manière dont elles sont élaborées, coordonnées, mises en œuvre, évaluées et à terme modifiées. L'investissement implique de porter un jugement sur l'avenir. Ce qui compte aux yeux des investisseurs, ce sont tous les principes incarnés dans la notion d'état de droit : prévisibilité, transparence, crédibilité, responsabilité et équité. Le *Cadre* a été mis en place en réponse à cette complexité, et soutient une approche flexible à l'échelle de l'ensemble de l'administration qui reconnaît que l'amélioration du climat d'investissement nécessite non seulement d'engager des réformes, mais aussi de modifier la façon dont les gouvernants travaillent.

L'investissement au service de la croissance et du développement

L'investissement joue un rôle essentiel dans la croissance et le développement durable. Il augmente la capacité productive de l'économie, stimule la création d'emplois et la croissance des revenus. Les investissements sont majoritairement effectués par des entreprises nationales, mais l'investissement international peut procurer des avantages qui ne se limitent pas à la contribution au capital fixe. Il peut servir de vecteur de diffusion locale de la technologie et de l'expertise, notamment par la création de liens avec des fournisseurs locaux et par l'amélioration de l'accès aux marchés internationaux.

Le *Cadre* interprète l'investissement dans son sens le plus large. L'investissement peut prendre de nombreuses formes, depuis les actifs physiques jusqu'au capital humain ou intellectuel. Il peut accroître les capacités d'actifs existants ou simplement en améliorer l'efficience, par le biais d'un transfert de propriété par exemple. Lorsque les conditions sont réunies, il augmente la production globale en contribuant à l'accumulation des facteurs et en introduisant de nouvelles techniques et de nouveaux processus qui stimulent la productivité et, à terme, le niveau de vie du pays.

L'investissement ne doit pas être considéré comme une fin en soi. De fait, certains secteurs et certaines économies peuvent, à un moment donné, souffrir d'un excès d'investissement, qui aboutit à un excédent de capacités et à un gaspillage de ressources. L'investissement peut aussi se diriger vers des secteurs qui ne procurent pas suffisamment d'avantages productifs ou sociaux ou qui génèrent des atteintes à l'environnement. Les retombées de l'investissement sur la croissance et le développement dépendront autant, voire plus, de la qualité de l'investissement que de son volume.

À l'instar de la notion d'investissement, le concept de climat d'investissement doit être interprété de façon large. Un climat favorable à l'investissement contribue à mobiliser le capital, les compétences, la technologie et les intrants intermédiaires pour soutenir l'expansion des entreprises. Il canalise les ressources vers des usages plus productifs et, grâce à la pression concurrentielle et à la discipline imposée par les actionnaires et les créanciers, incite toutes les entreprises à opérer des gains d'efficience et favorise l'éviction des entreprises les moins productives. Il doit permettre aux entreprises d'effectuer des investissements productifs et rentables, mais l'enjeu n'est pas seulement de réduire le coût de l'activité économique et d'augmenter la rentabilité des entreprises. Il s'agit aussi de faire en sorte que l'investissement génère les retombées économiques et sociales les plus élevées possibles.

Le *Cadre* englobe les principaux domaines d'action qui concourent à un climat d'investissement sain et en mesure de répondre aux besoins des investisseurs comme de la société au sens large. Chaque ensemble de politiques influe sur les décisions des investisseurs et sur les rendements sociaux et économiques par divers biais. Pour comprendre pourquoi ces domaines d'action ont été sélectionnés et comment ils interagissent avec le climat d'investissement, il faut analyser comment l'investissement contribue à la croissance et augmente les niveaux de vie grâce aux gains de productivité.

Pourquoi se soucier de la productivité ?

La croissance de la productivité est indispensable à l'élévation durable du niveau de vie. Réaliser les gains d'efficience – au sein des secteurs et des entreprises – nécessaires à cette croissance est un défi pour tous les pays, qu'ils soient en développement ou plus avancés. Aux stades initiaux de développement, la productivité augmente à mesure que les travailleurs quittent des secteurs tels que l'agriculture de subsistance au profit d'activités manufacturières plus productives. Néanmoins, la croissance de la productivité proviendra en définitive d'un accroissement de l'efficience au sein des différents secteurs, dès lors que les concurrents les plus efficients gagnent des parts de marché au détriment des autres (efficience allocative) et que la concurrence incite toutes les entreprises restantes du secteur à améliorer leurs performances (efficience au niveau des entreprises).

Il faut agir dans de nombreux domaines couverts par le *Cadre* pour réaliser ces gains de productivité. Les réformes menées dans un domaine sans s'attaquer à des obstacles systémiques de plus large portée risquent de ne pas avoir l'effet escompté sur l'efficience.

- *L'efficience allocative* nécessite les éléments suivants : des marchés financiers performants ; une réglementation du travail qui, tout en protégeant les droits des travailleurs et en respectant les normes du travail internationalement reconnues, n'empêche pas la restructuration nécessaire des entreprises ; un droit de la faillite ; une politique de la concurrence qui veille à ce que les entreprises établies, qui sont parfois des entreprises publiques, ne restreignent pas l'entrée de nouveaux acteurs sur le marché ; et une politique de promotion des investissements qui s'emploie à ouvrir le marché aux investisseurs étrangers et à les aider à s'établir.
- Les gains d'efficience au niveau des entreprises proviennent essentiellement de la concurrence. Sans la pression des nouveaux venus sur le marché, les entreprises sont moins incitées à innover et à accroître leur efficience. Des études empiriques montrent que les secteurs dans lesquels la concurrence est plus vive connaissent une croissance de la productivité plus rapide. La concurrence peut être exercée par des rivaux nationaux et internationaux, qui exportent sur le marché ou qui y investissent directement. La politique de la concurrence joue un rôle central pour rendre le marché contestable et, partant, aboutir à des résultats productifs.

Les entreprises peuvent aussi devenir plus compétitives dès lors qu'elles disposent d'intrants plus nombreux et de meilleure qualité : capital, main-d'œuvre qualifiée ou spécialisée, technologie et infrastructure. Le cadre aborde chacun de ces aspects. À titre d'exemple, la diffusion de la technologie offre aux entreprises un moyen d'acquérir des connaissances technologiques et de se familiariser avec des méthodes de travail nouvelles et plus efficaces. Cela dépendra des possibilités de développer les capacités technologiques locales et d'absorber les technologies étrangères via les importations et l'investissement direct étranger (IDE), de l'aptitude des entreprises et des travailleurs locaux à assimiler ces connaissances en nouant des liens, de la volonté des entreprises étrangères de partager ces connaissances tout en protégeant les droits de propriété intellectuelle, et de la capacité de conserver le contrôle de la filiale.

Une administration plus efficace et efficiente

Ces gains d'efficience au niveau de l'entreprise sont étayés par un système de gouvernance publique efficace et efficient, qui avant tout respecte l'état de droit. L'encadré 1 énumère un certain nombre d'éléments que recouvre généralement le concept d'état de droit. Le *Cadre* s'intéresse à la qualité des institutions publiques et aux capacités de la fonction publique, et examine le processus de création des lois et leurs modalités de mise en œuvre, y compris tout le cycle de conception, consultation, application, évaluation et réexamen.

Encadré 1. Éléments de l'état de droit

1. La loi doit être accessible, intelligible et prévisible.
2. Les questions de droit et d'obligation juridiques doivent d'ordinaire être réglées par l'application de la loi et non par l'exercice d'un pouvoir discrétionnaire.
3. Le droit doit s'appliquer dans les mêmes termes à tous, sauf si des différences objectives et dûment expliquées justifient un traitement différencié.
4. Les ministres et agents publics à tous les niveaux doivent exercer les pouvoirs qui leur sont conférés en toute bonne foi, avec équité et dans le but en vue duquel ils ont été conférés, sans outrepasser les limites de leurs compétences et sans agir de manière déraisonnable.
5. La loi doit prévoir une protection appropriée des droits humains fondamentaux ainsi que des droits de propriété.
6. Les procédures d'adjudication par l'État doivent être équitables et ne doivent pas s'accompagner de coûts prohibitifs ou de délais excessifs.
7. L'État doit se conformer aux obligations qui découlent du droit international comme du droit national.

Source : Adapté de Bingham, T. (2010), *The Rule of Law*, Penguin Books.

Une mauvaise gouvernance se traduit notamment par une charge administrative élevée qui vient s'ajouter aux coûts de l'activité économique, tout en réduisant l'efficacité et l'efficience de l'administration publique proprement dite. Une réglementation excessive peut induire des coûts considérables pour les investisseurs, notamment pour les petites et moyennes entreprises (PME), et peut contribuer à expliquer l'importance des activités informelles dans une économie ou l'incapacité à attirer l'IDE.

Le *Cadre* ne remet pas en question le droit d'un État de réglementer dans l'intérêt général afin d'atteindre des objectifs prédéfinis et ne part pas non plus du principe qu'il vaut toujours mieux moins réglementer. Une réglementation bien conçue peut améliorer le climat d'investissement en créant un cadre efficient et en instaurant des critères rigoureux d'état de droit. Bien réglementer ne signifie pas obligatoirement moins réglementer. Il s'agit simplement d'alléger les contraintes administratives si nécessaire et de fixer des objectifs transparents pour la réglementation, dont l'efficacité fera l'objet d'un suivi et d'une évaluation périodiques.

Coût de l'activité économique

De nombreux domaines d'action couverts par le *Cadre* prennent en compte le coût de l'activité économique. Un investisseur potentiel appréciera ces coûts en les confrontant au rendement escompté de l'investissement, tandis qu'un exportateur potentiel les comparera à ceux supportés dans d'autres pays. En voici la liste :

- capital (emprunt et fonds propres) ;
- main-d'œuvre (qualifiée et non qualifiée, corrigée de la productivité) ;
- intrants intermédiaires (locaux et importés) ;
- infrastructures (transports, télécommunications, énergie, etc.) ;
- terrains ;

- administratifs (respect des réglementations) ;
- fiscalité ;
- corruption ; et
- coût de l'information et des recherches.

Le *Cadre* tente de déterminer comment améliorer l'accès aux financements, comment faire en sorte que les marchés du travail fournissent une main-d'œuvre dotée des compétences demandées par les investisseurs, comment des politiques commerciales qui facilitent l'accès aux importations d'intrants intermédiaires peuvent augmenter la compétitivité sur les marchés d'exportation, et comment canaliser l'investissement vers les secteurs d'infrastructure. S'agissant des coûts administratifs et de la fiscalité des entreprises, le *Cadre* s'interroge sur la façon de rendre le système plus efficient. Il réfléchit également au moyen de s'attaquer au fléau de la corruption, qui peut représenter un coût d'exploitation significatif sur certains marchés. La section consacrée à la promotion de l'investissement examine aussi les coûts de l'information supportés par les investisseurs en quête d'occasions d'investissement intéressantes et de fournisseurs locaux.

Gérer les risques

Investir implique d'engager des ressources dans l'espoir d'un rendement futur incertain. Le risque commercial est un aspect inhérent à toute activité économique, mais les changements imprévus des politiques publiques peuvent aussi avoir de lourdes conséquences sur la viabilité d'un projet. La prévisibilité des politiques est l'une des attentes des investisseurs les plus souvent citées lors des enquêtes.

Les pouvoirs publics peuvent atténuer le risque réglementaire en offrant aux investisseurs une certitude accrue en organisant des consultations lorsque des réformes sont entreprises et en garantissant la transparence quant aux modalités de règlement des différends. Les investisseurs se soucient des risques réglementaires. Ils les anticipent en relevant le taux de rentabilité d'un projet, et ces risques se traduisent par une moindre efficience même si l'investissement est effectué parce qu'un rendement élevé est attendu.

Une solution pour améliorer la prévisibilité des politiques consiste, lorsque des changements réglementaires sont envisagés, à organiser des consultations publiques de grande ampleur en phase de conception avec le secteur privé, les organisations syndicales et d'autres parties prenantes. Une économie dans laquelle l'état de droit est solidement ancré rassurera les investisseurs potentiels sur le fait que les différends susceptibles de surgir avec des partenaires commerciaux ou avec les pouvoirs publics seront traités équitablement et dans le respect des droits de l'investisseur.

Les gouvernants peuvent aussi offrir le recours à d'autres moyens de règlement des différends, par le biais de traités bilatéraux d'investissement ou au cas par cas. Si l'État choisit de ratifier des traités d'investissement, des mesures complémentaires doivent être prises afin de sensibiliser l'ensemble de l'administration aux engagements souscrits, renforcer les capacités des services publics à honorer ces engagements et élaborer des mécanismes (création d'un médiateur pour l'investissement, par exemple) destinés à prévenir la survenue de différends.

Absence de discrimination

La réflexion sur l'état de droit revient en partie à déterminer si tous les acteurs économiques – à la fois au sein de l'administration et du secteur privé – sont égaux devant la loi. Très souvent, les lois elles-mêmes favorisent certains investisseurs. Cette discrimination peut s'opérer entre acteurs nationaux et étrangers, publics et privés, grands et petits, établis ou nouveaux venus, voire au sein d'une même entreprise entre différentes catégories d'actionnaires.

Presque tous les États pratiquent la discrimination sous une forme ou sous une autre, parfois délibérément, parfois involontairement. Par exemple, les investisseurs étrangers se heurtent parfois à des restrictions concernent le pourcentage de participation qu'ils peuvent acquérir dans le capital d'une entreprise locale, surtout dans les secteurs clés. Parfois, les entreprises publiques échappent à l'application du droit de la concurrence, et les PME peuvent également bénéficier d'un traitement de faveur, sous la forme d'avantages fiscaux ou d'exemptions réglementaires. Des pertes de productivité peuvent se produire non seulement dans le secteur proprement dit, mais également dans les secteurs en aval qui dépendent des intrants fournis par le secteur protégé.

Le *Cadre* aborde la question de la discrimination dans de nombreux domaines de l'action publique, et souligne les coûts potentiels en termes d'investissements manqués et de pertes d'efficience, mais sans remettre en cause le droit des pouvoirs publics de favoriser certains investisseurs plutôt que d'autres afin d'atteindre des objectifs sociaux, économiques ou environnementaux. Cela étant, les pouvoirs publics peuvent souhaiter envisager si des mesures non discriminatoires seraient suffisantes pour répondre à des préoccupations spécifiques. Lorsque des mesures discriminatoires s'imposent, elles doivent être proportionnelles – limitées à ce qui est nécessaire pour répondre à des préoccupations générales – et mises en regard d'objectifs mesurables, et régulièrement évaluées par rapport à ces objectifs. Des évaluations périodiques peuvent être réalisées à la faveur d'une obligation de renouvellement périodique des restrictions discriminatoires.

Le secteur privé est hétérogène

La réflexion sur la discrimination met en évidence la notion selon laquelle il n'existe pas un seul climat d'investissement dans une économie, mais plusieurs. Non seulement certaines entreprises sont confrontées à plus de restrictions que d'autres, mais différentes entreprises dans différents secteurs ne sont pas touchées de la même manière ou dans une même mesure par les coûts et risques décrits précédemment. Aux yeux de certains investisseurs, certains domaines d'action comptent plus que d'autres. Un climat d'investissement attractif prend en compte cette hétérogénéité des entreprises au sein d'une économie : publiques et privées, nationales et étrangères, petites et grandes, mais aussi formelles et informelles.

Même lorsque les entreprises sont similaires, le cadre d'action peut varier fortement en fonction de l'emplacement de l'activité ; par exemple, les zones économiques spéciales offrent un environnement caractérisé par moins d'obstacles réglementaires et autres que dans le reste de l'économie. Le cadre d'action peut aussi différer sensiblement en fonction du secteur et de la région considérés.

Même lorsque des entreprises sont soumises à des réglementations strictement identiques, leur application peut présenter des variations très marquées. Par conséquent, les différences de facilité à exercer une activité économique au sein d'un pays peuvent parfois être aussi prononcées qu'entre pays. Les entreprises qui rencontrent le moins d'obstacles sur le plan de la mise en œuvre des réglementations sont souvent les entreprises de grande taille et les entreprises locales bénéficiant d'un bon réseau ou les investisseurs actifs dans des secteurs prioritaires. Un traitement différencié de facto peut autant nuire à la croissance de la productivité et plus généralement au climat d'investissement qu'une discrimination inscrite dans le droit.

Promouvoir un investissement responsable

Durabilité et investissement responsable font partie intégrante d'un climat propice à l'investissement et doivent être prises en compte dès le départ, et non après coup. À condition d'être soigneusement mis en œuvre, les principes relatifs à l'état de droit exposés dans l'encadré 1 contribueront à faire en sorte que les entreprises adoptent une conduite responsable, en définissant ce qu'on attend d'elles et en précisant les sanctions applicables en cas d'infraction. Les États peuvent également souscrire à des normes internationales, comme aux *Principes directeurs de l'OCDE à l'intention des entreprises multinationales*, ou désigner un interlocuteur chargé des questions de conduite responsable des entreprises au sein de l'administration qui devra veiller à ce que les investisseurs étrangers présents sur leur territoire et leurs propres entreprises qui investissent à l'étranger agissent de manière responsable.

Dans certaines situations, comme après un conflit, les pouvoirs publics peuvent non seulement être en deçà des attentes internationales concernant les lois régissant une conduite responsable des investisseurs, mais aussi ne pas disposer des capacités administratives nécessaires pour appliquer ces normes.

La responsabilité n'est pas la seule affaire des investisseurs étrangers soucieux de préserver leur réputation internationale. Elle concerne désormais toutes les entreprises qui participent aux chaînes d'approvisionnement, qu'elles soient à capitaux nationaux ou étrangers. Un climat d'investissement qui n'impose pas le respect de certaines règles de conduite responsable des entreprises, y compris en lien avec les normes internationales en matière d'emploi et d'environnement, risque de faire fuir les investisseurs internationaux et les clients étrangers.

Diriger l'investissement là où il est nécessaire

Jusqu'à présent, la réflexion a en grande partie porté sur la nécessité de supprimer les obstacles inutiles à l'investissement au sein de l'économie. Néanmoins, un développement inclusif et durable nécessite parfois de canaliser l'investissement vers certains secteurs ou certaines activités en particulier. Cela peut impliquer d'aider les petites entreprises familiales ou les activités propices à une plus grande participation des femmes au marché du travail. L'investissement peut cibler un secteur en particulier, comme celui des infrastructures, ou appuyer la croissance verte : investissement dans l'infrastructure verte, dans la gestion durable des ressources ou le soutien au secteur des services et des biens environnementaux.

Une partie de cet effort pour canaliser l'investissement impliquera de lever les obstacles sectoriels, qu'ils résultent des mesures prises par les pouvoirs publics ou qu'ils soient propres à la structure du marché de chaque secteur. Cet effort peut être complété par des incitations ciblées et bien conçues mais, plus largement, il exigera aussi de mener des politiques qui font en sorte que les rendements perçus par les investisseurs dans ce secteur soient suffisants pour les convaincre d'investir.

Politiques et pratiques horizontales

Une politique d'investissement efficace s'ancre dans des institutions solides et une gouvernance publique de qualité. L'état de droit, une réglementation de qualité, la transparence, l'ouverture et l'intégrité sont les conditions requises pour mener une politique d'investissement. Une action efficace dans tous ces domaines encouragera l'investissement et réduira le coût de l'activité économique. Des institutions solides contribuent à préserver un environnement prévisible et transparent pour les investisseurs.

Un environnement fondé sur la confiance facilite la politique d'investissement. Une confiance élevée peut faciliter le respect des lois et des règlements, rassurer les investisseurs et réduire l'aversion au risque. Pourtant, seulement 40 % des citoyens des pays de l'OCDE en moyenne déclarent faire confiance à leur administration, tandis que 57 % estiment que la corruption est une pratique généralisée dans les entreprises (Gallup World Poll, 2013). Cette défiance reflète en partie les séquelles de la crise, causée par de nombreuses erreurs réglementaires et de gestion, non seulement de la part des pouvoirs publics, mais aussi des entreprises, qui se sont répercutées sur la confiance. Pour regagner la confiance du public, les États doivent prouver qu'ils s'acquittent de leurs fonctions législatives et réglementaires avec diligence et que leurs décisions sont équitables et libres de toute influence indue. La confiance suppose que les agents publics observent des normes élevées en matière d'intégrité ; et notamment que les questions de conflit d'intérêts soient dûment traitées, que les lignes directrices sur le lobbying soient respectées et les risques de corruption et de fraude dans les domaines à haut risque comme les marchés publics soient effectivement pris en compte.

Des approches de la politique d'investissement associant l'ensemble de l'administration permettront d'améliorer les résultats et de rationaliser l'utilisation des fonds publics. La politique d'investissement – à l'instar de la compétitivité, de l'atténuation du changement climatique, de la gestion des évolutions démographiques et de l'innovation – est un enjeu qui appelle des réponses qui dépassent le champ des compétences d'un seul organisme public ou ministère. Les investisseurs sont de plus en plus demandeurs de politiques et de services publics qui apportent des réponses fluides et efficaces à leurs besoins et qui ne peuvent pas être assurés par des structures administratives cloisonnées. La bonne gouvernance est désormais synonyme d'action conjointe, par laquelle les administrations coopèrent de façon coordonnée au-delà des cloisonnements. Une mauvaise coordination peut accroître le risque de doublons, de dépenses inefficaces, de services de mauvaise qualité et d'objectifs contradictoires, autant de facteurs pesant sur la confiance des investisseurs. Les approches de la conception et de la mise en œuvre des politiques qui associent l'ensemble de l'administration deviennent un objectif poursuivi par de nombreuses administrations publiques afin de tenir compte de points de vue pluridisciplinaires dans l'élaboration des politiques, d'améliorer la coordination et de faciliter le partage des ressources ; elles doivent s'accompagner de la création de guichets uniques qui facilitent les relations entre les investisseurs et les pouvoirs publics. Les politiques de l'investissement, qui poursuivent des objectifs multiples et impliquent de nombreux acteurs économiques, des PME aux multinationales, sont un exemple éloquent de la nécessité d'une approche à l'échelle de l'ensemble de l'administration. La cohérence est essentielle pour assurer une réglementation de qualité, qui est l'un des piliers d'une politique d'investissement efficace.

Coordination intergouvernementale. L'existence de règles, procédures et règlements redondants et parfois conflictuels entre ministères et niveaux d'administration, y compris entre l'administration centrale et les collectivités locales et parfois entre les autorités supranationales et nationales, peut imposer des contraintes administratives aux investisseurs. Différents pays opteront pour différents degrés de décentralisation, mais l'expérience des pays de l'OCDE donne à penser qu'une certaine coordination centrale est indispensable au succès de la gouvernance réglementaire.

La transparence et l'engagement peuvent produire des politiques de meilleure qualité en associant davantage les parties prenantes. Aujourd'hui, la transparence est un ingrédient essentiel de la bonne gouvernance. Des procédures d'élaboration des politiques plus ouvertes et plus inclusives contribuent à prendre des décisions plus en phase avec les besoins et les attentes des citoyens et des entreprises. Faciliter la participation des parties prenantes à la conception et à la mise en œuvre des politiques conduit à mener une action mieux ciblée et plus efficace. La notion d'administration ouverte transforme rapidement la façon de travailler des gouvernements et des institutions publiques, en interne mais aussi avec les citoyens, les entreprises et les organisations syndicales. La prise en compte du point de vue des investisseurs, comme de celui d'autres parties prenantes, lors de l'élaboration ou de la révision des politiques, contribue à la légitimité et à l'efficacité de l'action publique. En outre, il y a plus de chances que la politique menée soit saine et ne provoque pas d'effets secondaires inopinés si elle est définie de façon transparente et structurée en intégrant les contributions de toutes les parties intéressées.

Innovation et amélioration de la conception et du déploiement des politiques. L'adoption du concept d'administration ouverte offre au secteur public une occasion unique d'améliorer son efficacité. Les entreprises, les investisseurs et les citoyens sont plus à même d'examiner les résultats de la politique publique, de commenter ses défaillances et ses échecs, et d'inciter les pouvoirs publics à s'améliorer. Progressivement, cette intervention devient un puissant facteur de réforme et de modernisation du secteur public, en tirant le meilleur parti des nouvelles technologies de l'information et des communications. Les acteurs non gouvernementaux sont de plus en plus souvent associés à l'élaboration et à la mise en œuvre des politiques, voire même à l'évaluation de leurs effets. Grâce aux plateformes Internet et aux outils conviviaux de partage de données et d'informations, les pouvoirs publics peuvent encourager la création d'un écosystème de divers acteurs engagés dans la mise en œuvre des politiques publiques et l'évaluation de leurs résultats. Les politiques de l'investissement devraient également tirer profit d'approches novatrices à toutes les étapes du processus.

La *coopération internationale* peut compléter et même renforcer les efforts nationaux pour améliorer le climat des affaires. Plus les normes sont harmonisées ou bénéficient d'une reconnaissance mutuelle entre pays, plus les entreprises auront de facilités à investir à l'international ou à exporter. Les accords nationaux sur les échanges et l'investissement peuvent accroître la visibilité des règles applicables aux investisseurs étrangers dans les pays signataires.

Questions et principes essentiels

1. Les lois et règlements, ainsi que leurs mécanismes d'application et d'exécution, sont-ils clairs, transparents et aisément accessibles ? Cette transparence s'étend-elle aux questions de procédure ?
2. Comment les pouvoirs publics veillent-ils à ce que les lois et les règlements n'imposent pas des contraintes superflues aux investisseurs ? Existe-t-il un mécanisme intégré d'examen périodique de ces contraintes ? Ces contraintes sont-elles mesurées et quantifiées ?
3. Comment les pouvoirs publics garantissent-ils que les politiques menées seront suffisamment prévisibles pour les investisseurs ? Existe-t-il un processus d'examen des décisions administratives ?
4. Les pouvoirs publics ont-ils institué des mécanismes et procédures efficaces de consultation publique comprenant une procédure de notification préalable, avant d'adopter de nouvelles législations et réglementations ?
5. Dans l'exercice de son droit de réglementer et de fournir des services publics, les pouvoirs publics ont-ils mis en place des mécanismes pour garantir la transparence de tout traitement discriminatoire à l'égard d'une catégorie d'investisseurs et pour réexaminer périodiquement les coûts de ce traitement par rapport à l'objectif public poursuivi ?
6. Quels sont les mécanismes mis en place pour gérer et coordonner la politique de la réglementation aux différents échelons de l'administration afin d'assurer la cohérence et l'application transparente des réglementations ?

Questions supplémentaires

Transparence	• Comment les pouvoirs publics sensibilisent-ils à l'importance de la transparence au sein de l'administration ? • Existe-t-il des obligations juridiques en matière de transparence ? S'appliquent-elles à la législation primaire et dérivée ? À l'échelon national et infranational ? • La transparence s'étend-elle aux décisions administratives et judiciaires ? • Par quels moyens les lois et règlements sont-ils communiqués aux investisseurs étrangers ou mis à leur disposition sur demande ? Des traductions de lois en anglais ou en d'autres langues sont-elles aisément accessibles ? Les agences de promotion des investissements jouent-elles un rôle à cet égard ? • Les PME rencontrent-elles des difficultés particulières pour se procurer les informations visées ? • Existe-t-il des exceptions à la transparence, fondées sur des impératifs de sécurité nationale ou de confidentialité, et sont-elles clairement définies et délimitées ? • Les critères d'exercice du pouvoir discrétionnaire par les autorités chargées des marchés publics sont-ils bien définis et accessibles au public ? • Existe-t-il un registre des règlements actuels et à l'étude ? • Les textes réglementaires sont-ils diffusés par voie électronique ?
Consultation publique	• Les investisseurs étrangers font-ils normalement l'objet de notifications et de consultations préalables concernant l'objet et la nature des modifications réglementaires susceptibles de les intéresser ? Quelles sont les principales méthodes utilisées à cet effet ? Les procédures de notification et de commentaire sont-elles codifiées ? • Les consultations publiques prévues font-elles l'objet d'une publicité adéquate, sont-elles bien organisées, facilement accessibles et tenues au moment opportun ? • Les consultations sont-elles suffisamment ouvertes à l'ensemble des parties intéressées, y compris aux PME, aux organisations syndicales et aux investisseurs étrangers ? • Les autorités de réglementation peuvent-elles s'appuyer sur des orientations claires sur le déroulement des consultations ? • D'autres échelons d'administration et ministères fonctionnels sont-ils également consultés ?

Stabilité et prévisibilité des politiques	• Que font les pouvoirs publics pour accroître la stabilité et la prévisibilité des politiques ? • Les intérêts des investisseurs existants sont-ils pris en compte au moment de la révision de la réglementation ? • Voir également les sections 1 et 3 consacrées à l'investissement international et aux accords commerciaux.
Évaluation et examen périodiques	• Les politiques sont-elles soumises à un réexamen périodique pour s'assurer qu'elles atteignent leurs objectifs ? • Des solutions de remplacement sont-elles envisagées afin d'atteindre les mêmes objectifs ? • Des analyses d'impact de la réglementation sont-elles requises pour les lois nouvelles ou révisées ? Ces analyses sont-elles appliquées pour réexaminer la législation existante ?

Ressources supplémentaires

Principes et normes

APEC-OCDE (2005), *Liste de référence commune APEC-OCDE sur la réforme de la réglementation,* OCDE et Asia-Pacific Economic Cooperation, *www.oecd.org/regreform/34989455.pdf.*

OCDE (2003), *Cadre OCDE pour la transparence de la politique de l'investissement,* Éditions OCDE, Paris, *www.oecd.org/investment/investment-policy/16793978.pdf.*

OCDE, *Liste de critères de référence de l'OCDE pour la prise de décision en matière de réglementation,* Éditions OCDE, Paris, *www.oecd.org/regreform/regulatory-policy/35220214.pdf.*

Outils, orientations et manuels

Banque mondiale (2006), *Business licensing reform: A toolkit for development practitioners,* Banque mondiale, Washington, DC.

Commission européenne (2005), *Consultation des parties prenantes dans l'élaboration de la politique des petites entreprises au niveau national et régional,* Rapport final du groupe d'experts, Commission européenne, Bruxelles, *http://ec.europa.eu/DocsRoom/documents/2114/attachments/1/translations/fr/renditions/native.*

OECD (2014), *Panorama des administrations publiques 2013,* Éditions OCDE, Paris, *http://dx.doi.org/10.1787/gov_glance-2013-fr.*

OCDE (2003), *Open Government: Fostering Dialogue with Civil Society,* Éditions OCDE, Paris, *http://dx.doi.org/10.1787/9789264019959-en.*

OCDE (2001), *Des citoyens partenaires : Manuel de l'OCDE sur l'information, la consultation et la participation à la formulation des politiques publiques,* Éditions OCDE, Paris, *http://dx.doi.org/10.1787/9789264295575-fr.*

Indicateurs et analyse comparative

Banque mondiale, *Ease of Doing Business Indicators, www.doingbusiness.org.*

Banque mondiale, *Worldwide Governance Indicators, http://info.worldbank.org/governance/wgi/index.aspx#home.*

1. Politique d'investissement

Dans le *Cadre d'action pour l'investissement*, la notion de politique d'investissement est prise au sens large. Elle comprend non seulement les lois, réglementations et mesures relatives à l'admission d'investisseurs, aux règles applicables une fois qu'ils sont établis, et à la protection de leurs biens, mais également les objectifs et les attentes concernant la contribution des investissements au développement durable, tels que ceux définis dans les plans nationaux de développement. Comme dans d'autres domaines du *Cadre d'action*, la manière dont la politique d'investissement est élaborée et modifiée influe sur les décisions d'investissement. Un investissement étant par nature un pari sur l'avenir, la transparence, la prévisibilité et la crédibilité des politiques publiques sont des considérations importantes. Ces politiques sont vouées à évoluer dans le temps ; ce qui compte le plus pour les investisseurs est la façon dont ces modifications interviennent, comme il est expliqué plus loin.

La politique d'investissement est quelquefois inscrite dans une loi indépendante sur l'investissement, parfois couvrant à la fois les investisseurs étrangers et nationaux, parfois impliquant deux lois distinctes. Elle peut porter aussi bien sur le degré d'ouverture à l'investissement que sur la protection offerte aux investisseurs, et établit souvent une liste de secteurs où les investisseurs sont soumis à des restrictions, que ce soit dans la loi elle-même ou dans les textes réglementaires la mettant en œuvre. Cette liste dite « négative » peut comprendre des secteurs ou sous-secteurs où tous les investissements privés sont interdits ou limités, des secteurs réservés aux petites et moyennes entreprises (PME), et des secteurs où les investisseurs étrangers sont soumis à des restrictions. En améliorant la transparence et la prévisibilité, une loi sur l'investissement peut également être un moyen d'envoyer un signal et donc de promouvoir le pays en tant que destination d'investissement.

Beaucoup de pays, y compris parmi les membres de l'OCDE, ne possèdent pas de loi spécifique sur l'investissement. Ce type de loi ne constitue ni une garantie, ni une condition préalable de la qualité du cadre de l'investissement. La politique d'investissement peut être énoncée dans d'autres textes législatifs (par exemple la Constitution, les lois encadrant la conduite des entreprises ou les lois sectorielles). Bien qu'une loi sur l'investissement puisse ajouter de la transparence au régime applicable aux investissements, elle peut aussi est une source d'incertitude si elle présente des incohérences avec d'autres lois. Les accords internationaux sur l'investissement, abordés à la fin de cette section, ajoutent un étage à la politique d'un pays en matière d'investissement en prévoyant des protections complémentaires aux investisseurs étrangers couverts par les traités.

Transparence et prévisibilité

L'existence d'un cadre réglementaire juste, transparent, clair et prévisible pour les investissements influe de manière déterminante sur les décisions d'investissement et leur contribution au développement. Ce cadre est spécialement important pour les PME qui rencontrent souvent des difficultés particulières pour intégrer l'économie formelle et se conformer à ses règles. Il est important aussi pour les investisseurs étrangers, parfois amenés à opérer avec des systèmes réglementaires, des cultures et des cadres administratifs très différents des leurs. L'incertitude qui peut planer sur la capacité à faire respecter les droits et obligations légaux augmente le coût du capital et est donc un mauvais point pour la compétitivité des entreprises et l'investissement. De plus, un système juridique comportant de telles ambiguïtés est une porte ouverte à la corruption : les investisseurs risquent davantage de chercher à protéger ou promouvoir leurs intérêts par des pots-de-vin, et les acteurs publics peuvent rechercher des avantages illégitimes.

Pour améliorer la qualité du cadre réglementaire de l'investissement, les pouvoirs publics peuvent organiser des consultations avec les parties intéressées ; simplifier et codifier la législation, y compris la législation sectorielle ; rédiger les textes dans un langage clair ; recenser les réglementations existantes et envisagées ; développer la diffusion électronique des documents réglementaires ; et publier et analyser les décisions administratives. Ils peuvent également améliorer la mise en œuvre du cadre réglementaire de l'investissement en veillant à ce que les agents chargés d'appliquer la réglementation aient des pouvoirs appropriés, soient bien formés, perçoivent une juste rémunération, et disposent de moyens suffisants pour mener leurs tâches à bien. Les agents doivent rendre entièrement compte de leurs actes, en particulier des décisions prises en vertu de pouvoirs discrétionnaires.

Composantes de la politique d'investissement nationale

Le principe de non-discrimination, le degré d'ouverture à l'investissement étranger, la protection des droits de propriété des investisseurs et les mécanismes de règlement des différends relatifs aux investissements sont des aspects essentiels de la politique d'investissement sur lesquels reposent le processus de création d'un environnement d'investissement de qualité pour tous.

Non-discrimination

La non-discrimination est l'un des piliers d'un climat de l'investissement attractif. Le principe de non-discrimination garantit à tous les investisseurs d'être traités sur un pied d'égalité dans des situations analogues, quelle que soit la composition de leur capital. Il peut figurer comme principe général dans la Constitution ou dans des textes réglementaires de niveau inférieur, comme la loi sur l'investissement, et son champ d'application peut présenter d'importantes variations. L'une des notions dérivées du principe de non-discrimination dans le contexte de l'investissement étranger est celle du traitement national, qui impose à un État de traiter les entreprises détenues ou contrôlées par des entités étrangères d'une façon non moins favorable que les entreprises nationales dans des situations analogues.

Aucun pays n'applique intégralement le traitement national, même dans les pays membres de l'OCDE où les restrictions posées à l'investissement étranger sont, en moyenne, généralement moindres que dans les autres parties du monde. Si les autres caractéristiques du climat de l'investissement sont favorables, les investisseurs peuvent quand même venir malgré les restrictions de fonctionnement auxquels ils sont soumis une fois établis, l'expérience montrant toutefois que les restrictions à l'investissement direct étranger (IDE) se traduisent par un volume d'IDE globalement inférieur. Au-delà de l'impact sur l'IDE, toute politique publique qui favorise certaines entreprises par rapport à d'autres engendre un coût, notamment une diminution de la concurrence et donc une efficience inférieure au niveau des entreprises. Pour cette raison, les exceptions à la non-discrimination doivent être évaluées dans le but de déterminer si le motif initial de l'exception (par exemple l'argument de l'industrie naissante) demeure valable, compte tenu d'une analyse des coûts et avantages, notamment une évaluation de la proportionnalité de la mesure. L'examen de l'ensemble des coûts et avantages est particulièrement important dans les secteurs des services (par exemple les télécommunications) indispensables à un large éventail d'activités économiques dans le pays.

Les exceptions au traitement national figurent souvent dans une liste négative jointe à la loi sur l'investissement. En l'absence d'une liste de ce genre, les investisseurs étrangers doivent rechercher des indications dans la législation sectorielle. Les principaux types de restrictions que les investisseurs étrangers peuvent rencontrer sont recensés ci-dessous :

- mécanismes d'approbation pour les investisseurs étrangers ;
- limites à la participation étrangère au capital des entreprises ;
- personnel clé (dirigeants, experts techniques et administrateurs étrangers) ;
- rapatriement des bénéfices et de capitaux ;
- possession de biens fonciers destinés à usage industriel ou commercial ;
- limitations en matière d'extension des activités ;
- obligations de réciprocité ;
- capital minimum différent de celui imposé aux entreprises locales ;
- obligations de contenu local ;
- accès à des financements locaux ;
- préférence donnée aux entreprises locales par rapport aux entreprises à capital étranger dans les marchés publics.

La discrimination potentielle entre investisseurs étrangers et nationaux peut fonctionner dans les deux sens. Les investisseurs étrangers peuvent bénéficier d'incitations inaccessibles aux investisseurs nationaux. Des solutions permettant aux pouvoirs publics de gérer judicieusement les incitations sont présentées dans d'autres sections du *Cadre d'action*.

Protection des droits de propriété

Expropriation

La notion d'expropriation comprend l'*expropriation directe,* où l'État obtient la cession officielle d'un titre ou la saisie physique pure et simple d'un bien, et l'*expropriation indirecte,* où l'État intervient dans l'utilisation d'un bien ou dans la jouissance des gains qu'il procure, même lorsque le bien n'est pas saisi et que le titre légal de propriété du bien n'est pas affecté. Le degré de protection contre l'expropriation indirecte qui est conféré par la législation nationale varie beaucoup d'un pays à l'autre, y compris au sein de l'OCDE. Déterminer si une disposition réglementaire peut constituer une expropriation indirecte devant donner lieu à indemnisation est une question examinée au cas par cas. Il ne suffit pas qu'une réglementation ait un impact négatif sur les bénéfices retirés pour qu'elle soit automatiquement considérée comme un acte d'expropriation. Certaines législations prévoient que, sauf en de rares circonstances, des actions réglementaires non discriminatoires en vue de protéger des objectifs légitimes d'intérêt public, notamment la santé publique, la sécurité et l'environnement, ne sont pas considérées comme constituant des expropriations.

Sécurité foncière

Le fait d'avoir des droits fonciers protégés et bien définis encourage les nouveaux investissements et favorise le maintien des investissements existants ainsi que la gestion viable du patrimoine foncier. Les investisseurs doivent avoir l'assurance que leurs droits fonciers sont convenablement reconnus et protégés et qu'ils sont protégés contre une expulsion sans indemnisation. La sécurité foncière ne passe pas nécessairement par une propriété privée ou un titre officiel. De simples droits de jouissance, tels que ceux conférés par un bail, peuvent assurer une sécurité foncière s'ils sont clairs, d'une durée définie et si le contrat ne peut pas être rompu unilatéralement. La sécurité foncière ne découle pas tant du statut juridique des droits détenus que du consensus social sur leur légitimité et de la fiabilité des mécanismes de règlement des différends au cas où il en surviendrait.

Pour qu'il puisse y avoir sécurité foncière, l'administration foncière doit être accessible, fiable et transparente. Les responsabilités de l'administration centrale et celles de l'administration locale doivent être clairement définies afin de favoriser l'efficience, réduire la corruption et améliorer l'application et le respect de la législation. Si elle s'accompagne de mécanismes appropriés de renforcement des capacités et de financement au niveau local, la décentralisation de l'attribution et de l'administration des droits fonciers peut améliorer le contrôle des pouvoirs en matière de gestion foncière et faciliter la participation des populations locales au processus décisionnel.

L'administration foncière doit contribuer activement à la planification de l'occupation des sols pour assurer des investissements viables et un développement territorial équilibré et aider à concilier les différents objectifs d'utilisation des terres. Des plans d'occupation des sols doivent être élaborés à tous les échelons de l'administration et actualisés régulièrement avec une large participation du public pour minimiser les risques de différends fonciers et assurer la prise en compte des priorités et des intérêts des populations locales. Ils doivent intégrer les multiples rôles économique, social, culturel, environnemental et politique du patrimoine foncier.

Correctement mis en œuvre, l'enregistrement des droits fonciers peut améliorer la sécurité foncière par la consignation des droits individuels et collectifs de jouissance foncière, facilitant ainsi la cession des droits fonciers et permettant aux investisseurs de demander réparation en justice en cas de violation de leurs droits de jouissance. Les titres de propriété foncière peuvent permettre à leurs détenteurs d'utiliser leur bien comme sûreté pour accéder à des crédits. Les cadastres et les systèmes d'information foncière doivent être convenablement maintenus et portés à la connaissance du public. Un cadastre complet et actuel peut réduire les délais nécessaires pour acquérir des droits fonciers, diminuer la corruption et faciliter le recouvrement des impôts. En revanche, un cadastre mal tenu risque d'augmenter la probabilité de différends fonciers.

L'acquisition de droits fonciers est souvent un processus long et complexe pour les grands investisseurs, c'est pourquoi des mesures facilitant les acquisitions foncières pourraient avoir des répercussions très positives sur les investissements. Dans le même temps, les droits fonciers légitimes qui existent doivent être protégés de manière appropriée afin que, par exemple, des négociations ou des transactions foncières de grande envergure ne se traduisent pas pour la population locale par un déplacement, la perte de moyens de subsistance ou un accès plus limité à la terre. La législation peut prévoir des évaluations *ex ante* et *ex post* de l'impact environnemental et social pour les acquisitions foncières dépassant une certaine superficie afin de garantir le caractère transparent et inclusif du processus d'attribution foncière.

Les droits fonciers sont une cause fréquente de conflit, par exemple entre des investisseurs et des populations locales en raison de différends relatifs à des terres sur lesquelles celles-ci détenaient des droits de jouissance informels, et aussi en raison du manque de transparence, en particulier sur les conditions et le processus d'acquisition foncière. Des institutions compétentes, efficaces, transparentes et indépendantes doivent être mises en place pour résoudre les différends fonciers. La négociation, la médiation et l'arbitrage peuvent faciliter une justice équitable et accessible.

Protection des droits de propriété intellectuelle

Les droits de propriété intellectuelle encouragent à investir dans la recherche-développement, favorisant ainsi la création de produits et de procédés novateurs. Ils donnent aussi aux détenteurs de ces droits la confiance nécessaire pour partager des nouvelles technologies dans le cadre de coentreprises ou de contrats de licence. De cette manière, les innovations intéressantes sont diffusées au niveau national et international, avec pour effet de stimuler la productivité et la croissance.

La propriété intellectuelle peut être une grande source de richesse, d'où l'importance vitale d'avoir des systèmes d'enregistrement de qualité. Il faut veiller en particulier à ce que la protection dont la propriété intellectuelle fait l'objet assure un juste équilibre entre la nécessité de stimuler l'innovation et la compétitivité des marchés et l'intérêt pour la société d'avoir accès à des nouveaux produits à des prix abordables.

Le régime des droits de propriété intellectuelle intéresse non seulement les grandes entreprises et les sociétés multinationales, mais aussi les PME. Alors qu'elles représentent un moteur d'innovation important, les PME ont souvent besoin de renforcer leur potentiel d'investissement dans des activités d'innovation. Elles ont tendance à sous-utiliser le système de propriété intellectuelle. Des mesures destinées à le rendre plus accessible peuvent donc contribuer à attirer des investissements dans la recherche-développement et à faire profiter la collectivité de leurs retombées positives.

L'investissement direct étranger peut être un canal important de transfert de technologie entre les pays, et la solidité du régime de propriété intellectuelle influe sur la volonté d'investir des détenteurs de technologie étrangers. Les faits semblent montrer que là où les droits ont du poids, les entreprises étrangères sont plus susceptibles non seulement d'investir mais aussi de partager des technologies avec des partenaires locaux et d'engager des activités de recherche-développement au niveau local.

Exécution des contrats et règlement des différends

La capacité à établir et faire respecter des contrats et à résoudre les différends est fondamentale pour que les marchés fonctionnent correctement. De bonnes procédures d'exécution améliorent la prévisibilité dans les relations commerciales en garantissant aux investisseurs que les tribunaux locaux feront respecter rapidement leurs droits contractuels. Lorsque les procédures d'exécution des contrats sont trop lourdes et bureaucratiques ou lorsque les différends sur les contrats ne peuvent pas être réglés rapidement et à moindre coût, les entreprises peuvent avoir tendance à limiter leurs activités. Les acteurs feront peut-être davantage appel à leurs relations personnelles et familiales ; les banques risquent de réduire le montant de leurs prêts, faute d'avoir l'assurance de pouvoir recouvrer leurs créances ou d'obtenir le contrôle des biens servant de sûretés à des emprunts ; et les transactions en espèces seront peut-être l'unique mode de paiement possible. Le résultat :

moins de financements disponibles pour l'expansion des entreprises, et un ralentissement des échanges commerciaux, des investissements, de la croissance économique et du développement.

Le système judiciaire joue un rôle décisif dans l'exécution des contrats et le règlement des différends, tant entre acteurs privés qu'entre un investisseur et l'État. Il fournit des biens publics essentiels en mettant à la disposition du public des interprétations de la loi. L'efficacité, l'efficience, l'intégrité et l'indépendance des tribunaux sont des considérations importantes pour tous les investisseurs, y compris les PME et les entreprises étrangères. Il est possible de rendre le système judiciaire plus attractif pour les investisseurs en renforçant l'indépendance des juges, en ayant des procédures judiciaires efficaces et prévisibles et en assurant la bonne exécution des jugements. De nombreux pays ont créé des tribunaux de commerce spécialement chargés de gérer les différends commerciaux.

D'autres mécanismes de règlement des différends, comprenant l'arbitrage, la médiation et la conciliation, sont également disponibles et de plus en plus utilisés pour résoudre les différends commerciaux. Toutefois, lorsque les procédures de ce type sont confidentielles, elles ne contribuent pas au développement de la loi, contrairement aux affaires traitées au tribunal. Quand les différends sont réglés par une procédure d'arbitrage en dehors du pays, les lois nationales doivent garantir que les tribunaux nationaux reconnaîtront et feront respecter ces décisions conformément aux règles internationales applicables.

Accords internationaux sur l'investissement

L'objectif général des accords internationaux sur l'investissement est de promouvoir et protéger les investissements de l'une des parties contractantes sur le territoire de l'autre partie contractante. Ils précisent, avec des variations dans le champ d'application et le contenu, les règles de traitement des investisseurs et de leurs investissements, notamment :

- le traitement national ;
- les garanties contre l'expropriation sans indemnisation ;
- les garanties de traitement juste et équitable ou la norme minimale internationale de traitement ;
- la protection et la sécurité intégrales ;
- le règlement des différends entre investisseurs et États, en permettant aux investisseurs étrangers couverts d'engager des procédures d'arbitrage à l'encontre du pays d'accueil lorsqu'ils jugent qu'il y a eu infraction aux garanties prévues par le traité.

Les approches suivies concernant les traités d'investissement varient selon les pays et dans le temps, ainsi qu'entre les traités d'investissement bilatéraux les plus courants et les accords de libre-échange comportant un volet sur l'investissement. Le *Cadre d'action* n'a pas pour objet de déterminer si les États doivent ou non signer des accords ni à quoi un accord doit ressembler, mais il pose un certain nombre de questions susceptibles d'aider les pouvoirs publics à examiner quelques points essentiels soulevés par ce type d'accords et quelles mesures pourraient accompagner la décision d'offrir des protections particulières aux investisseurs internationaux. Avant de se décider à conclure des accords internationaux sur l'investissement, les autorités doivent d'abord et avant tout être sûres d'avoir les capacités nécessaires pour honorer leurs engagements et négocier des accords permettant d'atteindre les objectifs de développement durable.

Les accords sur l'investissement apportent un étage supplémentaire de sécurité aux investisseurs étrangers couverts et peuvent offrir le recours à un arbitrage international en cas de différends entre investisseurs et États. Les investisseurs ont besoin d'être relativement assurés que tout différend avec l'administration publique sera réglé rapidement et équitablement, en particulier dans les pays où ils ont des doutes sur la fiabilité et l'indépendance des tribunaux nationaux. Ce type d'accords peut aussi aider les pays à améliorer leur propre législation nationale en matière d'investissement. Pour toutes ces raisons, plus de 3 000 traités d'investissement bilatéraux ont été négociés et signés, en particulier dans les années 90.

La prolifération des traités d'investissement bilatéraux et régionaux et la multiplication des sentences arbitrales ont contribué à rendre de plus en plus complexe le paysage international des politiques d'investissement. Aujourd'hui, les États signent moins de traités bilatéraux et concentrent leurs efforts sur les accords commerciaux régionaux comportant un volet sur l'investissement. Que ce soit dans les pays développés ou en développement, la tendance est à affiner et moderniser la structure et le contenu des traités d'investissement, notamment en précisant des dispositions centrales, par exemple sur la définition de l'investissement, le traitement juste et équitable, et les règles applicables en cas de différends entre investisseurs et États.

La mise en cause des États dans des procédures d'arbitrage international en matière d'investissement suscite de plus en plus l'attention. Le nombre de plaintes reste modeste en comparaison des montants considérables des investissements internationaux couverts par ce type de dispositions, mais l'arbitrage peut toutefois coûter cher aux États incriminés, non seulement sur le plan des frais juridiques mais aussi des montants réclamés qui peuvent atteindre des centaines de millions, voire des milliards de dollars. Une Table-ronde sur la liberté d'investissement organisée par l'OCDE a été l'occasion d'analyser et de discuter en détail des mécanismes de règlement des différends entre investisseurs et États, notamment en mettant en place une base de données des dispositions figurant dans un large éventail de traités d'investissement.

Quelle que soit l'approche suivie par un État en matière d'accords internationaux sur l'investissement, des mesures complémentaires peuvent permettre de garantir la cohérence des traités avec les priorités nationales et de réduire le risque de différends aboutissant à une procédure d'arbitrage international. Tous les ministères concernés doivent participer au processus de négociation afin que toutes les composantes de l'administration soient au courant des engagements pris et afin d'aider à repérer toute incohérence entre ces engagements et la législation nationale. Comme dans tous les domaines de la politique publique, les autorités doivent organiser de vastes consultations avec toutes les parties prenantes, y compris les investisseurs étrangers, et réfléchir à des mécanismes institutionnels destinés à éviter les différends, par exemple en proposant des services de médiation aux investisseurs pour tenter de résoudre les problèmes qu'ils ne se transforment en différends.

En dépit de l'intérêt que peuvent présenter les accords internationaux sur l'investissement, ils ne doivent pas dispenser les États d'améliorer l'environnement des affaires national sur le long terme. Toute démarche active de négociation de traités internationaux doit s'accompagner de mesures visant à améliorer la capacité, l'efficacité et l'indépendance du système judiciaire national, la qualité du cadre juridique du pays, et la solidité des institutions nationales chargées de mettre en œuvre et faire respecter cette législation.

Questions et principes essentiels

Cadre juridique général de l'investissement

1. Les pouvoirs publics ont-ils mis en place un cadre juridique et réglementaire clair et complet pour la conduite des activités économiques et des investissements ?
2. Comment les pouvoirs publics veillent-ils à ce que les lois et réglementations concernant les investissements, leur mise en œuvre et leur exécution soient cohérentes, claires, transparentes et aisément accessibles et n'imposent pas de charges excessives ?
3. Comment les autorités concilient-elles les besoins de flexibilité de la politique publique avec les efforts nécessaires pour rendre le cadre juridique plus stable et prévisible et l'objectif de maximiser la contribution des investissements au développement ?
4. Les lois, traités et réglementations sont-ils élaborés en consultation avec les parties intéressées, et tous les ministères et organes publics concernés participent-ils ?

Non-discrimination et traitement national

5. En phase avec leur stratégie générale de développement, les pouvoirs publics ont-ils érigé la non-discrimination en principe général des lois et réglementations qui régissent l'investissement ?
6. L'impact économique des restrictions restantes, notamment sur la capacité à attirer des investissements, est-il réexaminé périodiquement pour évaluer leurs coûts au regard de leur objectif public escompté ?
7. Les autorités ont-elles exploré d'autres moyens non discriminatoires d'atteindre leurs objectifs stratégiques ?
8. Les restrictions (portant par exemple sur les procédures d'examen, la participation étrangère au capital, le personnel clé, le rapatriement des bénéfices) sont-elles facilement identifiables par les investisseurs et formulées de manière transparente ?

Sécurité foncière

9. La législation foncière est-elle claire et facilement accessible aux utilisateurs des terres et le patrimoine foncier est-il géré de manière efficace et transparente ? Comment les droits fonciers sont-ils attribués, administrés et protégés à l'échelon national et infranational ?
10. Quelles mesures ont été prises pour améliorer la sécurité foncière des utilisateurs des terres nationaux et étrangers, petits et grands ?

Droits de propriété intellectuelle

11. Le pays a-t-il ratifié les conventions internationales afférentes et mis en œuvre des lois et des réglementations destinées à protéger les droits de propriété intellectuelle ?
12. Comment l'objectif de favoriser l'innovation et l'investissement dans la R-D est-il concilié avec l'intérêt public en termes d'accès aux biens et services et au savoir ?
13. Le régime de propriété intellectuelle assure-t-il une protection suffisante pour encourager et sécuriser les transferts de technologie d'entreprises étrangères à des entreprises nationales ?
14. Quelles stratégies, politiques et programmes ont été élaborés pour répondre aux besoins des PME en matière de propriété intellectuelle ?

Exécution des contrats, règlement des différends nationaux et arbitrage commercial

15. Le système de règlement des différends est-il efficace et largement accessible à tous les investisseurs, y compris aux PME et aux investisseurs étrangers ?
16. Quels autres systèmes de règlement des différends existent pour gérer les différends commerciaux et relatifs à des investissements ?
17. Le pays a-t-il ratifié et mis en œuvre des conventions internationales sur l'arbitrage commercial ? Les sentences étrangères d'arbitrage commercial sont-elles exécutées par les tribunaux conformément aux règles internationales ?

Régime d'expropriation

18. Quelles limites explicites et bien définies sur la capacité d'expropriation les pouvoirs publics ont-ils établies dans le droit et dans la pratique ?
19. Quelles dispositions constitutionnelles ou législatives garantissent que des mesures d'expropriation sont prises uniquement de manière non discriminatoire, à des fins publiques, dans le respect du droit, et avec une juste indemnisation ?
20. Quels mécanismes judiciaires et administratifs d'appel existent pour réexaminer et contester une décision d'expropriation ou le montant d'une indemnisation ?
21. Comment la protection juridique contre l'expropriation conférée par la législation nationale se compare-t-elle à celle accordée dans les traités internationaux ?

Politique relative aux traités d'investissement

22. Quelle est la politique des autorités à l'égard des accords internationaux sur l'investissement ? Quelle est la politique suivie concernant le règlement des différends entre investisseurs et État ?
23. Le pays a-t-il ratifié et mis en œuvre la Convention du CIRDI ?
24. Comment les autorités concilient-t-elles leur droit souverain de réglementer et l'importance de donner des assurances juridiques aux investisseurs ?
25. Les pouvoirs publics s'efforcent-ils d'évaluer l'impact de leur approche en matière de traités d'investissement internationaux sur les investissements de l'étranger et sur le développement économique en général ?

Questions supplémentaires

Cadre juridique général de l'investissement

Cadre juridique	• Quelles sont les lois et les réglementations en place pour protéger et réguler/régir les activités d'investissement et économiques ? • Existe-t-il une loi spécifique traitant de l'investissement ? Si oui, les investissements étrangers et nationaux sont-ils traités de la même manière ? Cette loi contient-elle des dispositions de protection ? Quelles réglementations de l'investissement définit-elle ?
Transparence et prévisibilité	• Existe-t-il des mécanismes de consultation bien établis pour permettre aux investisseurs et aux autres acteurs intéressés de participer à la conception et au suivi des lois et des réglementations en matière d'investissement ? • Comment les amendements à la loi et les projets de loi sont-ils mis à la disposition du public ? • Comment les investisseurs étrangers et les autres investisseurs sont-ils informés des formalités d'inscription d'une société ? • Quelles mesures ont été prises pour assurer et vérifier la cohérence entre les différentes réglementions et lois qui constituent le cadre réglementaire de l'investissement ? • Quelles institutions sont impliquées dans la conception et la mise en œuvre de la politique d'investissement ? Quels sont leurs rôles respectifs ?

Non-discrimination et traitement national

Établissement d'un traitement équivalent	• Le droit national garantit-il la non-discrimination contre les investisseurs étrangers en général ? Si oui, quelles sont sa portée et son application (par exemple, les autorités infranationales appliquent-elles le traitement national) ? • De quelle marge de discrétion les agents publics disposent-ils pour imposer des restrictions à l'investissement étranger, et existe-t-il des sauvegardes en place pour éviter un usage arbitraire de cette discrétion ? • Comment les pouvoirs publics résolvent-ils la tension entre le traitement national et la préservation des intérêts nationaux, notamment la promotion du développement des entreprises locales ?
Nature des exceptions au traitement national	L'investissement étranger est-il soumis à certaines des restrictions suivantes ? • Procédure d'examen des investisseurs étrangers, générale ou limitée à certains secteurs ? • Autorisations plus difficiles à obtenir pour les investisseurs étrangers que pour les investisseurs nationaux ? • Plafonnement de l'actionnariat étranger dans différents secteurs ? • Limitations de l'accès des entreprises étrangères établies aux dispositifs locaux de financement et d'incitations (avantages fiscaux) ? • Restrictions sur l'accès à la propriété foncière pour les investisseurs étrangers ? • Restrictions sur la création de structures (ex. filiales ou succursales) ? • Accès à certains marchés limité (ex. commandes publiques, privatisations) ? • Obligations relatives à l'exploitation (ex. contenu national)? • Autres pratiques discriminatoires (ex. critères de nationalité pour les administrateurs, limitations sur le personnel clé) ?
Procédure d'examen des investissements étrangers	Si les projets d'investissement doivent recevoir l'aval des pouvoirs publics (ces questions ne s'appliquent pas à la sélection motivée uniquement par la sécurité nationale) : • Quels sont leurs critères d'approbation ? Ces critères sont-ils clairs et est-il possible d'estimer le temps et les coûts nécessaires ? • Si l'intérêt national est un élément des critères, comment est définie cette notion ? • Si le critère des avantages économiques nets est appliqué, la charge de la preuve incombe-t-elle à l'investisseur ou aux pouvoirs publics ? • Quelle est la marge de discrétion des pouvoirs publics ? Existe-t-il des mesures pour prévenir et détecter la corruption qui viserait à influencer leurs décisions ? • Existe-t-il un délai pour rendre les décisions ? • L'autorité a-t-elle compétence pour évaluer ces critères ? • Quelles raisons sont invoquées pour rejeter un projet publié ? • L'investisseur peut-il faire appel de la décision devant une instance administrative indépendante ou un organe judiciaire indépendant ? • Les engagements pris par les investisseurs font-ils l'objet d'un suivi une fois le projet approuvé ? Si oui, quelle est la procédure de sanction en cas de non-respect ? • Les procédures de sélection font-elles l'objet d'un examen périodique pour vérifier leur efficacité et leur nécessité ? • Comment les pouvoirs publics veillent-ils à réduire au minimum les formalités administratives des investisseurs qui soumettent un projet à la procédure de sélection ? • Combien de projets sont rejetés ou modifiés chaque année en moyenne ? • L'investissement est-il suspendu tant que la procédure d'examen n'est pas achevée ?
Transparence et examen périodique des restrictions discriminatoires contre l'investissement étranger	• Existe-t-il une liste publique « négative » des secteurs et des activités dans lesquels les investisseurs étrangers sont soumis à des restrictions ? Si oui, cette liste est-elle revue périodiquement, et existe-t-il un mécanisme pour réduire progressivement les restrictions ? • Cette liste négative est-elle exhaustive et suffisamment détaillée au niveau sectoriel, accompagnée des lois et règlements concernés ? • Quels sont les objectifs de politique publique poursuivis par les règles discriminatoires portant sur l'actionnariat du projet ? • Les autorités envisagent-elles de poursuivre plus efficacement les mêmes objectifs par d'autres instruments d'action, par exemple par un soutien au développement des PME (voir la section Promotion et facilitation de l'investissement) ? • Le pays réalise-t-il des analyses comparatives avec des économies comparables sur l'ampleur des restrictions discriminatoires, en droit et en fait ? • Le pays est-il plus ou moins discriminatoire envers l'investissement étranger que d'autres pays de la même région ou de niveau de développement économique équivalent ? • La liste des restrictions est-elle périodiquement revue sur la base d'une analyse de leurs coûts et de leurs avantages ou d'une analyse plus étroite d'impact de la réglementation ? • Dans votre pays, recueille-t-on les avis des investisseurs étrangers et nationaux et des autres parties prenantes sur la pertinence des restrictions ?

Libre circulation des capitaux	• Existe-t-il des restrictions sur les transferts de capitaux et de bénéfices en relation avec les investissements ? Si oui, comment fonctionnent-elles ? • À quels types de transferts s'appliquent-elles (par exemple : bénéfices, dividendes, intérêts et redevances perçus, capital de départ, appréciation du capital, produits de liquidation, payements reçus en compensation d'une expropriation ou du règlement d'un différend, etc. et revenus du personnel recruté de l'étranger dans le cadre de l'investissement) ? • S'appliquent-elles aussi bien aux investisseurs nationaux qu'aux investisseurs étrangers ? • Ces règles valent-elles tant pour les nouveaux investissements que pour les investissements existants ? • Existe-t-il des procédures de notification formelles pour les transferts de capital ? • Ces règles s'appliquent-elles tant pour les investissements entrants que pour les investissements à l'étranger ? • Dans quelles conditions de nouvelles restrictions peuvent-elles être imposées (par exemple une crise de la balance des paiements) ? • Les pouvoirs publics ont-ils passé en revue ces restrictions et leur effet d'attraction pour l'investissement international ? • Les investisseurs se plaignent-ils des coûts élevés (par exemple frais de transaction excessifs) ou de délais déraisonnables (par exemple procédures de vérification nombreuses et complexes) ? • Quelle est la portée des décisions arbitraires et discrétionnaires en ce qui concerne le transfert de capitaux lié aux investissements (par exemple sur la détermination des taux de change) ?

Propriété foncière et registres cadastraux

Sécurité des droits fonciers	• Existe-t-il des règles qui clarifient l'échelle, l'objet et la nature des transactions autorisées concernant les droits d'occupation des terres ? Quelle est la procédure d'approbation des transferts au-delà d'une certaine échelle ? Le droit d'occupation des terres est-il limité dans le temps ? • Existe-t-il des restrictions ou des conditions à l'utilisation de terrains en fonction des catégories de terres (par exemple, certaines cultures sur les terres agricoles) ? quelles mesures sont prises si les titulaires de droits d'occupation de la terre ne respectent pas ces conditions ? • L'obtention de droits d'occupation des terres par des ressortissants étrangers et des entreprises étrangères fait-elle l'objet de restrictions spécifiques ? Doivent-ils se soumettre à des procédures administratives spécifiques ? • Quelles mesures ont été prises pour protéger les droits légitimes d'occupation des terres, notamment les droits publics, privés, communaux, collectifs, indigènes et coutumiers ?
Cadastre	• À quels obstacles se heurtent les autorités cadastrales pour inventorier les terres non encore inscrites ? Quelles procédures sont nécessaires au niveau national et aux niveaux infranationaux pour l'inscription des terres ? • Quels organismes sont chargés de dresser les plans d'aménagement du territoire et de tenir le cadastre ? Les fonctions sont-elles claires et bien définies, afin que l'aménagement du territoire et l'inscription cadastrale soient menés dans de bonnes conditions ? • Quelle proportion du territoire a été cartographiée ou formellement inscrite au cadastre (par catégorie de terres) ? Quels sont la durée et le coût d'une inscription au cadastre ? • Le cadastre est-il fiable et exact ? Est-il facile d'y accéder ? • Quels sont la durée et le coût de la requalification d'un terrain dans une autre catégorie ? • Quelles mesures ont été prises pour garantir que tous les utilisateurs des terres, y compris les groupes vulnérables, puissent procéder à l'inscription cadastrale ?
Marché foncier	• Quelles initiatives ont été entreprises pour soutenir le développement d'un marché foncier efficace tout en assurant un accès équitable et juste aux terres ? • Des mesures ont-elles été prises récemment pour promouvoir la transparence dans la gestion des terres ? • Existe-t-il des restrictions à la cession, au transfert, à la location, au legs ou à l'hypothèque de droits d'occupation des terrains, ou à leur cautionnement ? Quels sont les délais et les frais associés à la cession, au transfert, au legs ou à l'hypothèque de droits d'occupation d'une terre ? • Des plans d'aménagement du territoire ont-ils été développés à l'échelon national ? Quelles parties prenantes ont participé à leur négociation? • Les titulaires de droits d'occupation de terres peuvent-ils accéder facilement aux plans d'occupation des sols ?
Différends fonciers	• Quelles instances sont responsables de résoudre les différends fonciers ? Ont-elles des responsabilités claires et bien définies afin d'assurer une prompte résolution des différends ? • Se heurtent-elles à des difficultés pour mettre en place un système équitable, abordable et efficient de résolution des différends fonciers ? Quels sont les délais et les coûts de la résolution d'un différend foncier ? • Quelles sont les causes les plus fréquentes des conflits fonciers ?

Conduite responsable des entreprises	• Quelles sont les mesures en place pour assurer la transparence et la divulgation des informations relatives aux investissements portant sur des terres, y compris concernant les conditions des locations et des contrats de concession ? • Quels mécanismes sont en place pour la tenue de consultations véritables, effectives et de bonne foi avec les titulaires de droits fonciers, en particulier les peuples indigènes et les autorités locales ? • Quelles mesures sont en place pour limiter le déplacement physique et économique des titulaires légitimes de droits d'occupation des terres ? Dans quelles circonstances les pouvoirs publics peuvent-ils exproprier les titulaires de droits fonciers ? • Quelles mesures sont en place pour assurer une indemnisation prompte, suffisante et équitable des titulaires de droits fonciers en cas d'expropriation ? Comment la valeur de l'indemnisation et la valeur de la terre sont-elles déterminées ? • Quelles mesures sont en place pour limiter les impacts négatifs sur l'environnement et promouvoir une utilisation durable des terrains ?

Droits de propriété intellectuelle

Cadre juridique	• Quelles sont les lois et les réglementations en place pour protéger les droits de propriété sur les actifs intellectuels? • Quel niveau de protection cette législation assure-t-elle et quelle est sa portée ? Les réglementations et les lois contiennent-telles des dispositions protégeant la PI au-delà du niveau minimum assuré par les accords ADPIC? • Comment le pays s'assure-t-il que les dispositions des accords ADPIC de l'OMC sont correctement appliquées? • Le pays est-il partie à des traités ou conventions internationaux sur la propriété intellectuelle, notamment sur les brevets et les droits d'auteur ? Dans la négative, pour quelles raisons?
Efficacité du processus d'enregistrement	• Le processus d'enregistrement est-il efficient (coût, temps nécessaire) ? Est-il fiable et sûr? • Quelles sont les procédures applicables aux droits de propriété intellectuelle enregistrés dans d'autres pays ou territoires ? • Que fait l'office de propriété intellectuelle pour aplanir les difficultés d'ordre procédural et administratif associées au processus de demande d'inscription (par exemple, desserte régionale, guichets d'assistance au sein des offices de propriété intellectuelle, kits d'information, sites web et procédures d'enregistrement en ligne) ? • Les entreprises ont-elles souvent recours au système, et quel est le taux de succès de leurs dossiers ? Les grandes entreprises sont-elles les seules à le faire ? Les universités et les établissements publics de recherche protègent-ils leur propriété intellectuelle lorsqu'ils innovent ? • Quels sont les coûts de demande et d'obtention de droits de propriété intellectuelle (demande de dépôt, frais de publication et taxe de maintien, traductions, lorsque la protection souhaitée porte sur d'autres marchés) ainsi que les frais encourus pour défendre et respecter les droits de PI ? • Combien de temps prend l'enregistrement de droits de PI ? • Une stratégie est-elle en place pour mieux répondre aux besoins spécifiques des PME ? Existe-t-il des propositions tarifaires avantageuses pour encourager les PME à enregistrer et faire protéger leurs droits de PI ?
Sensibilisation	L'office de PI (ou l'organisme responsable) : • Organise-t-il des séminaires et des campagnes d'information sur la PI et des initiatives de renforcement des capacités sur les moyens de protection de la PI ? • Produit-il des guides pratiques sur la PI et des publications destinées à des groupes de spécifiques ? • Effectue-t-il un travail de collecte et de diffusion d'études de cas illustrant les bonnes pratiques d'enregistrement et de protection de la PI ? • Quels programmes sont en place pour améliorer l'accès aux connaissances existantes, en particulier chez les PME ?
Mécanismes d'exécution des droits et de résolution des différends	• Quels mécanismes sont en place pour faire respecter le système de PI du pays et résoudre les différends ? Permettent-ils de réduire ce qu'il en coûte aux entreprises pour faire respecter leurs droits de PI et effectuer le suivi de leur utilisation, de rendre plus accessible le système de PI ? • Quelles sont les sanctions pénales ou civiles encourues en cas de violation de la législation de la PI ? • Le pays figure-t-il sur des listes de surveillance sur la perception de pays étrangers sur le respect des DPI (par exemple les rapports spéciaux 301 du département du commerce des États-Unis) ? • Le système judiciaire traite-t-il les différends IP de manière efficiente ? Existe-t-il des tribunaux spécialisés en affaires liées à la PI, dotés de juges formés en droit de la PI ? • Existe-t-il des procédures de règlement extrajudiciaire des différends de PI ? • La médiation est-elle une option possible pour régler les affaires ayant trait à la PI ? • Les pouvoirs publics ont-ils mis en place des institutions spécifiques pour le règlement des différends de PI ? Si oui, sont-elles efficientes et combien d'affaires par an traitent-elles ? Sont-elles souvent utilisées par les PME et les autres petites structures ?

	• Existe-t-il un marché de l'assurance en matière de PI afin de réduire les coûts de contentieux ? Sinon, est-il projeté d'en créer un ? • Chacun des organes concernés a-t-il des attributions bien définies ?
Un cadre équilibré des politiques d'innovation	• Comment la législation et la règlementation de la PI s'inscrivent-elles dans la stratégie d'innovation générale du pays ? Les institutions de PI sont-elles uniquement chargées de faire appliquer la protection de la PI, ou ont-elles également pour mission de faire avancer les politiques d'innovation ? • Les pouvoirs publics favorisent-ils l'établissement de liens et de collaborations entre universités et entreprises dans le but de commercialiser des inventions et des technologies nouvelles, par exemple par des lois permettant aux universités de toucher une partie des redevances issues d'innovations auxquelles elles ont participé (voir aussi les sections *Promotion et facilitation de l'investissement* et *Mise en valeur des ressources humaines pour favoriser l'investissement*) ? • Existe-t-il des dispositions spéciales autorisant l'État dans certaines circonstances à utiliser un brevet en dehors des règles normales de protection des brevets pour des raisons d'utilité publique ? • Comment les pouvoirs publics mesurent-ils l'efficacité de son cadre d'innovation pour développer les capacités nationales de R-D et les nouvelles technologies ? • Dans quelle mesure le cadre existant est-il propre à favoriser les transferts de technologie entre entreprises (voir aussi la section *Promotion et facilitation de l'investissement*)?

Exécution des contrats et règlement des différends en matière d'investissement

Exécution effective des contrats	• La compétence pour les différends portant sur les contrats est-elle clairement définie dans la loi (par exemple, pour les contrats avec des entités étrangères, l'État et les entreprises d'État), de même que la juridiction compétente (tribunal local, spécialisé, d'instance, administratif) ? • Existe-t-il des limites transparentes aux pouvoirs juridictionnels et d'exécution (par exemple, impossibilité de saisir les biens de l'État pour appliquer une décision de justice) ? • Des lois nationales définissent-elles les conditions de validité et d'exécution des décisions des juridictions et des instances arbitrales étrangères ? Veuillez donner la référence de ces lois.
Capacités institutionnelles à l'appui de l'exécution des contrats	• Existe-t-il des tribunaux commerciaux spécialisés ? Dans la négative, les juges suivent-ils une formation particulière pour pouvoir connaître des litiges commerciaux complexes ? • L'intégrité et l'indépendance du pouvoir judiciaire font-elles l'objet d'enquêtes indépendantes? • Quel est le degré d'efficience du système judiciaire (charge de travail des juges, nombre d'affaires en souffrance, niveau de financement et capacité des juges) ? • Quelles sont les pratiques de fonctionnement du système judiciaire (usage de moyens informatiques pour l'enregistrement et le suivi des affaires, pour l'application des règles procédurales et juridictionnelles et pour l'archivage et la publication d'antécédents judiciaires motivés) ? • Les tribunaux ont-ils compétence sur l'exécution des accords contractuels et des règlements extrajudiciaires ?
Coûts de l'exécution des contrats	• Quels sont les coûts estimés de l'exécution des contrats, par exemple les frais de justice et les taxes ? • Existe-t-il des tribunaux d'instance (pour les petites créances) ? Dans l'affirmative, sont-ils accessibles aux PME ? Sont-ils accessibles localement ? • Quel est le délai moyen nécessaire pour faire exécuter un contrat en recourant au système judiciaire ? • Quels sont les coûts liés aux procédures préliminaires et judiciaires prescrites par la loi (normes des preuves, délais de rétractation), prescrites par les règlements des tribunaux (délais de recours et délais de présentation des preuves par les parties) et découlant, pour les parties, des règles de procédure, du procès à l'exécution du jugement ? • Les règles de procédure dépendent-elles de la nature du différend et du tribunal qui en est saisi (par exemple le tribunal d'instance) ?
Mécanismes alternatifs de règlement des différends	• Les lois nationales reconnaissent-elles les mécanismes alternatifs de règlement des différends (par exemple, les commissions de conciliation et les tribunaux arbitraux basés à l'étranger), honorent-elles leurs décisions, et veillent-elles à leur exécution ? • Les mécanismes alternatifs de règlement des différends (arbitrage, médiation, conciliation) pour examiner les litiges ayant trait à l'investissement et les résoudre sont-ils encouragés ? • Les investisseurs ont-ils le droit de choisir un mode alternatif de règlement des litiges (arbitrage international en matière commerciale ou d'investissement) ? • Quels sont les coûts et l'efficience relatifs des méthodes alternatives et comment intervient la puissance publique pour faire exécuter les accords de règlement? • Existe-t-il des règles relatives aux procédures sur les différends commerciaux pour empêcher ou limiter le « chalandage judiciaire » et les manœuvres dilatoires ?
Arbitrage commercial	• Les pratiques ou les restrictions sur les accords d'arbitrage de différends ont-elles un impact sur le recours à l'arbitrage ou sur son caractère effectif (par exemple des procédures obligatoires dans la conduite des procédures arbitrales, des restrictions d'éligibilité sur les arbitres) ? • Les tribunaux nationaux peuvent-ils intervenir dans des procédures arbitrales en cours (par exemple accepter de connaître d'un différend que les parties se sont accordées à soumettre à un arbitrage international) ? • La législation nationale en la matière est-elle claire ?

Régime d'expropriation

Définition du pouvoir d'expropriation	• Les lois portant sur la confiscation de biens immobiliers ou fonciers limitent-elles expressément les conditions dans lesquelles la puissance publique peut exproprier un bien privé pour cause d'utilité publique ? • Existe-t-il des normes juridiques pour déterminer quand une mesure d'expropriation a eu lieu ? • La loi autorisant l'expropriation est-elle discriminatoire, par exemple sur la base de la nationalité ? • Cette loi établit-elle le droit à une juste indemnisation ? • Cette loi prévoit-elle une procédure d'appel ? • Existe-t-il des procédures pour le calcul de l'indemnisation (précisant les facteurs et les méthodes à utiliser, comme le prix d'achat, la valeur de revente, l'amortissement, la survaleur, etc.) ? • S'il est impossible de recenser toutes les circonstances dans lesquelles l'État peut s'approprier un bien privé pour une cause d'utilité publique, les autorités ont-elles tenté de définir le concept d'utilité publique et d'en limiter la portée ? • L'expropriation d'un bien foncier, immobilier ou autre par l'État doit-elle nécessairement être motivée par une cause d'utilité publique ? • Les pouvoirs publics envisagent-ils de recourir à d'autres moyens que l'expropriation, par exemple d'instaurer un droit de préemption de la puissance publique sur les transactions foncières ?
Indemnisation des expropriations	• Comment se fait le calcul de l'indemnisation ? • Quels facteurs sont pris en compte (par exemple la valeur des actifs incorporels, l'amortissement, la dégradation de biens privés) ? • Quelles normes légales sont appliquées et quelles sont les pratiques suivies (par exemple le recours à des tiers pour l'évaluation, le paiement d'intérêts) ? • Quelles sont les sauvegardes prises par les pouvoirs publics pour éviter les procédures arbitraires dans les cas où on ne dispose pas d'un prix de marché ? • Quelle est le délai médian de versement des indemnités suite à une expropriation ? • Les pouvoirs publics procèdent-ils à des comparaisons internationales concernant les conditions et les délais d'indemnisation des investisseurs ? • Comment l'indemnisation est-elle versée ? Les paiements sont-ils entièrement mobilisables (c'est-à-dire versés en liquide) et librement transférables (c'est-à-dire convertibles dans une autre monnaie ou payables dans une monnaie de référence) ? • Lorsque des indemnisations non pécuniaires sont offertes (par exemple réinstallation de personnes déplacées), les pouvoirs publics organisent-ils une consultation des personnes directement concernées ? Ces personnes sont-elles réinstallées à proximité du site ? Le lieu de leur réinstallation offre-t-il le même niveau d'équipements et est-il de qualité comparable ? • Les dossiers individuels d'expropriation sont-ils renvoyés devant des commissions ou des tribunaux arbitraux et les consultations des parties prenantes sont-elles analysées pour éclairer la compréhension et obtenir un retour d'information sur la procédure ? • Un nombre disproportionné de cas touche-t-il un secteur spécifique ou les entreprises étrangères ? • Dans le cadre des projets d'investissement de grande échelle (extraction minière, barrages hydroélectriques, agriculture et plantations), comment l'État s'assure-t-il que les acquisitions de terres et les réinstallations sont correctement indemnisées ?
Mesures de régulation s'apparentant à une expropriation	• Le droit national reconnaît-il le concept d'expropriation indirecte ou d'appropriation réglementaire ? Les règles sont-elles d'une clarté raisonnable ? L'État donne-t-il des instructions aux organismes publics quant aux pratiques qui pourraient constituer une expropriation indirecte ? • Les pouvoirs publics effectuent-ils un travail de collecte et de synthèse des cas en question avec mention des motifs ? • Pour les cas dont il a été déterminé qu'ils constituaient une expropriation indirecte, le propriétaire a-t-il eu droit à une indemnisation ? Quelle mesure de compensation a été prise ?
Des canaux indépendants pour réviser ou contester les décisions d'expropriation	• Existe-t-il des procédures administratives et judiciaires pour examiner les décisions d'expropriation ? • Une cour ou un tribunal, national(e) ou supranational(e), a-t-il (elle) compétence pour réviser les décisions en matière d'expropriation de biens fonciers ou immobiliers, et ses décisions sont-elles exécutoires ? • Existe-t-il des restrictions quant à la personne qui peut contester une décision d'expropriation, et si oui, lesquelles ? • Quelles sont les modalités d'appel ou de contestation d'une décision d'expropriation ? • Quelle est la capacité technique de la cour ou du tribunal à connaître des cas d'expropriation ? • L'instance d'appel est-elle indépendante de l'organe dont émane l'ordre d'expropriation ? A-t-elle compétence pour réviser, et s'il y a lieu annuler, les décisions en matière d'expropriation et d'indemnisation des propriétaires des biens fonciers ou immobiliers ? • Les motifs par lesquels une décision peut être contestée sont-ils clairs et transparents (par exemple règles procédurales documentées) ?

Politique relative aux traités d'investissement

Politique relative aux traités d'investissement	• Le pays est-il partie à des traités bilatéraux d'investissement (TBI) ou des Accords de libre-échange comprenant un chapitre sur l'investissement ? Avec quels pays ou régions ? Les principaux pays investisseurs sont-ils inclus ? • Les accords internationaux d'investissement (AII) favorisent-ils la libéralisation des flux d'investissement, ou seulement la protection des investisseurs établis ? Le mécanisme de règlement des différends entre investisseurs et États (ISDS) s'applique-t-il aux engagements de libéralisation ? L'approche du pays à l'égard des traités a-t-elle évolué ? Existe-t-il des différences importantes entre différents AII ? L'État a-t-il un modèle de TBI et si oui, quelle a été son évolution au fil des années ? Quels ont été les résultats de l'utilisation du modèle dans des négociations ? • Quels critères sont prévus dans les AII ? Les pouvoirs publics ont-ils intégré des considérations de développement durable et d'autres enjeux de bien-être public dans ses traités (par exemples des dispositions sur la conduite responsable des entreprises, les droits des travailleurs, les politiques environnementales et de santé publique) ? • Certains des points couverts dans d'autres questions de cette section et d'autres sections (par exemple les mesures d'investissement ayant trait aux échanges dans la section consacrée à la *Politique des échanges)* concernent les dispositions des accords internationaux d'investissement.
Expropriation et traitement national	• Les AII comprennent-ils une disposition traitant de l'expropriation ? • Comprennent-ils une disposition traitant de l'expropriation indirecte ? La portée de la protection contre l'expropriation indirecte est-elle claire (par exemple le sens de la notion est-il précisé clairement) ? • Le principe du traitement national fait-il partie des accords internationaux d'investissement auquel le pays est partie et si oui, à quelle étape (pré ou post établissement) s'applique-t-il ? Ces accords garantissent-ils le traitement de la nation la plus favorisée aux investisseurs et aux investissements ? Si oui, à quelle étape (pré ou post établissement) ? • Le traitement national est-il conditionné à un traitement réciproque ou repoussé à une date ultérieure ? • Existe-t-il des exceptions générales au principe du traitement national énoncé dans les AII (par exemple, protection de la santé publique ou de la sécurité nationale) ? • Existe-t-il des exceptions pour certains sujets (par exemple, propriété intellectuelle, conventions fiscales) ? • Existe-t-il des exceptions sectorielles (par exemple, pour des branches d'activités spécifiques, comme les services financiers et les transports) ? • Existe-t-il des exceptions reposant sur une logique explicite, clairement définie et détaillée ? • Dans les accords internationaux signés par le pays, le traitement national s'applique-t-il uniquement aux domaines et aux activités recensées dans une liste « positive » (par exemple les accords AGCS)?
Autres dispositions de protection des investisseurs	• Les AII définissent-ils les types d'investissements qui sont concernés ? Excluent-ils explicitement certaines formes d'investissement ? • Comment les AII traitent-ils la libéralisation de l'investissement ? • Les AII comprennent-ils des clauses de type nation la plus favorisée (NPF) ? Leur champ d'application est-il clair (par exemple, sont-ils limités aux mesures nationales ou s'appliquent-ils aux autres traités d'investissement ; ou, s'ils s'appliquent à d'autres traités, sont-ils limités aux dispositions de fonds ou s'étendent-ils aux dispositions procédurales) ? • Les pouvoirs publics ont-ils pris en compte l'impact potentiel des clauses NPF sur les efforts de réforme des pratiques en matière de traités ? • Les traités comprennent-il des clauses sur le traitement juste et équitable ou sur la norme internationale minimale de traitement ? Quelle est la marge de discrétion des arbitres dans l'application des clauses ? Les acteurs publics concernés ont-ils conscience de la portée potentielle des clauses (par exemple dans certaines versions, de leur application potentielle aux « engagements » non contractuels pris par des représentants officiels du gouvernement) ? • Les AII autorisent-ils les actionnaires d'une société lésée à demander réparation pour préjudice indirect ? (Les actionnaires subissent un préjudice indirect lorsque « leur » société est lésée, ce qui diminue généralement la valeur de leurs actions ; le préjudice indirect s'oppose généralement au préjudice direct, comme l'atteinte au droit de vote des actionnaires) Dans quelles conditions ? • Les AII contiennent-ils des clauses-parapluie ? Leur champ d'application est-il bien défini ? Est-il bien compris par les acteurs publics concernés ? Existe-t-il des variations importantes entre les différents AII signés par le pays dans le degré de protection garanti aux investisseurs étrangers ?
Dispositions relatives au mécanisme de règlement des différends entre investisseurs et États	• Les AII prévoient-ils des ISDS ? Dans quelle mesure les AII encadrent-ils les ISDS et comment ce degré d'encadrement se compare-t-il avec la pratique des traités par d'autres pays telle qu'elle ressort dans l'analyse de la table ronde sur la liberté d'investissement ? • Le pays a-t-il déjà été l'objet de plaintes pour non-respect d'un AII ? Quelles étaient les dispositions du traité en cause ? Quelles ont été les conséquences ? Quel regard les pouvoirs publics portent-ils sur la procédure de plainte, et comment ont-ils réagi aux plaintes ?

Instruments d'arbitrage international	• Le pays a-t-il ratifié la Convention de 1966 pour le règlement des différends relatifs aux investissements entre États et ressortissants d'autres États (Convention du CIRDI or Convention de Washington) et la Convention de 1958 pour la reconnaissance et l'exécution des sentences arbitrales étrangères (Convention de New York) ? • Si le pays n'est pas partie à un Centre international pour le règlement des différends d'investissement (CIRDI), le Mécanisme supplémentaire du CIRDI est-il appliqué ? • Les pouvoirs publics ont-ils institué une législation et des règles procédurales nationales garantissant la reconnaissance des décisions arbitrales par les tribunaux nationaux et leur exécution sans délais indus ? • Le pays participe-t-il à des juridictions intergouvernementales qui facilitent l'arbitrage et les autres formes de règlement des différends impliquant des États (comme la Cour permanente d'arbitrage)?
Transparence	• Comment les AII traitent-ils la question de la transparence de l'ISDS ? • Les affaires sont-elles transparentes d'un point de vue pratique (notifications des parties, décisions arbitrales et indemnisations, etc.)? • Le pays s'est-il engagé à appliquer le Règlement de la CNUDCI sur la transparence aux traités d'investissement existants ? • Lorsque la transparence est soumise à l'accord des parties au différend, l'accord de publier les décisions est-il souvent obtenu ? • Les informations sur les affaires concernant le pays sont-elles largement communiquées (notamment sur les sites web de l'administration) ?
Renforcement des capacités	• Qui a l'autorité et la responsabilité d'engager des négociations ? • Existe-t-il une unité dédiée responsable d'évaluer l'application des accords existants ? Apporte-t-elle des informations aux autorités pour décider de nouveaux accords ? • Comment le gouvernement renforce-t-il les capacités de négociation des traités au sein de la fonction publique ? • Les pouvoirs publics disposent-ils sein des experts et des capacités nécessaires pour répondre efficacement aux réclamations des investisseurs en vertu du traité ? • Les pouvoirs publics ont-ils entrepris de repérer et de former des personnes qui pourraient devenir arbitres en droit de l'investissement ? Des candidats valables aux comités permanents (par exemple au CRIDI) ont-ils été proposés ?
Application effective des AII	• Comment les pouvoirs publics veillent-il sa la cohérence entre les engagements des AII et la législation nationale ? • Quels sont les efforts faits pour communiquer aux organes de l'État les implications des AII dans leurs domaines de compétence (par exemple guides de mise en œuvre) ?

Ressources supplémentaires

Sites Internet

OECD Investissement, *www.oecd.org/fr/investissement.*

OCDE

Gaukrodger, D. (2013), "Investment Treaties as Corporate Law: Shareholder Claims and Issues of Consistency", *OECD Working Papers on International Investment*, No. 2013/03, Éditions OCDE, Paris, *http://dx.doi.org/10.1787/5k3w9t44mt0v-en.*

Gaukrodger, D. et K. Gordon (2012), "Investor-State Dispute Settlement: A Scoping Paper for the Investment Policy Community", *OECD Working Papers on International Investment*, No. 2012/03, Éditions OCDE, Paris, *http://dx.doi.org/10.1787/5k46b1r85j6f-en.*

Gordon, K. et J. Pohl (2011), "Environmental Concerns in International Investment Agreements: A Survey", *OECD Working Papers on International Investment*, No. 2011/01, Éditions OCDE, Paris, *http://dx.doi.org/10.1787/5kg9mq7scrjh-en.*

Gordon, K., J. Pohl et M. Bouchard (2014), "Investment Treaty Law, Sustainable Development and Responsible Business Conduct: A Fact Finding Survey", *OECD Working Papers on International Investment*, No. 2014/01, Éditions OCDE, Paris, *http://dx.doi.org/10.1787/5jz0xvgx1zlt-en.*

OCDE (2015), Indice de restrictivité de la réglementation de l'IDE établi par l'OCDE, *www.oecd.org/investment/fdiindex.htm.*

OECD (2014), *Cadre d'action pour l'investissement agricole*, Éditions OCDE, Paris, *http://dx.doi.org/10.1787/9789264212916-fr.*

Pohl, J., K. Mashigo et A. Nohen (2012), "Dispute Settlement Provisions in International Investment Agreements: A Large Sample Survey", *OECD Working Papers on International Investment*, No. 2012/02, Éditions OCDE, Paris, *http://dx.doi.org/10.1787/5k8xb71nf628-en.*

CNUCED

CNUCED (2012), *Cadre pour des politiques d'investissement au service du développement durable*, Conférence des Nations Unies sur le commerce et le développement, Genève.

APEC

APEC (2011), *APEC Non-Binding Investment Principles*, Asia-Pacific Economic Cooperation, Investment Experts' Group.

Autres sources

CFS (2014), *Principles for Responsible Investment in Agriculture and Food Systems*, Committee on World Food Security (CFS).

FAO (2012), *Voluntary Guidelines on the Responsible Governance of Tenure of Land, Fisheries and Forests*, Organisation des Nations Unies pour l'alimentation et l'agriculture (FAO).

ICC (2012), *ICC Guidelines for International Investment*, Chambre de commerce international (ICC), Paris.

Cadre d'action pour l'investissement
Édition 2015

2. Promotion et facilitation de l'investissement

La promotion et la facilitation de l'investissement sont des moyens très efficaces d'attirer l'investissement et de maximiser sa contribution au développement, mais la réussite dans ce domaine dépend de la qualité des politiques relatives à l'investissement et du climat général de l'investissement. Pour que les efforts de promotion de l'investissement portent leurs fruits, il convient d'étudier soigneusement, évaluations des coûts et des avantages à l'appui, comment utiliser les ressources le plus efficacement possible ; des stratégies de promotion et de facilitation de l'investissement mal conçues peuvent s'avérer coûteuses et inefficaces. En outre, les résultats obtenus en matière de promotion et de facilitation de l'investissement dépendent le plus souvent de la qualité des politiques en matière d'investissement.

Cette section a pour objet d'exposer les principes clés d'une promotion et d'une facilitation efficaces de l'investissement, mais aussi de la coordination et de l'évaluation des activités de promotion de l'investissement, et de proposer des solutions possibles pour renforcer l'impact de l'investissement sur le développement par le biais de l'expansion des entreprises locales. Il fournit également des pistes pour atteindre le double objectif d'attirer un investissement responsable et de stimuler le développement local.

La promotion et la facilitation de l'investissement sont deux types d'activité très différents. Dans le premier cas, il s'agit de promouvoir un pays ou une région en tant que destination d'investissement ; dans le second, il s'agit de faciliter la tâche d'investisseurs désireux de s'établir ou de développer leurs investissements existants. Des efforts de promotion de l'investissement efficaces tirent parti des points forts du climat de l'investissement d'un pays, mettent en lumière des possibilités d'investissement rentable et aident à identifier des partenaires locaux. S'agissant de la facilitation, la présence de guichets uniques efficaces chapeautés par une autorité de contrôle centralisée peut jouer un rôle déterminant dans les décisions d'investissement, en particulier si cette structure permet d'abaisser les coûts de transaction pour les investisseurs : la complexité des formalités administratives représente un obstacle non négligeable à l'investissement. Des mesures de facilitation efficaces peuvent également contribuer à réduire les risques de corruption en limitant le nombre d'étapes jalonnant le processus de prise de décision. Les efforts de facilitation de l'investissement doivent impérativement s'attacher à combler le déficit d'information créé par des politiques incohérentes et inadaptées, et offrir de ce fait aux investisseurs une meilleure lisibilité, indispensable, de l'administration et des politiques publiques.

Les pouvoirs publics ont à leur disposition une large palette de structures pour donner un cadre à leurs efforts de promotion et de facilitation des investissements. S'ils choisissent de mettre en place une agence de promotion des investissements, celle-ci peut être rattachée à un ministère, ou exercer en tant qu'organisme indépendant. Elle doit disposer d'un mandat clairement défini, d'un personnel ayant l'expérience du secteur privé, d'une structure resserrée et efficace, et d'administrateurs représentant le secteur public et le secteur privé. Toutefois, bon nombre des fonctions exercées par une agence de promotion des investissements peuvent être prises en charge au sein de structures déjà en place, sans qu'il soit nécessaire de créer des organismes supplémentaires, souvent onéreux. La plupart des agences de promotion des investissements s'attachent à attirer un investissement de création, mais il importe également de promouvoir les réinvestissements et l'expansion d'entreprises, notamment en favorisant l'investissement dans des activités à plus forte valeur ajoutée. Les fusions et acquisitions ne sont pas ciblées *a priori* mais des services d'information sont souvent fournis, au besoin, pour faciliter ces opérations.

Il n'existe pas de solution universelle et les approches diffèrent selon les pays et les entreprises ciblées (grandes ou petites, exerçant dans l'économie formelle ou informelle, dans tel ou tel secteur, dirigées par des femmes ou des représentants de minorités, etc.). Certains pays ont sous-traité les activités de prospection de l'investissement, avec des résultats mitigés. Les pays disposant d'un budget limité devraient mettre l'accent sur les mesures de facilitation de l'investissement, en allégeant la charge pesant sur les investisseurs. Si bon nombre d'agences de promotion des investissements utilisent les incitations fiscales comme un outil de promotion de l'investissement, le *Cadre d'action pour l'investissement* traite de ces incitations dans la section consacrée à la *Politique fiscale*, compte tenu de leur incidence sur les efforts déployés par les pouvoirs publics pour mobiliser les ressources intérieures.

En ce qui concerne les instruments de promotion de l'investissement, l'expérience a montré que des missions de promotion de l'investissement à l'étranger, ciblées sur des marchés et secteurs en expansion soigneusement identifiés, sont plus efficaces que de coûteuses campagnes de promotion internationales. Ces missions doivent être gérées et coordonnées en étroite collaboration avec les organismes infranationaux de promotion des investissements afin d'éviter les doublons. Les pays devraient aussi utiliser leurs représentations à l'étranger, notamment le corps diplomatique. La mise en place d'un système pour traiter les demandes des investisseurs peut être un moyen d'assurer un accompagnement adapté des investisseurs potentiels ou existants. Certaines agences de promotion des investissements ont même mis en place des dispositifs spécifiques permettant un traitement plus efficace de certains investissements clés en levant les obstacles opérationnels et politiques. Par ailleurs, un site web bien conçu et régulièrement mis à jour, permettant de présenter l'économie du pays et les opportunités d'investissement qu'elle offre, s'impose aujourd'hui comme un outil nécessaire pour les agences de promotion des investissements.

Il est également essentiel de mettre en place des services de suivi des investisseurs, notamment afin de les retenir, de même que les services après-vente offerts par les entreprises privées contribuent à préserver la fidélité des clients. En outre, les services de suivi apportent de la valeur ajoutée à un service ou un produit au-delà de la vente – en l'espèce, la décision d'investir ou de réinvestir. Nombre de pays ont eu de grandes difficultés à retenir les investisseurs après un afflux massif d'investissements. Attirer de nouveaux investisseurs est plus difficile et plus coûteux que de soutenir le réinvestissement ou l'expansion des investissements, qui représentent une part significative de l'ensemble des opérations d'investissement. Des services de suivi et des actions de sensibilisation efficaces, qui peuvent notamment consister à relayer les observations des investisseurs afin d'améliorer l'élaboration des politiques, peuvent constituer l'élément déterminant dans la décision de réinvestir, et contribuer à surmonter les obstacles liés au climat de l'investissement. Les agences de promotion des investissements les plus efficaces consacrent d'importantes ressources aux actions de sensibilisation et à la résolution des plaintes des investisseurs.

Les pays qui réussissent à attirer des investissements déploient une approche de la promotion et de la facilitation de l'investissement à l'échelle de l'ensemble de l'administration. Coordonner efficacement l'action des diverses autorités investies d'une mission de promotion de l'investissement, y compris au niveau des collectivités locales, et des organismes de mise en œuvre (qu'ils soient chargés de la promotion de l'investissement, de la promotion des exportations et du commerce, des zones économiques spéciales, de l'enregistrement des entreprises, ou de l'attribution des terrains) est une tâche considérable. Nombre de pays ont mené des réformes visant à décentraliser la promotion et la facilitation de l'investissement. Déléguer certaines fonctions des agences de promotion des investissements au niveau infranational peut contribuer à accélérer le traitement des dossiers d'investissement. Ces expériences ont donné des résultats mitigés, d'importantes difficultés subsistant dans la coordination entre les différents organismes, en particulier, pour faire face à des capacités souvent insuffisantes au niveau local, tout en assurant la cohérence avec les plans de développement nationaux et infranationaux.

Les efforts de promotion de l'investissement peuvent favoriser la participation des pays à l'économie mondiale. En attirant un investissement direct étranger (IDE) tourné vers l'exportation, certains pays ont pu évoluer rapidement vers une économie fondée sur l'industrie manufacturière dans laquelle la croissance économique est stimulée par l'expansion rapide des exportations. Les bons résultats obtenus sur le plan des exportations ne sauraient masquer, toutefois, l'incapacité patente de nombreux pays à faire en sorte que cette réussite obtenue grâce à l'IDE ait des retombées plus larges et plus durables dans les pays d'accueil. Non seulement les exportations n'ont concerné qu'un petit nombre de produits (en général, intermédiaires) et de secteurs, mais à des degrés divers, les secteurs exportateurs sont devenus de véritables enclaves étrangères dans les pays d'accueil, qui se caractérisent souvent par une faible valeur ajoutée, de bas salaires, et des transferts de technologie insuffisants. Ce constat met en lumière l'importance d'inscrire les activités de promotion de l'investissement dans une stratégie plus globale de développement économique prévoyant des investissements dans les ressources humaines et les compétences, l'amélioration de la connectivité des entreprises et des marchés, et l'instauration d'un environnement des entreprises ouvert permettant aux pays de tirer profit des chaînes de valeur mondiales (CVM), tout en encouragent un investissement responsable (voir la section sur les *Politiques en faveur d'une conduite responsable des entreprises*). À cet égard, il existe aussi des possibilités de déployer des efforts de promotion et de facilitation de l'investissement au niveaux régional et infrarégional, puisque les entreprises multinationales mettent souvent en place des chaînes d'approvisionnement impliquant plusieurs pays.

Favoriser un ancrage profond des investisseurs dans le tissu économique local constitue une stratégie efficace de rétention de l'investissement qui peut utilement compléter les mesures de suivi. Le ciblage des investisseurs et les services de suivi permettent d'attirer les investisseurs puis de répondre à leurs attentes, mais ce sont les efforts, plus vastes et plus élaborés, et, partant, plus complexes, visant à renforcer l'écosystème de l'investissement qui détermineront la compétitivité d'un pays ou d'une région. Il s'agit notamment de donner aux investisseurs accès à des fournisseurs locaux compétitifs, de faciliter les interactions avec les entreprises locales, de développer l'infrastructure matérielle et immatérielle nécessaire, y compris les outils institutionnels, et de préserver la stabilité des politiques publiques et des fondamentaux macroéconomiques.

L'établissement de liens commerciaux entre des entreprises multinationales et des entreprises nationales, en particulier de petits fournisseurs, contribue de façon non négligeable au développement local. Ces liens peuvent servir de vecteurs à des transferts de technologie, de connaissances, de compétences techniques et de gestion, en fonction de l'adéquation des politiques publiques en place et de la « capacité d'absorption » des fournisseurs nationaux. À cet égard l'existence d'un environnement propice à la croissance et à la compétitivité des petites et moyennes entreprises (PME) joue un rôle déterminant. L'environnement en question peut consister en diverses mesures de promotion et de soutien aux PME visant à rationaliser la réglementation applicable aux entreprises, dispenser des formations professionnelles ciblées ou des services d'appui aux entreprises (voir la section sur la *Mise en valeur des ressources humaines*), ou encore apporter aux PME le savoir-faire nécessaire pour mettre en place des mesures efficaces de conduite responsable des entreprises. Ces mesures doivent accompagner les efforts indispensables en faveur du financement des PME.

Les entreprises multinationales ne nouent pas automatiquement des liens avec des fournisseurs nationaux. Bon nombre d'entre elles sont liées à des fournisseurs étrangers par des accords de sous-traitance internationaux, ce qui neutralise l'efficacité des politiques publiques en matière de promotion des interactions. Il convient donc de cibler les investisseurs ayant pour habitude de travailler avec des fournisseurs locaux et de les soutenir dans leurs efforts pour se moderniser.

Des relations de long terme entre des entreprises multinationales et des PME impliquent généralement un transfert de technologie et de savoir-faire exclusif. Si les entreprises multinationales ne sont pas protégées contre le « pillage » intellectuel et la diffusion illicite de leur savoir-faire, elles hésiteront à partager leur technologie ; de ce fait, la protection des droits de propriété intellectuelle s'impose comme un élément important des politiques visant à développer les interactions entre entreprises (voir la section sur la *Politique d'investissement*). Parallèlement, des investisseurs motivés par la recherche de marchés sont bien souvent davantage enclins à développer des liens, y compris en aval avec les effets d'entraînement qui y sont associés, que ne le sont les investisseurs motivés par la recherche de ressources ou par l'exportation. L'investissement direct étranger dans des activités en amont s'est parfois traduit par une augmentation de la productivité de l'industrie manufacturière locale et une hausse de l'approvisionnement local, renforçant ainsi la compétitivité des exportations d'un pays.

Bon nombre de pays choisissent d'instaurer des zones économiques spéciales (ZES) afin d'attirer les investisseurs, de créer des emplois, et d'augmenter les revenus tirés des exportations. Ces zones économiques spéciales se distinguent généralement par un périmètre géographique délimité, des procédures allégées – procédures douanières, réglementations spéciales, exonérations fiscales temporaires – souvent gérées par une autorité administrative unique. Une stratégie de ce type peut s'avérer efficace à court terme pour attirer des investisseurs en leur offrant des infrastructures adaptées, des services et un accès en franchise aux biens d'équipements et à d'autres intrants. Pour autant, il n'est pas rare que ces zones stagnent en termes d'innovation et de compétitivité, et négligent la modernisation technologique et la création de nouveaux secteurs d'activité. Leur contribution globale au développement du pays est souvent remise en cause, en particulier lorsque les normes du travail ou environnementales en vigueur dans ces zones sont, de fait ou de droit, moins exigeantes que dans le reste de l'économie. De plus, les activités économiques exercées au sein de zones de libre-échange, qui bénéficient de mesures de réduction des coûts des importations et des exportations, entretiennent en général peu de relations avec le reste de l'économie à moins d'être fermement ancrées dans un programme d'action plus large en faveur du développement, prévoyant des connexions adaptées avec le reste de l'économie et une réduction des obstacles à l'investissement. Les pays ayant recours à une stratégie fondée sur l'établissement de zones doivent veiller à ce que le cadre juridique et réglementaire régissant la conduite responsable des entreprises, ainsi que les mesures de lutte contre la corruption, s'appliquent aux entreprises implantées dans la zone avec le même degré de diligence qu'ailleurs dans le pays.

Plusieurs pays ont adopté une stratégie plus élaborée et plus complète, consistant à créer des pôles d'activité. L'existence de pôles industriels au niveau local constitue un important facteur de localisation pour bon nombre d'entreprises multinationales. Le dynamisme de ces pôles repose sur l'interaction fluide d'un certain nombre de piliers, conjuguant politiques publiques et initiatives au niveau des entreprises. Les pôles d'activité présentent en général les caractéristiques ci-après, qui jouent un rôle essentiel dans leur capacité à produire de nouvelles technologies, à innover et à créer des entreprises :

- Un rôle important des autorités (au niveau fédéral ou des états) pour assurer la stabilité et développer des infrastructures de base ;
- Un environnement institutionnel propre à stimuler l'acquisition et le transfert de technologie, notamment la protection des droits de propriété intellectuelle, des politiques bien conçues en matière de sciences et de technologies, et la participation d'organismes de recherche et de développement ;
- Des pôles d'activité connectés au monde entier par l'intermédiaire des chaînes de valeur et des marchés ;
- Des organismes intermédiaires compétents pour favoriser une connectivité horizontale et la coordination entre les acteurs et les parties prenantes.

Une main d'œuvre qualifiée, adaptée aux besoins des investisseurs, est un élément essentiel de l'écosystème de l'investissement. Créer un cadre intégré de renforcement des compétences est une tâche difficile car il faut tenir compte des spécificités des différents pans de l'économie en termes de main d'œuvre : très qualifiée dans le secteur des exportations, moyennement qualifiée dans l'économie nationale et peu qualifiée dans l'économie informelle. Dans bon nombre de pays, le secteur privé joue un rôle important dans le renforcement des compétences, les entreprises étant les mieux placées pour cerner les compétences dont elles ont besoin. On trouvera dans la section consacrée à la *Mise en valeur des ressources humaines* plus de précisions sur les divers moyens d'action en matière de développement des compétences.

Questions et principes essentiels

1. En quoi la stratégie de promotion et de facilitation de l'investissement des autorités contribue-t-elle aux objectifs de développement et de croissance du pays ?
2. Comment les mesures de promotion et de facilitation de l'investissement sont-elles élaborées, mises en œuvre, coordonnées et évaluées ?
3. Quels sont les principaux instruments et mesures mis en œuvre pour promouvoir un investissement responsable et durable ?
4. Dans leurs efforts de facilitation de l'investissement, que font les autorités pour simplifier les procédures administratives afin de renforcer la facilité de faire des affaires et de réduire le coût de l'investissement ?

5. Dans quelle mesure les pouvoirs publics s'emploient-ils à promouvoir et maintenir des mécanismes de dialogue avec les investisseurs et à mener des actions de sensibilisation permettant d'éclairer l'élaboration des politiques ?
6. Quelles sont les mesures prises pour promouvoir les interactions entre entreprises, notamment entre les entreprises étrangères et les entreprises nationales, en particulier les PME nationales.
7. En quoi la stratégie de promotion de l'investissement des pouvoirs publics contribue-t-elle à l'intégration dans les chaînes de valeur mondiales et régionales ?
8. Les pouvoirs publics ont-ils eu recours aux réseaux internationaux et régionaux pour promouvoir l'investissement ?

Questions supplémentaires

Rôle de l'investissement dans la stratégie de développement	• L'investissement, et les avantages qu'il peut apporter à l'économie, sont-ils pris en compte dans les objectifs et les plans de développement nationaux ? Quel rôle spécifique devrait jouer l'IDE dans ce contexte ? • Les pouvoirs publics ont-ils mis en place une stratégie cohérente de promotion de l'investissement de l'étranger qui concorde avec les priorités nationales en matière de développement économique ? • Comment l'impact des investissements privés sur les objectifs généraux en matière d'économie et de développement est-il pris en compte et évalué ? • Une stratégie a-t-elle été mise en place en vue de créer un environnement d'entreprise sain et large, et quel rôle est attribué dans cette stratégie aux mesures de promotion et de facilitation des investissements ? • Quelle est la méthodologie utilisée pour mesurer les entrées d'investissement dans le pays ? • Comment les pouvoirs publics s'assurent-ils qu'ils disposent de données de qualité sur les nouveaux investissements et les décisions d'expansion, propres à éclairer l'élaboration des politiques publiques ?
Mise en œuvre des mesures de promotion et de facilitation de l'investissement	• Quels sont les organismes chargés de la promotion et de la facilitation de l'investissement ? Quel est le cadre institutionnel qui régit la promotion et la facilitation de l'investissement de façon assurer une bonne coordination des activités ? • Dans quelle mesure la structure, la mission et le statut juridique de ces organismes ont-ils été définis et étalonnés par rapport aux bonnes pratiques internationales ? • Comment les agences de promotion de l'investissement sont-elles structurées et qui les supervise ? • Comment la coordination des diverses mesures de promotion et de facilitation de l'investissement entre les organismes et les différentes strates de l'administration est-elle assurée (approches nationale et infranationale, approche sectorielle) ? • Quelles sont les mesures en place pour veiller à ce que les divers organismes disposent des capacités adéquates pour mener efficacement leurs missions de promotion et de facilitation de l'investissement ? • Comment les activités de promotion de l'investissement et de promotion du commerce sont-elles coordonnées ? • Comment les agences de promotion de l'investissement sont-elles financées ? Assurent-elles leur propre financement par l'intermédiaire de leurs services ? • Comment les pouvoirs publics évaluent-ils l'efficience et l'efficacité de ces agences ou de ces programmes ? • Les résultats obtenus par les pouvoirs publics en matière d'attraction de l'investissement font-ils l'objet d'analyses comparatives à l'échelle internationale ?
Promotion de l'investissement	• Quels sont les principaux objectifs et les missions stratégiques des agences de promotion des investissements ? • Quels instruments ont été mis au point et utilisés pour promouvoir l'investissement ? Dans quelle mesure sont-ils inspirés des bonnes pratiques internationales et les normes internationalement reconnues ? • Comment est assurée la cohérence entre les mesures de promotion de l'investissement et les autres mesures gouvernementales (par exemple la politique commerciale, les politiques en faveur de l'innovation et du développement des compétences, du développement des infrastructures et de l'emploi, de la sécurité, de l'environnement et de la lutte contre la corruption) ? • L'efficacité relative de différentes stratégies et différents instruments a-t-elle fait l'objet d'une évaluation ? • La stratégie de promotion de l'investissement cible-t-elle des secteurs, des marchés et des investisseurs spécifiques ? Dans l'affirmative, sur quels critères ? Ces critères prennent-ils en compte les antécédents des investisseurs potentiels en matière de conduite responsable des entreprises y compris sur les questions d'ordre environnemental et social ?

	• Comment les pouvoirs publics s'assurent-ils que sa stratégie de ciblage est suffisamment souple pour pouvoir répondre et s'adapter aux nouvelles attentes du marché et aux nouvelles possibilités qu'il offre ? • Les pouvoirs publics ont-ils étudié l'impact de la stratégie de ciblage sur d'autres secteurs, notamment sur les sous-secteurs susceptibles de soutenir les secteurs ciblés ? • Les pouvoirs publics ont-ils recours à des missions de promotion de l'investissement à l'étranger ? • L'investissement à l'étranger est-il promu et, le cas échéant, comment ces efforts de promotion sont-ils coordonnés ? • Quels mécanismes les pouvoirs publics ont-ils établis pour évaluer les coûts et avantages, la durée pertinente et la transparence des incitations à l'investissement (voir la section sur la *Politique fiscale* pour une étude plus détaillée des incitations à l'investissement) ?
Facilitation de l'investissement	• Dans quelle mesure les procédures administratives ont-elles été rationalisées afin de réduire le coût de l'investissement, simplifier les procédures d'enregistrement des entreprises et limiter les possibilités de corruption dans les procédures connexes ? • Comment les pouvoirs publics assurent-ils une communication efficace avec le secteur privé afin de résoudre les difficultés liées à l'établissement d'une entreprise, à l'obtention de permis, etc. ? • Afin de retenir l'investissement responsable et de faciliter les réinvestissements, les pouvoirs publics ou les organismes dédiés dispensent-ils des services de suivi appropriés fondés sur les bonnes pratiques internationales ? • Les pouvoirs publics ont-ils mis en place des guichets uniques pour l'investissement ? Dans l'affirmative, comment leur efficacité est-elle contrôlée ? L'administration utilise-t-elle des technologies et des instruments en ligne pour faciliter l'application des règles et procédures relatives aux entreprises ? • Comment les mesures de facilitation de l'investissement sont-elles étalonnées par rapport à celles des pays concurrents ? • Les efforts de promotion sont-ils concentrés sur un petit nombre de secteurs ou de domaines prioritaires ? Dans l'affirmative, sur quels critères ?
Dialogue entre le secteur public et le secteur privé	• Quelles sont les principales plateformes de conseil public-privé ? Quels sont les dispositifs et les réseaux formels destinés au dialogue entre les pouvoirs publics et les investisseurs ? • Les agences de promotion de l'investissement sont-elles associées aux efforts visant à faire connaître les politiques et sont-elles consultées sur les sujets ayant une incidence sur l'investissement ? • Les pouvoirs publics proposent-ils des services de médiation au secteur privé ? • Dans quelle mesure le retour d'information des investisseurs sert-il à éclairer l'élaboration, la conception et la mise en œuvre des politiques ?
Promotion d'interactions entre les entreprises	• Que font les autorités pour promouvoir les interactions entre entreprises, notamment entre filiales étrangères et entreprises locales ? • Des rencontres ou des tables rondes à l'intention des investisseurs et d'entreprises locales susceptibles de devenir leurs fournisseurs (notamment des PME) sont-elles organisées ? Des bases de données de fournisseurs potentiels sont-elles mises à la disposition des investisseurs étrangers ? Quelles autres activités et mesures concrètes les autorités prennent-elles pour promouvoir les interactions ? • Quel est le rôle des zones économiques spéciales (ZES) dans la promotion de l'investissement et des interactions ? • Le cadre régissant les ZES permet-il de soutenir les objectifs généraux de développement économique et d'éviter de créer des enclaves économiques ? Le cadre réglementaire et juridique destiné à prévenir et à sanctionner la criminalité des affaires, comme la fraude fiscale, les infractions à la législation relative au travail, les infractions en rapport avec l'environnement ou la sécurité, ou encore les actes de corruption, est-il appliqué aux entreprises des ZES avec la même diligence que dans le reste du pays ? • Les pouvoirs publics apportent-ils leur soutien à des pôles industriels ? • Comment les relations entre les autorités, le secteur privé et les institutions de soutien aux PME, notamment les instituts de formation technique et professionnelle, sont-elles établies afin de promouvoir les interactions ? • En quoi consiste la stratégie globale de promotion des PME ? Quels sont les principales initiatives et les principaux programmes publics en la matière ? Quels sont les principaux mécanismes et dispositifs de financement des PME en place (voir la section sur le *Financement de l'investissement)* ? • Les autorités ont-elles proposé des services d'appui aux entreprises afin d'aider les investisseurs nationaux à relever certains défis spécifiques (formation, accès à l'information sur le marché et aux financements, informations sur les possibilités commerciales) ? • Quels types d'initiatives pilotées par le secteur privé, visant à renforcer les interactions, existe-t-il (formation dispensée à leurs fournisseurs par les entreprises, aide au financement des activités des fournisseurs, etc.) ?
Intégration dans les chaînes de valeur mondiales	• La stratégie de promotion de l'investissement concorde-t-elle avec les objectifs d'intégration dans les chaînes de valeurs mondiales (CVM) et régionales ? Les activités de prospection des investisseurs ciblent-elles des types d'investisseurs ou d'activités correspondant ? • Comment sont identifiés les obstacles à une meilleure intégration des entreprises locales dans les chaînes de valeur régionales et mondiales ? • Les investisseurs étrangers et les grandes entreprises du pays contribuent-ils au développement des entreprises locales, notamment des PME, de façon à renforcer la base de fournisseurs locaux et à accroître la valeur ajoutée locale ?

	• Comment la demande de compétences émanant du secteur privé, y compris des investisseurs étrangers, est-elle relayée jusqu'aux dispositifs de formation tertiaires, professionnels et techniques afin d'éviter une pénurie ou une inadéquation des compétences ? Quelles sont les mesures favorisant la formation en cours d'emploi (voir la section sur la *Mise en valeur des ressources humaines*) ? • Comment les pouvoirs publics soutiennent-ils les transferts de technologie et de connaissances entre entreprises (voir la section sur la *Politique d'investissement*)? • Quelles sont les mesures en place pour promouvoir l'internationalisation des PME (voir la section sur la *Politique commerciale*) ?
Rôle des réseaux internationaux et régionaux dans la promotion de l'investissement	• Les pouvoirs publics utilisent-ils le vaste réseau international du pays, comme la représentation diplomatique, pour promouvoir l'investissement ? Y a-t-il des fonctionnaires spécifiquement chargés du commerce et de l'investissement en poste dans les principales ambassades ? Comment la coordination avec la capitale est-elle assurée ? • Dans quelle mesure les efforts de promotion de l'investissement sont-ils menés au niveau régional et mobilisent-ils des membres d'un même groupement économique régional ? • La stratégie nationale de promotion de l'investissement est-elle mise en œuvre en partenariat avec des entités infranationales (c'est-à-dire des agences de promotion de l'investissement au niveau de la province, de la région ou au niveau local) de façon à éviter que les investisseurs se démotivent et qu'ils déploient des efforts redondants et coûteux ? • Les pouvoirs publics ont-ils mis à profit les initiatives internationales et régionales destinées à renforcer l'expertise en matière de promotion de l'investissement ? L'agence de promotion des investissements s'est-elle associée à des réseaux régionaux et internationaux ?

Ressources supplémentaires

Sites Internet

Association mondiale des organismes de promotion des investissements (World Association of Investment Promotion Agencies, WAIPA, *www.waipa.org*.

Global Enterprise Registration, *http://ger.co*.

ONUDI, Programme de sous-traitance industrielle et partenariat d'échange (SPXs), *www.unido.org/spx*.

PublicPrivateDialogue.org, *www.publicprivatedialogue.org*.

SME Toolkit, *www.smetoolkit.org*.

World Bank Group, Investment generation toolkit, *www.wbginvestmentclimate.org/toolkits/investment-generation-toolkit*.

Outils, orientations et manuels

Banque mondiale (2012), *Global Investment Promotion Best Practices 2012*, Banque mondiale, Washington, DC.

Banque mondiale (2009), *Global Investment Promotion Benchmarking 2009: Summary Report* Banque mondiale, Washington, DC.

Banque mondiale (2008), *Special Economic Zones: Performance, Lessons Learned, and Implications for Zone Development (2008)*, Banque mondiale, Washington, DC.

Banque mondiale (2004), "The Effectiveness of Promotion Agencies at Attracting Foreign Direct Investment", *FIAS Occasional Paper*, Banque mondiale, Washington, DC.

Banque mondiale (2003), "Does a country need a promotion agency to attract foreign direct investment? A small analytical model applied to 58 countries", *Policy Research Working Paper*, Banque mondiale, Washington, DC.

Banque mondiale (2000), "Marketing a Country: Promotion as a Tool for Attracting Foreign Investment", *FIAS Occasional Paper*, Banque mondiale, Washington, DC.

CNUCED (2010), *Creating Business Linkages: A Policy Perspective*, Conférence des Nations Unies sur le commerce et le développement, Genève.

CNUCED (2008), *Evaluating Investment Promotion Agencies*, Conférence des Nations Unies sur le commerce et le développement, Genève

CNUCED (2007), *Aftercare: A Core Function in Investment Promotion*, Conférence des Nations Unies sur le commerce et le développement, Genève

CNUCED (2007), *Investment Promotion Agency as Policy Advocates*, Conférence des Nations Unies sur le commerce et le développement, Genève.

The E-regulations System, *www.theiguides.org/media/website/The_EREGULATIONS_SYSTEM_brochure.pdf.*

Millennium Cities Initiative and Vale Columbia Center (2009), *Handbook for Promoting Foreign Direct Investment in Medium-Size, Low Budget Cities in Emerging Markets*, Millennium Cities Initiative, New York.

OCDE (2011), *Attractiveness for Innovation: Location Factors for International Investment*, Éditions OCDE, Paris, *http://dx.doi.org/10.1787/9789264104815-en.*

OCDE (2008), *Vers des pôles d'activités dynamiques: Politiques nationales*, Examens de l'OCDE sur l'innovation régionale, Éditions OCDE, Paris, *http://dx.doi.org/10.1787/9789264031852-fr.*

OCDE-OMC-Banque mondiale (2014), *Global Value Chains: Challenges, Opportunities and Implications for Policy*.

ONUDI (2011), *Africa Investor Report 2011*, L'Organisation des Nations unies pour le développement industriel (ONUDI), Vienne.

ONUDI (2003), *Guidelines for Investment Promotion Agencies: Foreign Direct Investment Flows to Developing Countries*, L'Organisation des Nations unies pour le développement industriel (ONUDI), Vienne.

Indicateurs

AT Kearney, Global Services Location Index, *www.atkearney.com/research-studies/global-services-location-index.*

Banque mondiale, *Ease of Doing Business Indicators*, *www.doingbusiness.org*.

Cadre d'action pour l'investissement
Édition 2015

3. Politique commerciale

Les politiques commerciales influent sur la taille des marchés visés par les produits des entreprises et peuvent donc agir sur l'investissement étranger et national. Cette influence des politiques commerciales sur le climat de l'investissement se renforce. L'évolution des technologies, la libéralisation des politiques des pays d'origine en faveur des échanges et de l'investissement et l'importance croissante des échanges dans les chaînes de valeur mondiales contribuent à accentuer le rôle des politiques commerciales dans la promotion de l'investissement étranger et national et à optimiser la contribution de cet investissement au développement.

Les mesures de libéralisation des échanges, qu'elles soient unilatérales ou s'inscrivent dans des accords multilatéraux préférentiels et contraignants sur les échanges et l'investissement, peuvent améliorer l'efficacité de la répartition des ressources, élargir les possibilités d'accès aux marchés, accroître les économies d'échelle et par conséquent réduire les coûts.

Des politiques commerciales et d'investissements ouverts, prévisibles et transparentes sont nécessaires également pour maintenir la compétitivité alors que les chaînes de valeur mondiales ont pris une place prépondérante dans les échanges à l'échelle de la planète. Plus de la moitié des importations mondiales de produits manufacturés et 70 % des importations de services sont constituées de biens et services intermédiaires. Lorsque la production est à ce point fragmentée et que les biens et services franchissent de nombreuses frontières, les droits de douane, les obstacles non tarifaires et les autres mesures restrictives influent non seulement sur les fournisseurs étrangers, mais aussi sur les producteurs nationaux (voir les questions relatives aux liens dans la section « *Promotion et facilitation de l'investissement* »). Il est particulièrement important de pouvoir compter sur des procédures douanières et frontalières efficaces et sur le bon fonctionnement des services financiers, de transport, de logistique, de communication et d'autres services aux entreprises et services professionnels. L'ouverture des régimes d'échanges et d'investissement, en particulier la simplification et l'efficacité des procédures douanières, permet d'assurer la compétitivité des prix des produits et la réduction des coûts commerciaux.

Pour que les politiques et pratiques commerciales contribuent pleinement à de bonnes conditions d'investissement, il faut accorder la même importance à la transparence, à la stabilité des politiques, aux consultations publiques, à l'évaluation et au suivi périodiques en place dans d'autres domaines de l'action publique, qui sont décrits dans la première section du *Cadre d'action*. Les autorités doivent aussi s'assurer que les procédures douanières, réglementaires et administratives en relation avec les échanges ne créent pas plus de contraintes que nécessaire pour la réalisation de leur objectif déclaré, tout en réduisant les coûts de transaction qui pèsent sur les entreprises. La vitesse et la facilité des échanges de biens et de services d'un pays à l'autre influent directement sur l'attrait que présente pour les investisseurs des économies et des secteurs précis, en particulier dans le contexte des chaînes de valeur régionales et mondiales.

Les pays utilisent parfois des instruments de politique commerciale, tels que les droits de douane (y compris les crêtes tarifaires et la progressivité des tarifs) et d'autres mesures (comme les exigences de contenu local ou les restrictions à l'exportation), pour promouvoir l'investissement dans certains secteurs. Mais l'interdépendance croissante des économies ainsi que les liens intersectoriels à l'intérieur des économies (par exemple la contribution de services de qualité à la compétitivité du secteur manufacturier), exige de la part des responsables des politiques une connaissance accrue des coûts et des avantages de l'utilisation des politiques commerciales à l'appui d'objectifs auxquels d'autres instruments plus efficaces seraient en mesure de répondre dans les domaines du marché du travail, de l'éducation, de l'innovation et du développement des PME.

Politiques du pays d'origine

Au-delà de l'ouverture réciproque des marchés offerte dans le cadre des accords commerciaux, la communauté internationale peut contribuer à l'amélioration qualitative et quantitative de l'investissement dans un pays donné en agissant sur d'autres aspects des politiques commerciales. L'accès préférentiel à des marchés plus vastes accordé aux pays les moins avancés grâce à la simplification des procédures peut renforcer leur participation aux échanges mondiaux.

Les autorités peuvent aussi soutenir un pays donné, au titre de l'aide pour le commerce ou d'autres formes d'aide, pour que ses entreprises puissent se conformer aux normes, notamment sanitaires et phytosanitaires, renforcer leurs capacités de négociation et de mise en œuvre des accords commerciaux, faire face à d'autres contraintes du côté de l'offre qui influent sur l'environnement commercial et les dysfonctionnements du marché liés au financement des échanges et aux assurances et garanties de crédit. Tous les marchés qui facilitent les opérations transfrontalières, en particulier ceux qui offrent une couverture contre les risques liés aux fluctuations des taux de change et aux défauts de paiement, ainsi qu'à l'assurance transport et au financement des exportations, sont en mesure de renforcer les échanges ainsi que l'investissement.

Questions et principes essentiels

1. Quels sont les efforts faits récemment par les autorités pour réduire les coûts liés au respect des procédures douanières, réglementaires et administratives aux frontières ?
2. Dans quelle mesure les autorités ont-elles pris en compte les obstacles aux échanges à l'intérieur des frontières, en particulier ceux qui relèvent de la réglementation des services ?
3. Les autorités ont-elles déterminé comment appliquer les politiques commerciales pour faciliter la participation des entreprises locales aux chaînes de valeur mondiales, en particulier par la réduction des coûts des intrants ?
4. Dans quelle mesure les pouvoirs publics s'emploient-ils à accroître les possibilités d'investissement par le biais d'accords commerciaux internationaux propres à élargir les marchés et à assurer la cohérence de ses politiques avec ses engagements dans le cadre de l'OMC ?
5. Les autorités se servent-elles de politiques commerciales qui favorisent l'investissement dans certains secteurs et le découragent dans d'autres ? Comment ces politiques sont-elles réexaminées dans le but de réduire les coûts qui résultent de ces distorsions ?

Comment les autorités procèdent-elles pour s'assurer que ces politiques sont compatibles avec les engagements du pays dans le cadre de l'OMC et d'autres accords commerciaux internationaux ?

6. Le pays bénéficie-t-il d'un accès au marché pour ses exportations et cherche-t-il à en tirer parti pour que les perspectives d'exportation encouragent l'investissement national et étranger sur son territoire ? Reçoit-il une aide pour le commerce et encourage-t-il la mise en place de conditions de nature à optimiser l'aide pour le commerce de façon à faire face aux contraintes du côté de l'offre et de tirer profit des possibilités d'accès au marché ?
7. Comment les pays d'origine corrigent-ils les dysfonctionnements du marché qui peuvent faire obstacle aux exportations des pays en développement ou des économies émergentes (financement à l'exportation, fonds de roulement ou assurance importation par exemple) ?

Questions supplémentaire

Mesures de facilitation des échanges	Quelles mesures les pouvoirs publics ont-ils prises pour réduire les coûts de transaction qui pèsent sur les entreprises exerçant des activités commerciales par les moyens suivants : • Simplification et amélioration de la transparence et de la prévisibilité des procédures douanières et des autres procédures frontalières ? • Recours aux techniques de gestion des risques afin d'optimiser les contrôles aux frontières (critères de sélection et contrôles après dédouanement)? • Mise en place de systèmes de dédouanement électroniques et de guichets uniques destinés aux échanges ? • Harmonisation et simplification des documents et rationalisation des procédures ? • Utilisation des contrôles périodiques de la réglementation ou des clauses d'extinction intégrées pour prendre en compte l'évolution des contextes ? • Réalisation d'analyses *ex ante* de la réglementation proposée et consultation des parties prenantes afin d'en assurer une conception optimale ? • Application de normes internationalement reconnues et simplification des procédures d'évaluation de la conformité ? • Coopération avec des homologues sur le plan régional et international ?
Réglementation des services et autres mesures réglementaires	• Qu'ont fait les pouvoirs publics pour alléger les obstacles aux échanges de services ? • Dans quels secteurs spécifiques des services les obstacles ont-ils été réduits ? • Les autorités ont-elles mis en place des obstacles aux échanges de services ; dans l'affirmative, dans quels secteurs ? • Les autorités s'assurent-elles que les mesures réglementaires i) sont fondées sur des critères objectifs et transparents comme la compétence et l'aptitude à fournir le service ; ii) ne sont pas plus contraignantes que ce qu'il est nécessaire pour assurer la qualité des services ; et iii) dans le cas de procédures d'attribution de licences, ne constituent pas en elles-mêmes une restriction à la fourniture de services ? Les autorités ont-elles conclu des accords avec d'autres pays afin de coopérer sur les réglementations ayant une incidence sur les échanges ? Voir également les questions concernant la réforme de la réglementation dans la section sur la *Gouvernance publique*.
Libéralisation des échanges et accords commerciaux internationaux	• Quelle est l'importance de la libéralisation multilatérale, régionale et unilatérale des échanges de biens et de services dans la stratégie définie par les pouvoirs publics pour accroître les débouchés commerciaux ? • Que font les autorités pour augmenter les capacités et les ressources mobilisées pour négocier et appliquer les accords commerciaux ? • Dans quelle mesure les autorités consultent-elles les parties prenantes sur les propositions de réformes relatives aux échanges ? • Les autorités évaluent-elles à l'avance le coût et les avantages liés aux engagements juridiques présents dans les accords commerciaux internationaux (voir les questions relatives aux accords internationaux d'investissement dans la section sur la *Politique d'investissement*) ? • Que font les autorités pour aider les entreprises, en particulier les PME, à repérer et à saisir les opportunités commerciales et d'investissement que leur ouvrent les accords commerciaux ?
Promotion des échanges	• Les autorités disposent-elles d'un dispositif permettant d'évaluer les obstacles aux exportations pour les entreprises locales et les moyens d'y faire face ? Un dispositif analogue existe-t-il pour les importations ? Dans quelle mesure les programmes publics soutiennent-ils les objectifs de diversification des produits et des marchés d'approvisionnement et d'exportation ?

	• Que font les autorités pour favoriser la coopération entre les agences de promotion de l'investissement et les agences de promotion des échanges, notamment pour fournir aux PME divers types d'information sur le marché ? • Comment les autorités identifient-elles les capacités à renforcer en priorité dans les ministères et les organismes publics pertinents et prêtent-elles attention aux besoins des PME en matière de renforcement des capacités ? • Comment les pouvoirs publics aident-ils les entreprises nationales à se conformer aux normes en vigueur sur les principaux marchés d'exportation, notamment aux exigences sanitaires et phytosanitaires ? • Aident-ils les entreprises à tirer profit des activités de promotion des échanges et de l'investissement, par exemple, en participant à des foires commerciales ?
Politiques commerciales ciblées	• Dans quelle mesure les autorités utilisent-elles les droits de douanes, les exigences de contenu local, les restrictions à l'exportation ou d'autres moyens d'action relatifs aux échanges pour promouvoir l'investissement dans certains secteurs ? • Sur quelle base ces secteurs sont-ils choisis ? • Les autorités consultent-elles le public pour décider des politiques à mettre en œuvre pour promouvoir ou protéger des secteurs en particulier ? • Les autorités évaluent-elles si les politiques mises en œuvre répondent effectivement aux objectifs publics recherchés ? Évaluent-elles si ces politiques sont compatibles avec les engagements souscrits par le pays au titre des accords de l'OMC et d'autres accords commerciaux internationaux, en particulier en ce qui concerne les exigences de contenu local ? • Les pouvoirs publics évaluent-ils les effets de ces politiques sur la compétitivité d'autres secteurs qui utilisent ces importations comme intrants pour leurs propres exportations, ainsi que sur le climat de l'investissement en général ? • Utilise-t-on des analyses d'impact de la réglementation à cette fin ? • Les autorités envisagent-elles d'autres méthodes pour promouvoir le développement industriel dans des secteurs prioritaires, qui seraient non discriminatoires envers les concurrents étrangers ? En ce qui concerne la non-discrimination, voir la section sur la *Politique d'investissement ;* en ce qui concerne les effets des politiques industrielles sur la concurrence, voir la section sur la *Politique de la concurrence ;* en ce qui concerne les évaluations d'impact de la réglementation, voir la section sur la *Gouvernance publique*.
Chaînes de valeur mondiales	• Quels efforts les autorités ont-elles engagés pour favoriser la participation des entreprises locales aux chaînes de valeur mondiales ? • Les autorités accordent-elles des exemptions de droits sur les intrants importés ? • Les autorités mesurent-elles l'importance des intrants intermédiaires, y compris des services, dans les exportations totales, ainsi que le taux effectif de protection dans ces secteurs ? • Les autorités ont-elles évalué dans quelle mesure les politiques favorisant les échanges de services pouvaient aider les entreprises à s'intégrer dans les chaînes de valeur mondiales en abaissant les coûts d'entrée ? Voir la section *Promotion et facilitation de l'investissement* pour une analyse des moyens à mettre en œuvre pour accroître la valeur ajoutée locale et les interactions avec les entreprises locales, notamment les PME.
Coopération internationale	• Votre pays dispose-t-il d'un accès en franchise de droits et de contingents aux marchés de ses partenaires commerciaux ? Dans quels pays ? Pour quelles exportations ? Quelles actions et politiques votre pays a-t-il mises en œuvre pour en tirer parti ? • Votre pays dispose-t-il d'une autre forme d'accès préférentiel aux marchés de ses partenaires commerciaux ? Dans quels pays ? Pour quelles exportations ? Quelles actions et politiques votre pays a-t-il mises en œuvre pour en tirer parti ? • Lorsque des partenaires commerciaux imposent des mesures sanitaires et phytosanitaires, des obstacles techniques aux échanges ou d'autres exigences d'ordre réglementaire, quelles actions et politiques sont-elles mises en œuvre pour faire le meilleure usage possible de l'aide fournie afin de respecter ces obligations ? • Les autorités ont-elles accès à l'aide pour le commerce pour faire face aux contraintes du côté de l'offre qui font obstacle au commerce ? Dans quels domaines en particulier ? Les pouvoirs publics ont-ils instauré des conditions permettant de tirer parti de l'aide pour le commerce fournie ?
Pour les pays importateurs	• Les autorités du pays importateur prennent-elles en compte les coûts externes qui pèsent sur les partenaires commerciaux lorsqu'elles évaluent des mesures de politique commerciale nationales ? • Comment les responsables de l'élaboration des politiques nationales peuvent-ils veiller à ce que les autorités de réglementation répondent à des objectifs légitimes de politique publique sans recourir à des mesures commerciales inutilement contraignantes ? • Les autorités respectent-elles les dispositions de l'Accord de l'OMC sur l'application des mesures sanitaires et phytosanitaires et de l'Accord sur les obstacles techniques au commerce, qui précisent que les mesures réglementaires ne doivent pas être plus restrictives pour le commerce que nécessaire ? • Existe-t-il des dispositions spécifiques dans le cadre d'une analyse d'impact de la réglementation obligeant ou encourageant les responsables de la réglementation à éviter de restreindre inutilement les échanges, dans l'optique de limiter au minimum les effets potentiellement négatifs sur les partenaires commerciaux ?

Financement des exportations et atténuation des risques	• Comment les autorités s'assurent-elles que les solutions de financement du commerce disponibles sont adaptées aux entreprises locales recherchant de nouveaux débouchés commerciaux ? • Les institutions financières locales participent-elles au Programme de financement du commerce mondial de la Banque mondiale et/ou aux programmes de financement des échanges de banques régionales de développement ? • Profitent-elles des offres de formation au financement des échanges ?

Ressources supplémentaires

Sites Internet

OCDE, *Facilitation des échanges, www.oecd.org/fr/tad/facilitation.*

OCDE, *Chaînes de valeur mondiales, www.oecd.org/fr/sti/ind/global-value-chains.htm.*

Organisation mondiale des douanes, *www.wcoomd.org/fr.aspx.*

OMC, Groupe de travail du commerce, de la dette et des finances, Organisation mondiale du commerce, *www.wto.org/french/tratop_f/devel_f/dev_wkgp_trade_debt_finance_f.htm.*

Principes, normes

APEC (2001), *APEC Principles on Trade Facilitation*, Asia-Pacific Economic Cooperation, Singapore.

OMC, *Accord de l'OMC sur les obstacles techniques au commerce*, Organisation mondiale du commerce, Genève.

OMD (1974), *Convention internationale sur la simplification et l'harmonisation des procédures douanières (Convention de Kyoto)*, Organisation mondiale des douanes, Bruxelles.

Publications

CNUCED (2013), *Global Value Chains: Investment and Trade for Development*, Conférence des Nations Unies sur le commerce et le développement, Genève.

OCDE (2014), "Global value chains in Africa: Potential and evidence", in AfDB, OECD/UNDP, *African Economic Outlook 2014: Global Value Chains and Africa's Industrialisation*, Éditions OCDE, Paris, *http://dx.doi.org/10.1787/aeo-2014-9-en.*

OCDE (2013), *Interconnected Economies: Benefiting from Global Value Chains*, Éditions OCDE, Paris, *http://dx.doi.org/10.1787/9789264189560-en.*

OCDE (2008), *Enhancing the Role of SMEs in Global Value Chains*, Éditions OCDE, Paris, *http://dx.doi.org/10.1787/9789264051034-en.*

OCDE-OMC-CNUCED (2013), *Implications of Global Value Chains for Trade, Investment, Development and Jobs, www.oecd.org/sti/ind/G20-Global-Value-Chains-2013.pdf.*

OCDE-OMC-Banque mondiale (2014), *Global Value Chains: Challenges, Opportunities and Implications for Policy, www.oecd.org/tad/gvc_report_g20_july_2014.pdf.*

Outils, orientations, manuels

ADB (2013), *Designing and Implementing Trade Facilitation in Asia and the Pacific*, Asian Development Bank, Manila.

APEC (2005), *APEC Customs and Trade Facilitation Handbook*, Asia-Pacific Economic Cooperation, Singapore.

Banque mondiale (2006), *Reforming the Regulation Procedures for Import and Export: Guide for Practitioners*, Banque mondiale, Washington, DC.

Indicateurs et analyses comparatives

Banque Mondiale, "Trading across Borders", Ease of Doing Business Indicators, *www.doing business.org.*

OCDE, Indice de Restrictivité des Echanges de Services (IRES), *www.oecd.org/fr/tad/echanges-services/indice-restrictivite-echanges-services.htm.*

OCDE, Indicateurs sur la facilitation des échanges, *www.oecd.org/fr/echanges/facilitation/indicateurssurlafacilitationdesechanges.htm*.

OMD (2011), *Étude sur le temps nécessaire pour la mainlevée*, Organisation mondiale des douanes, Bruxelles.

OMD, *Manuel d'analyse comparative des douanes à l'échelon international*, Organisation mondiale des douanes, Bruxelles.

4. Politique de la concurrence

L'exercice d'une véritable concurrence est essentiel afin que s'instaure un environnement dynamique pour l'activité des entreprises dans lequel celles-ci sont prêtes à prendre des risques et à investir.

Un environnement concurrentiel encourage la prise de risque et, partant, l'investissement. Une multitude d'éléments empiriques montrent en outre que les secteurs dans lesquels s'exerce une plus forte concurrence connaissent une croissance plus forte de leur productivité car la concurrence permet aux entreprises plus efficientes d'entrer sur le marché et de conquérir des parts de marché au détriment de celles qui le sont moins. Sur les marchés concurrentiels, les entreprises réussissent à mieux répondre aux besoins de leurs clients. En outre, si elles ne sont pas confrontées à la concurrence, les entreprises ne sont guère incitées à innover. Les entreprises qui proposent des produits et des procédés plus novateurs sont de surcroît en mesure de devancer les autres. L'existence d'un environnement favorable à la croissance de la productivité, à l'innovation et à la réussite des entreprises – environnement auquel la concurrence contribue généralement – est propice à la confiance des investisseurs et, de ce fait, à l'investissement.

Un droit de la concurrence solide et structuré, une autorité de la concurrence efficace qui fait appliquer ce droit et, plus généralement, des politiques économiques respectueuses des principes de concurrence et ne la limitant pas inutilement sont indispensables pour instaurer et préserver un environnement concurrentiel.

Un droit de la concurrence solide garantit que les entreprises connaissent les « règles du jeu » et les respectent. Il doit proscrire les accords verticaux et horizontaux anticoncurrentiels, ainsi que les pratiques d'éviction exercées par les entreprises occupant une position dominante, et doit prévoir l'examen des fusions et des acquisitions pour éviter que ne s'imposent des conditions susceptibles d'aboutir à une diminution de la concurrence. En tant que principes directeurs, ces règles doivent s'appliquer de la même manière à toutes les entreprises – publiques ou privées, étrangères ou nationales – de tous les secteurs, et les dérogations éventuelles ne doivent être dictées que par une absolue nécessité et être justifiées par des motifs irréfutables.

Même s'il est bien pensé, le droit de la concurrence ne peut être efficace que s'il est mis en œuvre comme il le faut. Il est donc indispensable que l'autorité de la concurrence soit dotée des ressources, des compétences et de l'autonomie dont elle a besoin pour pouvoir remplir sa mission sans ingérence politique. Elle doit en outre disposer des pouvoirs et des moyens d'action nécessaires pour mettre au jour les pratiques illicites et imposer, en cas d'infraction, des sanctions qui, tout en étant proportionnées, sont suffisamment dissuasives. Elle doit également donner confiance dans l'équité et la transparence du régime d'application de la loi en garantissant le droit à une procédure équitable, l'absence d'ambiguïté des règles ainsi que la cohérence et la prévisibilité de leur mise en œuvre, la certitude quant à la durée des procédures et la protection des informations confidentielles. L'application de règles ambiguës et l'absence de transparence de procédures dont la durée n'est pas prévisible ne favorisent pas un climat de confiance et de sécurité et dissuadent les entreprises d'investir.

Il est impératif de dissuader les entreprises de se livrer à des comportements anticoncurrentiels et de réaliser des fusions ayant pour effet de restreindre la concurrence et de mettre un terme à ces pratiques pour assurer qu'un environnement concurrentiel est en place, même si cette condition n'est pas suffisante. D'autres politiques économiques doivent également contribuer à la réalisation de cet objectif.

La concurrence peut parfois être affaiblie par d'autres interventions des pouvoirs publics visant divers objectifs. Pour éviter cette situation, l'État et les organismes publics doivent systématiquement évaluer l'impact sur la concurrence des politiques publiques, textes de lois et réglementations en vigueur et supprimer les éventuels obstacles et distorsions inutiles de la concurrence qui peuvent découler de ces instruments, même s'ils sont essentiels à la réalisation d'autres objectifs visés par les pouvoirs publics. Les autorités de la concurrence doivent s'efforcer d'utiliser leurs compétences et leurs connaissances pour fournir des conseils et leur soutien à cet égard. Elles peuvent apporter leur concours en repérant, de leur propre initiative, toute distorsion de la concurrence découlant d'interventions des pouvoirs publics.

De la même manière, les principes d'équité et d'efficacité de la concurrence doivent sous-tendre les modes d'approvisionnement du secteur public en biens et services et d'attribution de concessions ayant pour objet la fourniture de services utilisant des ressources publiques. Il faut donc recourir à des procédures d'appel public à la concurrence reposant sur des règles transparentes et non discriminatoires pour retenir les meilleurs fournisseurs et toute forme de soumission concertée doit être détectée et sanctionnée.

Les politiques de privatisation et de libéralisation doivent être destinées à promouvoir l'arrivée de nouveaux acteurs et une concurrence durable et efficace. Les mesures prises à cette fin peuvent inclure une séparation comptable ou fonctionnelle, voire, dans certains cas, une séparation structurelle lorsqu'il est nécessaire de dissocier les activités concurrentielles de celles qui ne le sont pas dans un secteur donné et d'éviter la discrimination et les subventions croisées. Il convient par ailleurs d'adopter une réglementation sectorielle appropriée mettant en balance les deux impératifs suivants : d'une part la nécessité d'éviter que les acteurs historiques ne tirent parti des avantages dont ils disposent pour faire obstacle à l'arrivée et au développement de nouveaux entrants et, d'autre part, la nécessité d'inciter comme il se doit les acteurs d'un secteur, qu'ils soient nouveaux ou déjà en place, (y compris les opérateurs historiques), à investir. La libéralisation d'un secteur, lorsqu'elle est mise en œuvre comme il le faut, est réputée avoir un effet clairement positif sur l'investissement.

Les questions énumérées dans la suite de la présente section sont destinées à guider les responsables publics pour les aider à déterminer si, et dans quelle mesure, ces grands axes sont en place dans leur pays et comment ils peuvent améliorer leurs législations, leurs politiques publiques et leurs institutions afin d'instaurer les conditions requises pour stimuler la concurrence et donc favoriser l'investissement.

Questions et principes essentiels

1. Votre pays est-il doté d'une autorité de la concurrence indépendante, disposant des ressources dont elle a besoin et des pouvoirs nécessaires pour faire véritablement respecter le droit de la concurrence ?

2. Les éventuelles dérogations à l'application du droit de la concurrence sont-elles limitées et justifiées ?
3. Votre pays est-il doté d'un droit de la concurrence qui interdit les accords anticoncurrentiels, ainsi que les comportements anticoncurrentiels des entreprises occupant une position dominante, et qui prévoit les moyens d'action indispensables pour mettre au jour ces pratiques illicites et les sanctions qui s'imposent pour dissuader les entreprises de s'y livrer ?
4. Le droit de la concurrence de votre pays prévoit-il un processus d'examen des fusions et des acquisitions susceptibles d'être préjudiciables à la concurrence ?
5. Le droit de la concurrence de votre pays impose-t-il le principe d'équité et de transparence de la procédure applicable aux parties mises en cause dans des enquêtes ou des poursuites engagées en matière de concurrence, et prévoit-il un réel mécanisme de contrôle juridictionnel ?
6. Les effets sur la concurrence des politiques, législations et politiques publiques en vigueur sont-ils pris en compte et les obstacles inutiles à la concurrence qui en découlent sont-ils supprimés ?
7. La réglementation économique imposée à tel ou tel secteur d'activité n'a-t-elle été dictée que par une absolue nécessité et n'est-elle pas disproportionnée ?
8. Les procédures de passation des marchés publics assurent-elles l'équité des règles du jeu entre les entreprises qui se livrent concurrence pour remporter des marchés et garantissent-elles que la meilleure offre sera retenue ?

Questions supplémentaires

Indépendance de l'autorité de la concurrence	• L'autorité de la concurrence est-elle indépendante ? À qui rend-elle des comptes ? Comment est-elle financée ? • Si d'autres autorités, comme des autorités de réglementation sectorielles, sont chargées de protéger ou de stimuler la concurrence, leur rôle et leur domaine d'intérêt respectif sont-ils bien définis, afin d'éviter des interventions antagonistes ?
Dérogations au droit de la concurrence	• Certains secteurs ou acteurs économiques (comme les entreprises publiques ou les petites et moyennes entreprises) sont-ils partiellement ou complètement exemptés de l'application du droit de la concurrence ? • Ces dérogations sont-elles justifiées par des raisons d'ordre économique ou relevant de l'intérêt général ?
Lutte contre les pratiques anticoncurrentielles	• Le droit de la concurrence de votre pays proscrit-il les ententes injustifiables et d'autres accords horizontaux ou verticaux anticoncurrentiels ? • Le droit de la concurrence de votre pays proscrit-il les abus de position dominante/la constitution de monopole ? • Quand l'autorité de la concurrence évalue si un accord ou un comportement unilatéral est anticoncurrentiel, ne tient-elle compte que de l'impact que cet accord ou de ce comportement sont susceptibles d'avoir sur la concurrence ou bien aussi d'autres facteurs (comme leur impact sur l'emploi) ? • Pour déterminer si une entreprise occupe une position dominante sur le marché, l'autorité de la concurrence se sert-elle de critères économiques solides ? • L'autorité de la concurrence dispose-t-elle des pouvoirs et moyens d'action indispensables (par exemple des pouvoirs d'enquête) pour mettre au jour ces pratiques illicites ? • Le droit de la concurrence permet-il d'imposer, en cas d'infraction au droit de la concurrence, des sanctions qui sont appropriées pour avoir un effet dissuasif suffisant, tout en étant proportionnées ? • Existe-t-il un programme de clémence qui contribue à la mise au jour des ententes ?
Fusions et acquisitions	• Le droit de la concurrence de votre pays prévoit-il le contrôle des projets de fusion et d'acquisition par l'autorité de la concurrence avant que ceux-ci ne soient menés à leur terme ? • Existe-t-il un seuil de notification limitant la surveillance exercée par l'autorité de la concurrence aux fusions et acquisitions ayant la plus grande importance économique ?

	• La loi impose-t-elle des délais procurant une certitude quant à la durée des procédures de contrôle des fusions et des acquisitions ? • Les entreprises concernées peuvent-elles proposer des mesures correctives pour mettre fin à une quelconque préoccupation de concurrence suscitée par une fusion ou une acquisition ? • Des critères particuliers, plus restrictifs, sont-ils appliqués pour évaluer les fusions et acquisitions auxquelles prennent part des entreprises étrangères ? • Une opération de fusion peut-elle être bloquée, ou au contraire approuvée, pour des raisons autres que les effets qu'elle aura sur la concurrence ?
Mise en œuvre du droit de la concurrence	• Les règles et pratiques qui réglementent la mise en œuvre du droit de la concurrence sont-elles rendues publiques et peuvent-elles être consultées par toutes les parties intéressées ? • La législation de votre pays garantit-il l'équité procédurale aux entreprises faisant l'objet d'une enquête de la part de l'autorité de la concurrence leur assurant le respect de leurs droits (par exemple la notification des raisons ayant motivé l'enquête, le droit d'être entendu et de présenter des preuves, la possibilité de rencontrer des représentants de l'autorité de la concurrence, etc.) ? • Des mesures de protection sont-elles en place pour assurer que les informations commerciales confidentielles ou protégées par le secret professionnel que les entreprises divulguent au cours des enquêtes, des procédures de contrôle des fusions ou d'études de marché ne sont pas communiquées à des tiers ? • Le droit de votre pays permet-il l'examen effectif, par une instance d'appel indépendante, des décisions que rend l'autorité de la concurrence ? • Le système juridique de votre pays prévoit-il le dédommagement des personnes lésées par des infractions au droit de la concurrence (par exemple sous la forme de procédures qui leur sont accessibles leur permettant de demander réparation pour les préjudices qu'elles ont subis) ?
Effets des politiques publiques, des lois et des réglementations sur la concurrence	• L'autorité de la concurrence a-t-elle le pouvoir de mener à bien des études de marché sur les marchés où la concurrence ne semble pas s'exercer efficacement et de proposer des recommandations pour mettre fin aux entraves à la concurrence qu'elle a pu repérer ? • Les pouvoirs publics/ministères évaluent-ils régulièrement l'impact sur la concurrence des politiques publiques proposées (y compris les subventions directes ou indirectes) et des lois et réglementations qui peuvent avoir des conséquences sur la concurrence (par exemple celles qui ont pour effet de limiter l'entrée sur le marché, l'accessibilité au marché, la sortie du marché, la formation des prix, la production, les pratiques commerciales ordinaires et les formes d'organisation des entreprises) et réfléchissent-ils à des dispositifs de substitution permettant d'atteindre les mêmes objectifs tout en ayant pour effet de moins fausser la concurrence ? • L'autorité de la concurrence prend-elle part à ce processus (par exemple en menant à bien des évaluations, en dispensant des conseils) ? • L'autorité de la concurrence est-elle associée à l'élaboration des processus de privatisation ?
Réglementation économique sectorielle	• Les monopoles naturels, publics ou privés, sont-ils réglementés pour assurer que leurs prix ne sont pas excessifs, et sont-ils incités à réduire leurs coûts ? • Quand un monopole juridique a été ouvert à la concurrence (dans le cadre d'un processus de libéralisation), une réglementation appropriée a-t-elle été imposée à l'opérateur historique pour assurer que la concurrence pouvait se développer ? • Existe-t-il des mesures destinées à assurer une coordination et une cohérence entre la mise en œuvre du droit de la concurrence et les réglementations économiques sectorielles ?
Concurrence et passation de marchés publics	• Les pouvoirs publics sont-ils tenus de garantir la transparence, l'égalité de traitement et la non-discrimination lorsqu'ils s'approvisionnent en biens ou en services ou qu'ils attribuent des concessions ? • Les appels d'offres sont-ils conçus pour faire en sorte que seules les meilleures offres sont retenues ? • Des sanctions ayant un effet dissuasif suffisant peuvent-elles être infligées en cas de soumissions concertées ?

Ressources supplémentaires

OCDE, *Politique de la concurrence, www.oecd.org/fr/daf/concurrence.*

OCDE (2014), *La politique de la concurrence et ses effets macroéconomiques : une fiche d'information, www.oecd.org/fr/daf/concurrence/factsheet-macroeconomics-competition.htm.*

OCDE (2001), *Recommandation du conseil de l'OCDE concernant la séparation structurelle dans les secteurs réglementés, www.oecd.org/fr/daf/concurrence/recommendationconcerningstructuralseparationinregulatedindustries.htm.*

OCDE, *Examen par pays, www.oecd.org/fr/daf/concurrence/examenparpays.htm.*

OCDE, *Fighting bid rigging in public procurement, www.oecd.org/fr/daf/concurrence/fightingbidrigginginpublicprocurement.htm.*

OCDE, *Manuel pour l'évaluation de la concurrence, www.oecd.org/fr/daf/concurrence/assessment-toolkit.htm.*

OCDE, *Réformes pro-concurrentielles, www.oecd.org/fr/daf/concurrence/reformes.*

Cadre d'action pour l'investissement
Édition 2015

5. Politique fiscale

Une politique fiscale à l'appui des objectifs de développement et des stratégies d'attraction de l'investissement

Les autorités chargées de promouvoir l'investissement et les administrations fiscales partagent souvent des responsabilités communes mais poursuivent des objectifs différents, notamment dans les pays en développement. Les responsables publics devraient avoir une vision d'ensemble des taux d'imposition et de la structure fiscale de leur pays afin de concilier le large éventail d'objectifs de bien-être social et de développement et la nécessité d'attirer l'investissement. Les agences de promotion de l'investissement se sentent tenues d'offrir des incitations fiscales afin d'attirer les investisseurs, tandis que les autorités fiscales insistent sur la nécessité de mobiliser des recettes pour financer les biens publics, ainsi que les éléments essentiels à un environnement favorable aux entreprises, comme les infrastructures et une main-d'œuvre bien formée et en bonne santé. Une coordination efficace entre les responsables de la politique fiscale et les diverses autorités chargées de promouvoir l'investissement, y compris au niveau des collectivités locales, est une tâche difficile mais essentielle. Les pays qui sont parvenus à concevoir une politique fiscale favorable à l'investissement ont pour caractéristique commune d'avoir adopté une approche mobilisant l'ensemble de l'administration afin d'assurer une cohérence entre la politique fiscale du pays, ses objectifs de développement nationaux et infranationaux et sa stratégie globale d'attraction de l'investissement.

Les responsables publics devraient évaluer régulièrement la charge fiscale qui grève les bénéfices afin de déterminer si le système fiscal est propice au type d'investissement dont le pays a besoin. Ils doivent pour ce faire examiner les principales dispositions légales ainsi que les effets des stratégies de planification fiscale de plus en plus employées par les entreprises pour réduire leur impôt. Les coûts de discipline induits par une complexité excessive, le manque de transparence et le caractère imprévisible du système fiscal doivent également être pris en compte. Si la charge fiscale sur les bénéfices des entreprises est jugée inadéquate, soit trop élevée pour attirer et conserver l'investissement, soit trop faible au regard des besoins de recettes du pays, il convient d'envisager de modifier les règles fiscales.

Les mesures de la charge fiscale habituellement utilisées varient en termes de pertinence, de données requises et de complexité d'utilisation. Lorsqu'ils examinent les options d'investissement, les investisseurs passent en revue l'ensemble du système fiscal, mais leur premier point d'accroche est souvent le ***taux légal d'imposition*** – peut-être la mesure fiscale la plus visible au regard de l'investissement potentiel. Les taux légaux d'imposition envoient un signal important et sont communément utilisés par les investisseurs internationaux pour comparer différents pays. Néanmoins, comme beaucoup ne manqueront pas de le souligner, les taux légaux d'imposition ne reflètent pas la situation fiscale d'un pays sous toutes ses facettes. En effet, les ***taux effectifs d'imposition***, qui rendent compte de dispositions spécifiques de la législation fiscale, comme les incitations fiscales en faveur de l'investissement, sont de meilleurs indicateurs de la charge que représente le système fiscal pour les entreprises et des incitations à investir. Les analystes utilisent des indicateurs rétrospectifs et prospectifs de la charge fiscale effective. Lorsqu'on dispose de données spécifiques aux entreprises pour l'analyse, les taux moyens effectifs d'imposition rétrospectifs représentent probablement une meilleure mesure de la charge fiscale supportée par les entreprises, car ils reflètent leurs activités réelles (et non hypothétiques). Les indicateurs prospectifs du taux effectif, comme les taux marginaux effectifs d'imposition et les taux moyens effectifs d'imposition, rendent compte de l'effet net des dispositions fiscales légales de base sur un projet d'investissement hypothétique. Les taux marginaux effectifs d'imposition résument l'effet des paramètres fiscaux législatifs sur une activité additionnelle d'une entreprise, et indiquent combien investir à la marge compte tenu de la baisse attendue du rendement de l'investissement. Les taux moyens effectifs d'imposition constituent un indicateur plus général de la charge fiscale qui évalue l'impact de la fiscalité sur un investisseur, une entreprise multinationale classique par exemple, qui s'apprête à prendre une décision d'investissement et à choisir entre deux projets concurrents ou plus.

L'utilisation de taux effectifs d'imposition présente l'avantage de combiner en une mesure *unique* des informations complexes sur le taux légal de l'impôt, le niveau et le type de dotations aux amortissements, les années de taux réduits ou même d'exonération fiscale, et d'éventuelles déductions spéciales pour investissement. Cette mesure exprime l'impôt dû en un pourcentage de la valeur actuelle de tous les bénéfices financiers attendus d'un investissement. Par conséquent, le taux effectif d'imposition est basé sur de nombreux facteurs, notamment sur le taux de rentabilité attendu, le type d'actifs objet de l'investissement (du fait que les dotations pour amortissement ne sont pas les mêmes selon qu'il s'agit de bâtiments, d'usines ou de machines) et le type de financement utilisé (en raison de la déductibilité des intérêts). Il peut être négatif parce que, pour certains investissements, les avantages fiscaux peuvent être supérieurs aux bénéfices.

Incidence de la politique fiscale sur les décisions d'investissement

Malgré des recherches qui montrent que, relativement au manque à gagner, la réduction de la charge fiscale a peu d'effet sur l'investissement, les pouvoirs publics ont fréquemment recours aux incitations fiscales pour attirer l'investissement en général, et l'investissement direct étranger (IDE) en particulier. D'évidentes raisons expliquent cette pratique répandue, surtout dans le contexte des pays en développement. Il est beaucoup plus simple d'accorder des incitations fiscales que de remédier aux défaillances, par exemple dans les infrastructures ou l'offre de main-d'œuvre qualifiée. Les incitations fiscales ne nécessitent pas une sortie effective de fonds ou le versement de subventions proprement dites aux investisseurs, et sont politiquement plus simples à obtenir que des fonds publics. En outre, certains arguments avancés par les responsables politiques et publics à l'appui de leur décision d'offrir des incitations fiscales pour attirer l'investissement sont légitimes : de fait, l'épargne nationale, notamment dans les pays émergents et en développement, est parfois si faible et l'intermédiation financière si rare qu'elles sont insuffisantes pour financer l'expansion économique, ce qui restreint les ressources que les entreprises peuvent consacrer à l'investissement. Dans de tels contextes, un allégement de la charge fiscale est vu comme un moyen d'attirer l'IDE en tant que source de financement extérieure. En outre, des données montrent que l'investissement peut générer des externalités positives – des retombées – dans le pays d'accueil. L'investissement peut induire des transferts de technologie et de savoir-faire, faciliter l'amélioration des compétences des travailleurs et améliorer la formation de capital humain, soutenir le développement et la restructuration des entreprises, favoriser la constitution de pôles d'activité et contribuer à une intégration internationale (des échanges) plus poussée.

La charge fiscale d'un pays est l'un des nombreux facteurs, et pas toujours le plus important, examinés par les investisseurs potentiels amenés à prendre des décisions d'investissement. Les questions relatives aux coûts et aux risques associés à la situation macroéconomique et au climat des affaires, le coût d'observation des lois, règlements et pratiques administratives, la taille du marché, la situation de la main-d'œuvre, et surtout les possibilités de bénéfices uniques au site, revêtent autant d'importance pour les investisseurs. Pour certains types d'investissement, le niveau des bénéfices et des risques associés au lancement d'une activité commerciale donnée peut nécessiter une présence physique sur un site spécifique et n'est pas réalisable en implantant l'activité dans un autre pays ou une autre juridiction. Les activités spécifiques à un site peuvent inclure l'investissement dans des infrastructures et des services collectifs (comme les transports, les communications et la fourniture d'énergie), l'extraction de ressources naturelles et la prestation de services d'hôtellerie et de restauration. Lorsqu'une économie offre pléthore de possibilités de bénéfices spécifiques à un site, les responsables publics peuvent fort logiquement résister aux pressions exercées pour réduire les prélèvements fiscaux afin de protéger leur base de recettes. En outre, les investisseurs pourraient accepter une charge fiscale plus élevée dans le pays d'accueil si ce pays offre des conditions attractives pour les entreprises, un cadre macroéconomique stable, la primauté de l'état de droit, une main-d'œuvre bien formée et des systèmes efficaces de promotion de l'investissement (ces aspects sont examinés plus en détail dans les sections portant sur la *Politique d'investissement* et sur la *Promotion et la facilitation de l'investissement*).

S'agissant de bénéfices économiques qui ne sont pas spécifiques à un site, on s'attend à ce que des comparaisons de la charge fiscale effective du pays et de celle de juridictions concurrentes soient effectuées. Si une activité commerciale donnée peut être exercée sur un site concurrent offrant un taux d'imposition inférieur à celui du pays d'accueil, les investisseurs seraient en théorie réticents à supporter, dans le pays d'accueil, une charge fiscale supérieure à ce taux. Si la charge fiscale d'un pays est très élevée par rapport à des pays concurrents, cela découragerait l'investissement et pourrait, dans certains cas, emporter la décision de ne pas investir ou réinvestir dans un pays donné. Toutefois, les mesures destinées à réduire le taux de prélèvement d'un pays par rapport à ses concurrents peuvent entraîner un phénomène de surenchère dont, en fin de compte, pâtissent tous les pays. Ce risque est particulièrement sensible dans les pays en développement, qui souvent prennent de nouvelles mesures ou étendent des mesures existantes sans évaluer correctement la réaction probable d'autres juridictions. Cette question ne peut pas être traitée isolément ; les États doivent œuvrer ensemble à l'échelle régionale afin d'accroître la coopération fiscale.

Utilisation prudente des incitations fiscales

Les systèmes fiscaux peuvent appliquer un taux effectif d'imposition non uniforme à différentes entreprises, sur la base de leur taille, de la structure de leur capital (selon qu'il est sous contrôle national ou étranger), du type d'activité ou de leur localisation. Certaines entreprises peuvent être ciblées pour bénéficier d'un régime fiscal préférentiel. Dans certains cas, des raisons valables peuvent justifier des incitations fiscales ciblées. Lorsque les allégements fiscaux sont ciblés, les décideurs devraient examiner les arguments pour et contre un tel régime préférentiel, et être en mesure de justifier les régimes fiscaux différentiels. La raison la plus couramment avancée pour justifier un traitement fiscal différentiel fondé sur l'efficience est que les incitations fiscales peuvent corriger les imperfections du marché. Ces arguments relatifs à la « correction du marché » sont basés sur l'hypothèse selon laquelle les investisseurs privés ne prennent pas en compte les avantages de certains types d'investissement pour la société au sens large, par exemple la valorisation des énergies renouvelables, ce qui conduit à un sous-investissement. Une autre catégorie d'arguments fondés sur les défaillances du marché s'articule autour de l'idée selon laquelle, du fait d'informations asymétriques sur les marchés, les produits ou le pouvoir monopolistique de grandes entreprises, les PME auraient du mal à entrer sur le marché ou à obtenir des financements. L'argument administratif est qu'il est souvent plus facile pour les pouvoirs publics de gérer un programme d'incitations fiscales que de mettre au point un programme de dépenses ciblées selon une logique similaire. Certaines incitations à l'investissement poursuivent des objectifs de redistribution, comme les politiques visant à accroître l'investissement et à stimuler l'emploi et la croissance dans les régions plus pauvres d'un pays.

Les mesures de la charge fiscale qui varient considérablement d'un type d'investissement à un autre doivent être expliquées. Les décideurs veulent savoir si leur approche ciblée de l'investissement atteint ses objectifs stratégiques (encourager l'investissement dans des régions défavorisées, par exemple). Au-delà de cet aspect, un ciblage efficace suppose une évaluation précise de l'importance du manque à gagner, afin de comparer l'avantage obtenu aux coûts associés aux incitations ciblées. Le ciblage des incitations fiscales implique aussi de réserver l'allégement d'impôt aux seules entreprises/activités ciblées (aux petites entreprises, par exemple).

Évaluation des coûts et des avantages des incitations fiscales

Pour pouvoir contribuer au bien-être économique d'un pays, les avantages procurés par un programme d'incitations fiscales doivent l'emporter sur ses coûts. Il est donc important que les décideurs soient en mesure de faire la distinction entre les programmes bénéfiques et ceux qui sont source de gaspillages. Il faut donc mener une analyse approfondie de l'efficacité et de l'efficience économique des incitations fiscales proposées, avant d'adopter les mesures de promotion des investissements, mais aussi, de façon systématique, après, pour déterminer dans quelle mesure, et à quel coût, les incitations fiscales atteignent leurs objectifs.

Une évaluation des ***avantages*** économiques des incitations fiscales devrait prendre en compte a) l'impact direct de l'investissement motivé par les incitations ; b) l'impact indirect et induit des transactions intersectorielles et des modifications des revenus et de la consommation ; c) les externalités positives, comme les transferts de technologie et de savoir-faire grâce à l'IDE induit par les incitations ; et d) les avantages sociaux et environnementaux lorsque les incitations fiscales servent à corriger des imperfections du marché. Les **coûts** à prendre en considération lors d'une analyse coûts-avantages d'un programme d'incitations fiscales incluent : a) le manque à gagner direct imputable aux incitations fiscales ; b) les pertes de recettes dues aux possibilités indésirables et imprévues de planification fiscale ; c) les coûts supportés par les contribuables pour se conformer à un régime d'incitations fiscales donné ; d) les coûts liés à l'administration du programme d'incitations fiscales en raison de la complexité introduite dans le cadre législatif et réglementaire ; et e) le coût pour l'économie induit par l'établissement de « règles du jeu inéquitables » qui font que les entreprises nationales ne bénéficient pas des mêmes incitations fiscales que leurs concurrentes étrangères.

Transparence et bonne gouvernance des systèmes d'incitations fiscales

Pour mettre en place un environnement favorable à l'investissement, les questions de transparence et de clarté des dispositions relatives aux incitations fiscales revêtent une grande importance. À cet égard, des programmes sélectifs pour lesquels les autorités publiques disposent d'une grande latitude sont source d'incertitude pour les investisseurs qui ne savent pas comment le système fiscal les traitera par rapport à leurs concurrents, et peuvent décourager plutôt qu'encourager l'investissement. Un système fiscal mal conçu, dont les règles et leur application sont obscures, trop complexes ou imprévisibles, peut alourdir les coûts d'un projet et générer de l'incertitude. Accorder aux agents des impôts une marge de manœuvre administrative excessive peut accroître sensiblement le risque de corruption et saper les objectifs de bonne gouvernance qui sont fondamentaux pour garantir un environnement attractif pour les investisseurs. En outre, toute disposition dont l'application est laissée à la discrétion des autorités fiscales ouvre des possibilités de recherche de rente car les entreprises tentent de « convaincre » les autorités d'accéder à leurs demandes d'avantages. Dès lors, des incitations fiscales générales et celles dont l'application ne dépend guère du pouvoir d'appréciation des autorités sont préférables à celles qui impliquent la sélection de « gagnants et de perdants » par les pouvoirs publics.

Dans les pays en développement, l'octroi d'incitations fiscales en faveur de l'investissement peut souvent se faire en dehors du cadre des lois et de l'administration fiscales, parfois en vertu de multiples dispositions législatives. La conception et l'administration des incitations fiscales peuvent relever des compétences de plusieurs ministères (finances, commerce, investissement par exemple). Lorsque divers ministères sont impliqués, ils ne coordonnent pas toujours leurs mesures incitatives les uns avec les autres ou avec l'administration fiscale nationale, avec pour conséquence des incitations qui font double emploi, qui sont incohérentes ou même qui vont à l'encontre de l'objectif poursuivi.

Dans de nombreux pays en développement, les incitations fiscales sont instituées par la législation fiscale (loi de l'impôt sur le revenu, par exemple), mais peuvent aussi l'être par une législation régissant l'investissement, les zones économiques spéciales, etc. ; parfois aussi, le régime des incitations peut être instauré par des décrets, accords et règlements qui existent en dehors du droit fiscal. Pour cette raison, leur véritable portée n'apparaît pas toujours. Regrouper toutes les incitations fiscales prévues, ainsi que les critères à satisfaire pour pouvoir en bénéficier, dans la législation fiscale proprement dite, renforce la transparence et peut lever les doutes quant au fait que c'est l'administration fiscale qui les gère.

Lutter contre les stratégies de planification fiscale abusive à l'échelle nationale et internationale

Les incitations fiscales, en fonction de leur nature et de leur conception, peuvent donner lieu à des résultats involontaires et malvenus. Les décideurs doivent savoir que tous les contribuables examineront les critères de ciblage et tenteront de bénéficier de l'incitation fiscale. Par exemple, l'expérience montre qu'une entreprise (moyenne ou grande) non éligible peut se réorganiser en deux entités commerciales ou plus en vue de prétendre à l'allégement accordé en fonction de la taille de l'entreprise. De même, des entreprises s'efforceront de qualifier ou de requalifier certaines activités pour qu'elles entrent dans le champ des activités admissibles, par exemple aux incitations fiscales en faveur de la R-D. Des exonérations temporaires et partielles de l'impôt sur les bénéfices, en particulier, offrent des possibilités importantes de planification fiscale agressive. Ces incitations ciblent généralement les « nouvelles » entreprises. Toutefois, des entreprises en place peuvent se faire passer pour de « nouvelles » entreprises à la fin de leur période d'exonération afin de continuer d'être exemptées d'impôt. En outre, une exonération totale ou partielle de l'impôt sur les bénéfices ouvre également la voie à une manipulation des prix de transfert de manière à déplacer artificiellement un bénéfice imposable d'entités non admissibles vers des entités admissibles. Les entreprises non admissibles peuvent aussi faire transiter l'achat d'actifs par des entreprises admissibles. De même, les entreprises admissibles qui sont déficitaires peuvent tenter de vendre leurs reliquats de pertes commerciales et de crédits d'impôt inutilisés à des entreprises bénéficiaires qui n'appartiennent pas au groupe ciblé par les incitations fiscales afin que celles-ci puissent minorer leur charge d'impôt. Enfin, les pouvoirs publics peuvent évidemment subir des pressions pour accorder l'allégement fiscal à des contribuables/activités qui n'étaient pas ciblés au départ.

Questions et principes essentiels

1. Par quels biais la politique fiscale menée par le gouvernement soutient-elle ses objectifs en matière de développement et d'attraction des investissements ?
2. Compte tenu de la situation socioéconomique et politique du pays, est-il raisonnable de penser que la politique fiscale, y compris les incitations fiscales, peut avoir un effet positif sur les décisions d'investissement ?
3. Lorsque des incitations fiscales ciblent des groupes/sites spécifiques, un traitement non uniforme des investisseurs peut-il être justifié ?
4. Une évaluation des coûts et des avantages des incitations fiscales est-elle effectuée à intervalles réguliers afin d'éclairer les décisions des pouvoirs publics ?
5. Les incitations fiscales sont-elles regroupées dans la législation fiscale ? Sont-elles octroyées de façon automatique ou discrétionnaire ? Le processus d'octroi et d'administration des incitations fiscales est-il clair et transparent ?
6. Les possibilités de planification fiscale nationale et internationale créées involontairement par les incitations fiscales ont-elles été évaluées ? Des mesures ont-elles été prises pour améliorer la coopération fiscale internationale afin de lutter contre les stratégies de planification fiscale abusive ?

Questions supplémentaires

Cohérence de la politique fiscale avec la stratégie de développement au sens large	• Le gouvernement applique-t-il une politique fiscale cohérente et conforme à ses objectifs plus larges en matière de développement et à sa stratégie d'attraction des investissements ? • La politique fiscale en vigueur est-elle élaborée et modifiée en suivant une approche mobilisant l'ensemble de l'administration qui parvient à concilier les priorités des pouvoirs publics en matière de mobilisation des recettes et d'attraction des investissements ? • Quelle est la charge fiscale moyenne qui pèse actuellement sur les bénéfices nationaux ? L'évaluation de la charge fiscale effective tient-elle compte des dispositions légales ainsi que des possibilités de planification fiscale et des coûts de discipline ? • La charge fiscale pour les entreprises commerciales est-elle appropriée compte tenu des objectifs généraux et des objectifs d'attraction des investissements des pouvoirs publics ? • Les principales dispositions fiscales sont-elles globalement compatibles avec les normes internationales et les attentes raisonnables des investisseurs ? • Les autorités ont-elles cerné les éléments du système fiscal du pays qui faussent gravement les choix d'investissement et découragent l'activité entrepreneuriale ?

Compréhension de l'effet potentiel des incitations fiscales sur l'investissement	• Les pouvoirs publics ont-ils analysé les forces et les faiblesses de son climat des affaires ? Compte tenu de la situation socioéconomique, institutionnelle et politique du pays, une diminution de la charge fiscale aurait-elle un effet favorable sur les décisions d'investissement ? • Les pouvoirs publics ont-ils évalué de façon critique si les incitations fiscales existantes ou envisagées constituent l'instrument politique le plus efficace pour stimuler l'investissement ? • D'autres mesures visant à répondre aux priorités du pays ont-elles été étudiées ? La charge fiscale associée à d'autres instruments d'action est-elle comparable à celle induite par le programme d'incitations fiscales existantes/proposées ? • Si les incitations fiscales sont jugées bénéfiques compte tenu des priorités les plus urgentes du pays, quels sont les facteurs pris en compte pour concevoir des incitations fiscales efficaces ? • Les pouvoirs publics ont-ils évalué d'un œil critique l'impact des incitations fiscales existantes ou envisagées sur les juridictions concurrentes?
Utilisation prudente des incitations fiscales ciblées	• Les incitations fiscales sont-elles octroyées sans distinction à tous les investisseurs ou ciblent-elles certains groupes/sites en particulier ? • Des taux d'imposition supérieurs au taux standard s'appliquent-ils à certains groupes ou à certains sites ? • Un traitement non uniforme des investisseurs peut-il être justifié ? Les pouvoirs publics ont-ils déterminé si l'approche ciblée de l'investissement atteint les objectifs fixés ? • Le système fiscal est-il neutre dans son traitement des investisseurs nationaux et étrangers ? • Le système fiscal est-il adapté aux circonstances spécifiques des petites entreprises ? Si oui, le traitement spécial est-il justifié ? Parvient-il à atteindre les objectifs fixés ? • Les pouvoirs publics ont-ils examiné les distorsions des décisions d'investissement induites par les incitations fiscales ciblées ? • Les pouvoirs publics ont-ils évalué les possibilités de planification fiscale résultant du traitement fiscal non uniforme d'activités ciblées ? • Des dispositions ont-elles été prises pour limiter l'allégement fiscal aux entreprises/activités ciblées ? • Quelles ont été les dispositions prises pour restreindre les allégements fiscaux aux seules entreprises/activités ciblées ?
Évaluation des coûts et des avantages des incitations à l'investissement	• Les incitations fiscales sont-elles suivies et évaluées en vue d'analyser leur efficacité et ainsi éclairer les décisions des pouvoirs publics ? • Des mécanismes sont-ils établis pour évaluer régulièrement les coûts et les avantages des incitations fiscales à l'investissement ? • Quelles sont les données recueillies pour mesurer l'efficacité et l'efficience économique des différentes incitations fiscales ? Des mécanismes sont-ils établis pour procéder à un recueil systématique de données ? • Les « avantages » des incitations fiscales sont-ils régulièrement mesurés à l'aune des objectifs poursuivis ? • L'évaluation des « avantages » comprend-elle une estimation des bienfaits pour la société et l'environnement et des retombées positives des investissements motivés par les incitations ? • Le montant du manque à gagner imputable à chaque incitation fiscale est-il régulièrement calculé ? • L'évaluation des « coûts » englobe-t-elle les coûts indirects (coûts de discipline, coûts d'administration de l'impôt par exemple) et les pertes de recettes dues à des activités de planification fiscale fortuites et imprévues ? • Un rapport public sur les dépenses fiscales est-il régulièrement publié ? • Les pouvoirs publics ont-ils évalué les principaux bénéficiaires des incitations fiscales à l'investissement ? Ces principaux bénéficiaires sont-ils mentionnés dans des rapports publics ?
Transparence et bonne gouvernance du système d'incitations fiscales	• Quelles sont les dispositions législatives qui régissent le système d'incitations fiscales ? Sont-elles regroupées dans la législation fiscale ? • Des incitations fiscales peuvent-elles être octroyées en dehors de la législation nationale sur la fiscalité et l'investissement (par exemple, par le biais d'accords spéciaux, de protocoles d'entente, etc.) ? • Si les impôts peuvent être prélevés à différents niveaux de l'administration, les droits d'imposition et la répartition des différentes assiettes sont-ils définis clairement dans le droit fiscal ? • Les incitations fiscales sont-elles accordées automatiquement ou sur une base discrétionnaire ? • Concernant les incitations fiscales discrétionnaires, le processus de demande et d'admission est-il clairement défini ? Est-il transparent ? • Le cas échéant, les incitations fiscales sont-elles assorties de clauses de caducité automatique en vertu desquelles les investisseurs doivent alors observer les règles fiscales générales ? • Toutes les incitations fiscales à l'investissement sont-elles placées sous l'autorité d'un seul organisme public ? Dans le cas contraire, quelles sont les entités publiques habilitées à superviser la mise en place et l'octroi d'incitations fiscales ? • Lorsque plusieurs organismes octroient des incitations fiscales, quels sont les mécanismes mis en place pour éviter les chevauchements inopinés et l'application incohérente des programmes d'incitations ? • Si les incitations fiscales sont soumises à des critères d'éligibilité, les conditions d'éligibilité sont–elles vérifiées avant et après octroi des incitations ?

	• Le processus d'octroi et d'administration des incitations fiscales est-il décentralisé ? Peut-il être administré à la fois par le gouvernement central et par les autorités infranationales ? • Lorsque des incitations fiscales peuvent-être accordées à différents niveaux, leur octroi et leur administration sont-ils coordonnés ? La question de la concurrence fiscale infranationale est-elle traitée ? Comment ?
Lutte contre les stratégies de planification fiscale abusive au niveau national et international	• Les pouvoirs publics ont-ils évalué l'importance des pertes de recettes dues à des activités de planification fiscale nationale et/ou internationale ? • Les pouvoirs publics ont-ils examiné de façon critique dans quelle mesure les incitations fiscales actuelles/envisagées interfèrent avec les dispositions des conventions fiscales signées par le pays ? • Les autorités coopèrent-elles avec leurs homologues d'autres pays afin de combattre les stratégies de planification fiscale internationale abusive ? • Pour améliorer la discipline fiscale internationale, le pays est-il membre du Forum mondial sur la transparence et l'échange de renseignements à des fins fiscales ? • Le pays lutte-t-il efficacement contre la fraude fiscale internationale en s'associant à la norme mondiale unique sur l'échange automatique de renseignements à des fins fiscales ? • Les pouvoirs publics ont-ils adopté une approche et des solutions internationales coordonnées pour lutter contre les pratiques d'érosion de la base d'imposition et de transfert de bénéfices (BEPS) ?

Ressources supplémentaires

Altshuler, R. et H. Grubert (2006), « The Role of Governments and MNCs in the Race to the Bottom », *Tax Notes International*, Vol. 41, No. 5, pp. 459-474.

Auerbach, A.J. (1985), « The Theory of Excess Burden and Optimal Taxation », dans Auerbach, A.J. et M. Feldstein (dir. pub.), *Handbook of Public Economics*, Vol. 1, Hollande du Nord, Amsterdam, pp. 61-127.

Caiumi, A. (2011), « The Evaluation of the Effectiveness of Tax Expenditures – A Novel Approach: An Application to the Regional Tax Incentives for Business Investments in Italy », *Taxation Working Papers*, No. 5, Éditions OCDE, Paris, *http://dx.doi.org/10.1787/5kg3h0 trjmr8-en*.

Devereux, M.P. et R. Griffith (1998), « The Taxation of Discrete Investment Choices », *Institute for Fiscal Studies Working Paper Series*, No. W98/16.

Grubert, H. (2004), « The Tax Burden on Cross-Border Investment: Company Strategies and Country Responses », dans Birch Sorense, P. (dir. pub.) *Measuring the Tax Burden on Labor and Capital*, MIT Press (CESifo Seminar Series), Cambridge, Massachusetts, pp. 129-170.

Dirk-Jan Kraan (2004), « Off-budget and Tax Expenditures », *OECD Journal on* Budgeting, Vol. 4/1, *http://dx.doi.org/10.1787/budget-v4-art6-en*.

Johansson, Å. et al. (2008), « Taxation and Economic Growth », *OECD Economics Department Working Papers*, No. 620, Éditions OCDE, Paris, *http://dx.doi.org/10.1787/241216205486*.

McKenzie, K.J., M. Mansour et A. Brûlé (1998), « The Calculation of Marginal Effective Tax Rates », document de travail, Vol. 97, No. 5, Comité technique de la fiscalité des entreprises, ministère des Finances, Canada.

OCDE, *Principes pour améliorer la transparence et la gouvernance des incitations fiscales à l'investissement dans les pays en développement*, Groupe de travail de l'OCDE sur la fiscalité et le développement, OCDE, Paris, *www.oecd.org/fr/ctp/fiscalite-internationale/principes-pour-ameliorer-la-transparence-et-la-gouvernance-des-incitations-fiscales.pdf*.

OCDE (2011), *Corporate Loss Utilization through Aggressive Tax Planning*, Éditions OCDE, Paris, *http://dx.doi.org/10.1787/9789264119222-en*.

OCDE (2011), *Tackling Aggressive Tax Planning through Improved Transparency and Disclosure*, OECD, Paris, *www.oecd.org/ctp/exchangeofinformation/48322860.pdf*.

OCDE (2010), *Les dépenses fiscales dans les pays de l'OCDE*, Éditions OCDE, Paris, *http://dx.doi.org/10.1787/9789264076921-fr*.

OCDE (2010), *Choosing a Broad Base – Low Rate Approach to Taxation*, Études de politique fiscale de l'OCDE, No. 19, Éditions OCDE, Paris, *http://dx.doi.org/10.1787/9789264091320-en*.

OCDE (2010), *Tax Policy Reform and Economic Growth*, Études de politique fiscale de l'OCDE, No. 20, Éditions OCDE, Paris, *www.oecd.org/fr/ctp/politiques-fiscales/taxpolicystudyno20-taxpolicyreformandeconomicgrowth.htm*.

OCDE (2009), *Taxation of SMEs: Key Issues and Policy Considerations*, Études de politique fiscale de l'OCDE, No. 18, Éditions OCDE, Paris, *http://dx.doi.org/10.1787/9789264024748-en*.

OCDE (2008), « Tax Effects on Foreign Direct Investment », *Synthèses de l'OCDE*, février, OECD, Paris, *www.oecd.org/daf/inv/investment-policy/40152903.pdf*.

OCDE (2007), *Tax Effects on Foreign Direct Investment: Recent Evidence and Policy Analysis*, Études de politique fiscale de l'OCDE, No. 17, Éditions OCDE, Paris, *http://dx.doi.org/10.1787/9789264038387-en*.

OCDE (2007), « Tax Incentives for Investment – A Global Perspective: Experiences in MENA and Non-MENA Countries », OECD, Paris, *www.oecd.org/mena/investment/38758855.pdf*.

OCDE (2005), « Incentives and Free Zones in the MENA Region: A Preliminary Stocktaking », document préparé pour le Groupe de travail No. 2 du Programme MENA-OCDE pour l'investissement, OCDE, Paris, *www.oecd.org/mena/investment/36086747.pdf*.

OCDE (2004), *Utilisation de données micro-économiques pour évaluer les taux moyens d'imposition*, Études de politique fiscale de l'OCDE, No. 8, Éditions OCDE, Paris, *http://dx.doi. org/10.1787/9789264299818-fr*.

OCDE (2003), *Checklist for Foreign Direct Investment Incentive Policies*, OECD, Paris, *www.oecd.org/daf/inv/investment-policy/2506900.pdf*.

OCDE (2003), *Tax Policy Assessment and Design in Support of Direct Investment: A Study of Countries in South East Europe*, OECD, Paris, *www.oecd.org/daf/inv/34466352.pdf*.

OCDE (2002), *Impôt sur les sociétés et investissement direct étranger: L'utilisation d'incitations fiscales*, Études de politique fiscale de l'OCDE, No. 4, Éditions OCDE, Paris, *http://dx.doi.org/10.1787/9789264288409-fr*.

OCDE (2001), *Mesurer les charges fiscales : Quels indicateurs pour demain ?*, Études de politique fiscale de l'OCDE, No. 2, Éditions OCDE, Paris, *http://dx.doi.org/10.1787/9789264281585-fr*.

Cadre d'action pour l'investissement
Édition 2015

6. Gouvernance d'entreprise

Comme le prévoit le Préambule des Principes de gouvernement d'entreprise de l'OCDE, « Le degré de respect par les sociétés de certains principes fondamentaux de bon gouvernement d'entreprise joue un rôle grandissant pour les décisions d'investissement. La relation entre les pratiques de gouvernement d'entreprise et l'internationalisation croissante des investissements revêt également une importance particulière. Les flux internationaux de capitaux permettent aux entreprises de se procurer des fonds auprès d'une population beaucoup plus large d'investisseurs. Pour pouvoir pleinement bénéficier de la mondialisation des marchés de capitaux et attirer des capitaux « patients » à long terme, les pays doivent se doter de régimes de gouvernement d'entreprise crédibles et lisibles à l'étranger et respecter un socle minimum de principes reconnus. Même si les capitaux étrangers ne représentent pas la principale source de financement pour les entreprises, l'adoption de bonnes pratiques de gouvernement d'entreprise contribue à accroître la confiance des investisseurs nationaux, réduit le coût du capital, concourt au bon fonctionnement des marchés de capitaux, et en définitive confère davantage de stabilité aux sources de financement ».

Cette section et les questions qui y sont présentées plus loin présentent brièvement certains des principaux aspects de la gouvernance d'entreprise que les responsables de l'action publique et d'autres parties concernées doivent aborder pour favoriser l'émergence d'un environnement plus propice à l'investissement. Pour procéder à une évaluation plus complète, les responsables doivent se référer aux *Principes de gouvernement d'entreprise de l'OCDE (2004)* ainsi qu'à la méthode d'évaluation de la gouvernance d'entreprise mise au point par le Comité sur la gouvernance d'entreprise de l'OCDE (2006) et, si possible, demander à la Banque mondiale de procéder à une évaluation dans le cadre des Rapports sur l'observation des normes et codes (ROSC) en matière de gouvernance d'entreprise. Les Lignes directrices de l'OCDE sur le gouvernement d'entreprise des entreprises publiques (2005) procurent aux pays où la participation de l'État au capital d'entreprises à vocation commerciale est importante un large ensemble de recommandations complémentaires.

La révision des *Principes de gouvernement d'entreprise* comme des *Lignes directrices sur le gouvernement d'entreprise des entreprises publiques* était en cours au moment de la mise à jour de la présente section et ces instruments peuvent donc comporter d'autres recommandations relatives aux politiques publiques ou aux meilleures pratiques qui seront diffusées dans les mois suivants de 2015. Les éléments essentiels d'un régime solide de gouvernance d'entreprise à l'appui de l'investissement, qui sont mentionnés dans les paragraphes qui suivent, n'en restent pas moins toujours valables.

Veiller à instaurer un régime efficace de gouvernance d'entreprise. L'efficacité du régime de gouvernance d'entreprise est garantie par celle du cadre juridique, réglementaire et institutionnel sur lequel peuvent compter tous les participants au marché lorsqu'ils s'engagent dans des relations contractuelles. (Voir également à ce sujet les sections consacrées la *Politique d'investissement* et à la *Gouvernance publique*.) Ce cadre juridique, réglementaire et institutionnel se compose normalement d'éléments relevant de la loi, de la réglementation, de mécanismes d'autodiscipline, d'engagements volontaires et des pratiques des entreprises qui sont le produit des circonstances, de l'histoire et de traditions propres à chaque pays. Dans ce domaine, l'équilibre souhaitable entre les dispositions législatives, la réglementation, l'autodiscipline, les normes volontaires, etc., varie donc d'un pays à l'autre.

Dans ce contexte, le cadre réglementaire et juridique qui sous-tend le régime de gouvernance d'entreprise doit être conçu avec une souplesse suffisante pour répondre aux besoins d'entreprises exerçant leurs activités dans des circonstances extrêmement diverses. Il importe également de prendre en considération la nécessité d'instruments efficaces de mise en œuvre et d'application. Ceci suppose notamment que les missions de surveillance, d'application et de mise en œuvre soient clairement réparties entre les autorités, de façon à ce que les compétences d'organismes complémentaires soient respectées et mises à profit du mieux possible.

Assurer un traitement équitable des actionnaires. Les investisseurs jouissent d'un certain nombre de droits attachés à la détention de leurs participations. Par exemple, une action dans une entreprise cotée peut être achetée, cédée ou transférée et donne à son détenteur un droit aux bénéfices de cette entreprise. Il lui donne également le droit d'être informé sur la marche de la société et de l'influencer, principalement en votant lors des assemblées générales d'actionnaires. Tous ces droits ont une valeur économique intrinsèque. Si l'on veut qu'ils achètent des actions, les investisseurs doivent donc être sûrs que leur capacité d'exercer tous les droits qu'ils auront acquis est correctement reconnue et protégée.

La structure de l'actionnariat a des répercussions importantes sur le régime de gouvernance d'entreprise. Dans de nombreuses économies, la plupart des entreprises sont aux mains d'actionnaires majoritaires, qui, dans certains cas, exercent le contrôle même s'ils ne détiennent qu'un petit nombre d'actions, grâce à des droits de vote différentiels ou des structures complexes de propriété et de contrôle. Il arrive aussi, dans d'autres cas, que le capital soit contrôlé par l'État, ce qui soulève d'autres difficultés en termes de gouvernance. Les actionnaires qui détiennent une participation de contrôle ont intérêt à surveiller de près l'entreprise et sa direction, et peuvent avoir une influence positive sur la façon dont elle est gérée. Toutefois, leurs intérêts risquent parfois d'entrer en contradiction avec ceux des actionnaires minoritaires. C'est en cas de captation d'avantages privés par les actionnaires de contrôle aux dépens des actionnaires minoritaires que cet antagonisme est le plus préjudiciable.

Les entreprises et leurs actionnaires font les frais de la médiocrité de la gouvernance d'entreprise, qui se traduit par une plus faible valorisation de leurs participations, une limitation des possibilités de financement en fonds propres et des difficultés pour planifier leur succession et recruter des talents extérieurs. À l'échelle de l'économie, la conséquence est une chute de la productivité, dans la mesure où les investissements sont répartis de manière moins efficiente. Pour réduire ces coûts, certains actionnaires de contrôle prennent spontanément des mesures pour améliorer leur propre gouvernance d'entreprise et « redorer leur blason » auprès des autres actionnaires. Ces mesures peuvent être facilitées par la création de mécanismes tels que des compartiments boursiers spéciaux et par l'adoption de codes volontaires de gouvernance d'entreprise, qui permettent aux sociétés de signaler de façon crédible aux marchés qu'elles respectent des normes élevées de gouvernance d'entreprise. Toutefois, alors même que de telles mesures peuvent contribuer de manière importante à l'amélioration des dispositifs de gouvernance d'entreprise, elles ne donnent aux actionnaires et aux autres parties prenantes aucune assurance quant à leur statut et à leur mise en application. Lorsque des codes ou des principes sont érigés en norme nationale ou remplacent de manière explicite des dispositions législatives ou réglementaires, il est impératif, pour la crédibilité des marchés, que leur statut soit clairement spécifié, que ce soit du point de vue de leur portée, de leur mise en œuvre, de leur respect ou des sanctions éventuelles. À long terme, les actionnaires de contrôle peuvent au fond bénéficier de mesures contraignantes visant à améliorer la protection des investisseurs.

Mettre un terme aux conflits d'intérêts et permettre l'accès à des voies de recours. De par leur nature même, certaines activités des entreprises impliquent des conflits d'intérêts entre les parties prenantes. Il est donc important que le marché sache si ces activités sont bien exercées en tenant dûment compte des intérêts de tous les actionnaires, et que l'on mette en place des procédures efficaces de réparation des préjudices éventuels. La confiance des actionnaires et des investisseurs potentiels se trouve renforcée lorsque le système juridique prévoit des mécanismes permettant aux actionnaires d'engager des actions en justice à un coût raisonnable et sans délais excessifs. Il y a toutefois quelque risque qu'un système juridique permettant à n'importe quel investisseur de contester les activités d'une société devant les tribunaux ne donne lieu à un nombre excessif de procédures judiciaires. Il s'agit donc de trouver un équilibre entre le souci de permettre aux investisseurs d'engager des recours en cas de violation de leurs droits et celui d'éviter un nombre excessif de procédures judiciaires, susceptibles de rendre les dirigeants et les administrateurs réfractaires à toute prise de risque.

Un appareil judiciaire efficace est essentiel pour décourager de manière crédible toute velléité de violation des droits des actionnaires. Dans les pays où le système judiciaire est défaillant, la lenteur des procédures et l'incertitude liée à leur aboutissement dissuadent les actionnaires de faire respecter leurs droits et rebutent les investisseurs potentiels. La réparation des violations des droits des actionnaires peut s'appréhender sous un autre angle, celui de la prévention. À cette fin, et d'une manière plus générale, il est indispensable que les entreprises communiquent au marché toutes les informations relatives aux transactions significatives effectuées avec des parties liées, et indiquent notamment si elles ont été réalisées dans le respect du principe de pleine concurrence et aux conditions normales du marché. Lorsqu'il s'agira de déterminer le contenu et la portée des informations ainsi rendues publiques, il importera de définir avec soin la notion de « partie liée ». Il sera par ailleurs nécessaire de préciser la responsabilité qui incombe à chacun de faire état d'un conflit d'intérêts, et de définir le rôle du conseil d'administration dans l'évaluation des répercussions significatives d'un tel conflit.

Le rôle des actionnaires. La participation aux assemblées générales est un droit fondamental de tous les actionnaires, y compris des actionnaires étrangers, et ce droit est essentiel pour leur capacité d'influer sur la marche de l'entreprise. Les procédures de notification des assemblées générales et les modalités des scrutins doivent être définies de manière à faciliter et à encourager la participation des actionnaires. Ceci suppose notamment que les notifications leur soient adressées en temps voulu et que les systèmes de vote permettent aux actionnaires de participer au processus de décision à un coût raisonnable.

La possibilité d'accéder aux informations et l'existence de procédures fiables de vote par procuration sont des paramètres particulièrement délicats lorsque les investisseurs étrangers détiennent leurs actions par l'entremise de toute une chaîne d'intermédiaires. Cette situation soulève parfois des problèmes singuliers lorsqu'il s'agit de déterminer dans quelle mesure les actionnaires étrangers sont fondés à exercer leurs droits de vote, et comment établir la communication avec eux. Le risque manifeste est que l'information circule mal entre l'entreprise et l'actionnaire final et que l'opinion de ce dernier ne soit pas communiquée à l'assemblée des actionnaires. Par conséquent, il faut impérativement examiner avec quelle précision le cadre légal et réglementaire définit le devoir d'information de la société concernant ses assemblées générales, les procédures qu'elle doit suivre dans ce domaine, et celles applicables au vote des actionnaires étrangers.

Assurer la communication, en temps voulu, d'informations fiables et pertinentes. Les actionnaires effectifs ou potentiels ont besoin d'informations régulières, fiables, comparables et suffisamment détaillées pour exercer en toute connaissance de cause et en toute égalité les droits attachés à leurs participations. Un régime de diffusion de l'information favorisant une véritable transparence est l'une des pierres angulaires d'un régime de gouvernance d'entreprise reposant sur les mécanismes du marché. Il entretient la confiance des marchés boursiers et permet d'influer fortement sur le comportement des sociétés et de protéger les droits des investisseurs. De fait, des informations parcellaires ou obscures compromettent le bon fonctionnement des marchés, renchérissent le coût du capital et découragent les investisseurs.

Pour définir les normes de publication d'informations et les procédures de leur diffusion, il faut inévitablement arbitrer entre les nombreuses exigences qui concernent le niveau d'exhaustivité des données, leur qualité et les coûts lié à leur préparation et à leur diffusion. Lorsqu'il s'agit de déterminer quelles sont les informations devant à tout le moins être rendues publiques, beaucoup de pays appliquent le critère de l'importance relative. Sont considérées comme des données significatives les informations qui, si elles sont omises ou erronées, peuvent altérer les décisions économiques prises par ceux qui les utilisent. Lors de l'élaboration d'un régime rigoureux de diffusion de l'information, les moyens de diffusion, le moment choisi pour diffuser l'information et les procédures suivies peuvent s'avérer aussi importants que le contenu de l'information proprement dit. Il ne sert à rien de diffuser des informations significatives si celles-ci n'atteignent pas le marché et les autorités concernées moyennant un coût raisonnable, sous une forme facilement accessible, de manière fiable et en temps voulu.

Sur de nombreux marchés, la complexité des structures d'actionnariat et de contrôle soulève un problème particulier en termes de transparence. Une communication transparente sur la structure du capital est essentielle pour lutter, entre autres, contre les transactions abusives avec des parties liées. Le modèle de l'OCDE sur les « Options pour obtenir des informations sur la propriété effective et le contrôle » fait office de référence dans les initiatives visant à améliorer la mise à disposition de telles informations.

Le rôle central du conseil d'administration. Le conseil d'administration doit jouer un rôle déterminant dans la gouvernance de l'entreprise. Il a principalement pour mission d'orienter la stratégie de l'entreprise, de surveiller les performances de ses dirigeants (en les remplaçant le cas échéant), de superviser les systèmes mis en place pour garantir que l'entreprise respecte la législation en vigueur et d'assurer aux actionnaires un rendement satisfaisant. Il doit aussi surveiller et gérer les conflits d'intérêt potentiels touchant la direction, les membres du conseil et les actionnaires. Par ailleurs, le conseil d'administration a le devoir de servir au mieux les intérêts de l'entreprise et de ses actionnaires et il est censé prendre dûment en considération les autres parties prenantes et servir loyalement leurs intérêts, notamment ceux des salariés, des créanciers, des clients, des fournisseurs et des collectivités locales. Les sociétés devraient reconnaître que les contributions des actionnaires constituent une ressource précieuse pour la compétitivité et la rentabilité de l'entreprise, et qu'elles contribuent à sa réussite à long terme. Les droits des actionnaires établis par la loi ou par accord mutuel devraient être respectés.

Quelles que soient les modalités de leur nomination, les administrateurs doivent, pour s'acquitter efficacement de leur mission, être en mesure d'exercer un jugement éclairé, objectif et indépendant, et se comporter comme les représentants de la totalité des actionnaires. Un certain nombre de responsabilités incombant aux administrateurs sont regroupées sous la notion de devoir de diligence et de loyauté, deux concepts qui doivent être solidement ancrés dans la législation et la jurisprudence, mais également dans la conscience et dans les pratiques des administrateurs eux-mêmes. Dans certains pays, les sociétés ont jugé utile de définir explicitement les responsabilités assumées par le conseil d'administration, ainsi que celles qui incombent à la direction.

Le rôle des initiatives volontaires et des mécanismes d'autodiscipline. En matière de gouvernance d'entreprise, les pays mêlent à des degrés divers les instruments juridiques et réglementaires d'une part et les codes et initiatives volontaires d'autre part, les combinaisons variant en fonction de leur passé, de leurs traditions juridiques, de l'efficacité des tribunaux, de la structure politique du pays et du niveau de développement des entreprises. Pour améliorer la gouvernance d'entreprise, de nombreux pays ont développé le recours à des codes et initiatives volontaires, dont ils encouragent l'utilisation, souhaitant ainsi diminuer les coûts de mise en œuvre de la législation et accorder davantage de flexibilité dans un cadre de marché. Certains pays s'emploient à mettre en œuvre leurs codes d'après le principe « respecter les textes ou se justifier », selon lequel le respect des textes n'est pas une obligation, mais qui exige une explication lorsque ce respect n'est pas observé. Dans certains pays, ce sont les marchés boursiers qui ont imposé des obligations de gouvernance d'entreprise par le biais de critères d'admission en bourse. Des instituts de gouvernance d'entreprise ou des organisations de conseils d'administration ont aussi fait leur apparition dans de nombreux pays. Ils ont pour finalité de sensibiliser et de former les administrateurs à mieux appréhender les objectifs et les exigences de la gouvernance d'entreprise. Certains instituts se sont également lancés dans des programmes de formation auprès des médias, dans le but, là encore, de mieux faire connaître la gouvernance d'entreprise auprès du public.

L'importance des examens par pays et du dialogue entre les responsables publics. Cette brève liste de rappel ne saurait se substituer à un examen en bonne et due forme du système de gouvernance d'entreprise d'un pays et les pays devraient envisager de procéder à un tel examen en se référant aux Principes de gouvernement d'entreprise de l'OCDE. La Banque mondiale a réalisé 48 examens du régime de gouvernance d'entreprise dans une quarantaine d'économies en développement ou en transition, les « rapports sur l'observation des normes et codes » (ROSC), en se référant pour ce faire aux Principes de gouvernement d'entreprise de l'OCDE. Si les autorités du pays concerné sont d'accord pour que les conclusions d'un examen soient rendues publiques, la Banque mondiale publie le rapport « ROSC » correspondant sur son site Internet : *www.worldbank.org/ifa/rosc_cg.html*. En outre, l'OCDE a mis au point une méthodologie procurant des orientations plus précises pour la réalisation de ces examens. La diffusion de ces travaux et l'existence d'un débat public constituent des instruments utiles de sensibilisation et de mobilisation en faveur d'un renforcement du cadre de gouvernance d'entreprise et d'une amélioration du climat de l'investissement. En outre, l'OCDE a récemment commencé à mener à bien des examens plus détaillés des pays en se référant aux *Lignes directrices de l'OCDE sur le gouvernement d'entreprise des entreprises publiques* (dont il est question plus loin), pour les pays désireux d'adhérer volontairement à cet instrument.

Le dialogue entre les responsables politiques, les institutions et les parties prenantes impliqués dans la gouvernance d'entreprise s'avère efficace pour parvenir à un consensus qui est la base de l'amélioration de la gouvernance d'entreprise à l'échelon national et régional. Des tables rondes sur la gouvernance d'entreprise (en Asie, au Moyen-Orient et en Afrique du Nord (MENA), en Amérique latine et en Russie) continuent d'être régulièrement organisées et ont contribué à l'établissement d'un consensus pour une action régionale et nationale, et pour le suivi de la mise en application. L'OCDE a également mis en place des réseaux régionaux pour la gouvernance des entreprise des entreprises publiques en Asie, dans la région MENA, en Amérique latine et en Afrique du Sud. La participation à ce dialogue régional peut représenter un moyen d'accès à un savoir-faire international et de renforcement des capacités d'évolution.

Veiller à la responsabilité et à la bonne gouvernance des entreprises publiques. La manière dont la fonction d'actionnaire de l'État est organisée, c'est-à-dire le fonctionnement des entités chargées de définir et de mettre en œuvre la stratégie actionnariale de l'État, peut avoir un impact sur le climat global de l'investissement. En particulier, il convient d'opérer une distinction claire entre la fonction d'actionnaire et les autres missions qui incombent à l'État, notamment la surveillance réglementaire. Ceci permet de garantir des règles du jeu équitables à tous les investisseurs, en particulier du point de vue du respect de la législation et de la réglementation. Ceci permet en outre de garantir que l'État, tout en se comportant en actionnaire actif et bien informé, n'interviendra pas dans la gestion quotidienne des entreprises publiques et laissera aux conseils d'administration toute la latitude opérationnelle nécessaire pour atteindre les objectifs qui leur ont été assignés et exercer leur mission d'orientation stratégique et de surveillance de la gestion. Les administrateurs doivent être nommés selon des procédures transparentes, en fonction de leurs compétences et de leur expérience, et il doit être clair qu'ils ont pour mission d'agir au mieux des intérêts de la société dans son ensemble. Ils ne devraient pas agir en tant que représentants individuels des groupes d'intérêts qui sont à l'origine de leur désignation.

Transparence et responsabilité riment à l'évidence avec autonomie. Lorsque ces conditions sont réunies, les investisseurs peuvent être sûrs que les organismes publics, en particulier les entreprises publiques, exercent leurs pouvoirs de manière responsable, et que tout investissement sur un nouveau marché se fera dans des conditions équitables. Appliquer un certain nombre de principes fondamentaux de gouvernance d'entreprise aide les entreprises publiques à respecter des normes plus exigeantes en matière de responsabilité et de transparence. Ainsi, la publication, par l'entité actionnaire et par les entreprises publiques elles-mêmes, d'informations relatives à leurs performances et à la réalisation de leurs objectifs, devrait par exemple respecter les mêmes normes strictes de comptabilité et de vérification des comptes que celles qui s'appliquent aux entreprises cotées. Ceci suppose également que les entreprises publiques se dotent de procédures efficientes de contrôle interne et soient chaque année soumises à une vérification externe indépendante de leurs comptes, effectuée conformément aux normes internationales. La diffusion adéquate d'informations significatives joue également un rôle important dans l'amélioration de la responsabilité, en particulier lorsqu'il s'agit de rendre publics des éléments tels qu'une aide financière éventuelle de l'État, des engagements pris pour le compte de l'État ou encore des transactions significatives avec des parties apparentées. En effet, de telles transactions sont souvent à l'origine de situations désavantageuses pour les investisseurs, surtout dans un environnement institutionnel médiocre. Enfin, la publication annuelle d'un rapport agrégé sur les entreprises publiques, faisant ressortir leurs objectifs, ainsi que leurs performances et leur évaluation financières et non financières, contribue également à accroître la transparence des entreprises publiques vis-à-vis du public.

Questions et principes essentiels

Régime de gouvernance d'entreprise

1. Quelles mesures ont-été prises pour assurer que le régime de gouvernance d'entreprise encourage la performance économique globale et favorise la transparence et le bon fonctionnement des marchés ? Ces mesures ont-elles été traduites en un cadre réglementaire cohérent et logique, étayé par un système efficace de mise en application ?
2. Comment le régime de gouvernance d'entreprise assure-t-il le traitement équitable de l'ensemble des actionnaires ?
3. Quels sont les mécanismes et les structures institutionnels permettant aux actionnaires d'obtenir réparation en cas de violation de leurs droits ? Jouent-ils un rôle dissuasif crédible contre ces violations ? Quelles sont les mesures en place pour contrôler et empêcher les initiés et les actionnaires majoritaires d'obtenir des avantages à titre personnel ?
4. Quelles procédures et institutions sont en place pour garantir que les actionnaires sont en mesure de prendre part aux décisions importantes de l'entreprise et en soit suffisamment informés ?
5. Au moyen de quels normes et mécanismes les entreprises répondent-elles à la demande du marché qui souhaite disposer en temps voulu d'informations fiables et pertinentes, y compris d'informations relatives à la structure de détention du capital et de contrôle de l'entreprise ?
6. De quelle manière le régime de gouvernance d'entreprise garantit-il que le conseil d'administration joue un rôle déterminant dans l'orientation stratégique de l'entreprise, qu'il surveille efficacement sa gestion et qu'il rende des comptes à l'entreprise et à ses actionnaires ?
7. Le régime reconnaît-il aussi les droits des parties prenantes établis par la loi ou par des accords mutuels et encourage-t-il la coopération entre les entreprises et les parties prenantes dans la création de richesses, l'emploi et la viabilité d'entreprises financièrement saines ?

Initiatives volontaires

8. Qu'a-t-on déjà fait, et que reste-t-il à faire, sur le plan des initiatives volontaires et de la formation pour encourager et développer une culture de la gouvernance d'entreprise dans le secteur privé ?

Analyse comparative

9. A-t-on procédé à un examen du système national de gouvernance d'entreprise en se référant aux Principes de gouvernement d'entreprise de l'OCDE ? Le cas échéant, les conclusions de cet examen ont-elles été rendues publiques ?

Entreprises publiques

10. Dans les entreprises publiques, comment la fonction d'actionnaire est-elle structurée pour assurer une séparation des fonctions de réglementation exercées par l'État et pour garantir l'équité des règles du jeu vis-à-vis des entreprises privées, ainsi qu'une absence d'ambiguïté sur les objectifs des entreprises publiques ?
11. Quels sont les mécanismes qui garantissent que l'État n'intervient pas dans la gestion quotidienne des entreprises publiques et que les membres des conseils d'administration agissent en toute autonomie et exercent leur rôle de surveillance stratégique ?
12. Par quels moyens les entreprises publiques sont-elles effectivement tenues de rendre des comptes au gouvernement, au parlement, au public et (le cas échéant) aux actionnaires autres que l'État ?

Questions supplémentaires

Note : Les *Principes de gouvernement d'entreprise de l'OCDE* et les *Lignes directrices de l'OCDE sur le gouvernement d'entreprise des entreprises publiques* étaient en cours de révision au moment de la rédaction de la présente section et aucun consensus sur les modifications à y apporter n'était encore intervenu, de sorte que les questions qui suivent se fondent sur les versions précédemment approuvées des Principes (2004) et des Lignes directrices (2005), et doivent être prises en considération sans préjuger du résultat définitif de la révision de ces recommandations de l'OCDE. Le lecteur est invité à consulter la version révisée des Principes et des Lignes directrices dès leur publication en 2015. La méthode pour évaluer la mise en œuvre des Principes de gouvernement d'entreprise de l'OCDE peut procurer une explication plus complète des critères à retenir afin de procéder à un examen du régime de gouvernance d'entreprise (voir plus loin la liste des Ressources complémentaires).

Régime de gouvernance d'entreprise, application et mise en œuvre	• Quelles mesures ont été prises pour garantir que le régime de gouvernance d'entreprise encourage la performance économique globale, la transparence et le bon fonctionnement des marchés ? • Ces mesures ont-elles été traduites en un cadre réglementaire cohérent et logique, étayé par un système efficace de mise en application ? • Les décisions rendues interviennent-elles en temps voulu et sont-elles transparentes et motivées ? Existe-t-il des mécanismes d'appel ? • Les instances compétentes en matière de surveillance, de réglementation et d'application des textes ont-elles le pouvoir, l'intégrité et les ressources pour mener à bien leurs missions efficacement ? • La répartition des responsabilités en matière de surveillance, de réglementation et d'application des textes entre différentes instances est-elle clairement définie de sorte que les compétences respectives des organes et organismes complémentaires soient respectées et exploitées au mieux ? • Les recoupements, voire les contradictions, éventuels entre les réglementations nationales des différents pays sont-ils appréhendés de sorte qu'il ne puisse pas se développer de vide réglementaire (c'est-à-dire des situations pour lesquelles aucune instance n'a explicitement compétence) ? • Des efforts sont-ils déployés pour que le coût pour les sociétés de la mise en conformité avec de multiples systèmes législatifs soit minimisé et pour assurer que ce coût n'est pas excessif ?
Traitement équitable	• Quelles procédures et institutions sont en place pour permettre aux actionnaires de participer aux décisions importantes de la société et d'en être suffisamment informés ? • Les actionnaires sont-ils informés en temps opportun de la date des assemblées générales ? • Lors des assemblées générales, y a-t-il des mécanismes de vote permettant aux actionnaires, y compris aux actionnaires étrangers, de prendre part au processus de décision à un coût raisonnable ? • Existe-t-il des procédures fiables de vote par procuration et ces procédures ménagent-elles aux actionnaires absents la possibilité de voter pour ou contre les résolutions selon les mêmes modalités que les actionnaires présents ? • Quelles sont les procédures et les structures institutionnelles permettant aux actionnaires d'obtenir réparation en cas de violation de leurs droits ? • Jouent-elles un rôle dissuasif crédible contre ces violations ?

	• Le système juridique prévoit-il des mécanismes permettant aux actionnaires d'engager des actions en justice à un coût raisonnable et sans délais excessifs ? • Comment un équilibre est-il trouvé entre le souci de permettre aux investisseurs d'engager des recours en cas de violation de leurs droits et celui d'éviter un nombre excessif de procédures judiciaires ? • Les entreprises sont-elles tenues de communiquer au marché toutes les informations relatives aux transactions significatives effectuées avec des parties liées et d'indiquer si ces transactions ont été réalisées dans le respect du principe de pleine concurrence et aux conditions normales du marché ?
Parties prenantes	• Les actionnaires ont-ils la possibilité d'obtenir la réparation effective de la violation de leurs droits ? • Lorsque les parties prenantes interviennent dans la gouvernance d'entreprise, ont-elles accès en temps opportun et de façon régulière à des informations pertinentes, suffisantes et fiables ? • Les parties prenantes, y compris les salariés au niveau individuel et les organes qui les représentent, peuvent-elles faire état librement auprès du conseil d'administration de leurs inquiétudes concernant d'éventuelles pratiques illicites ou contraires à l'éthique sans que cette intervention ne compromette l'exercice de leurs droits ? Voir également la section consacrée aux *Politiques en faveur d'une conduite responsable des entreprises.*
Transparence	• Les exigences en matière de diffusion de l'information couvrent-elles : ❖ le résultat financier et le résultat d'exploitation ❖ les objectifs de l'entreprise ❖ les principales participations au capital et les droits de vote ❖ les politiques de rémunération ❖ les qualifications et le processus de sélection des administrateurs ❖ les transactions effectuées avec des parties liées ❖ les facteurs de risque prévisibles ❖ les questions intéressant les salariés et les autres parties prenantes ❖ les structures et politiques de gouvernance de l'entreprise ? • Le régime de gouvernance d'entreprise impose-t-il que les informations soient établies et diffusées conformément à des normes de grande qualité, reconnues au niveau international, en matière de comptabilité et de communication financière et non financière ? • Le régime de gouvernance d'entreprise garantit-il qu'une vérification des résultats de l'entreprise soit effectuée chaque année par un auditeur indépendant, compétent et qualifié ? • Quels sont les modes de diffusion, le moment choisi pour diffuser l'information et les procédures suivies ? • Le régime de gouvernance d'entreprise impose-t-il ou encourage-t-il la communication des informations au marché moyennant un coût raisonnable, sous une forme facilement accessible, de manière fiable et en temps voulu ?
Le rôle du conseil d'administration	• Les obligations de précaution et de loyauté des administrateurs vis-à-vis de la société et de ses actionnaires sont-elle inscrites dans la loi ou dans la jurisprudence et sont-elles bien connues des administrateurs ? • Dans quelle mesure le régime de gouvernance d'entreprise impose-t-il aux conseils d'administration de mener à bien les fonctions suivantes ou les y encourage-t-il : ❖ revoir et guider la stratégie de l'entreprise ❖ surveiller les pratiques effectives de la société en matière de gouvernance d'entreprise ❖ assurer le suivi des performances de l'équipe dirigeante ❖ remplacer les dirigeants, s'il y a lieu ❖ assurer l'intégrité des systèmes de comptabilité et de communication financière et des systèmes de contrôle, y compris aux fins de la gestion des risques et de la conformité de la société avec la loi et les normes en vigueur ❖ appliquer des normes éthiques élevées, notamment le code de conduite de la société ❖ surveiller et gérer les conflits d'intérêts pouvant survenir entre la direction, le conseil d'administration et les actionnaires. • Le régime de gouvernance d'entreprise impose-t-il que les conseils d'administration soient en mesure de porter un jugement éclairé, objectif et indépendant au nom de tous les actionnaires ou les y encourage-t-il ? • Dans quelle mesure le régime de gouvernance d'entreprise impose-t-il aux administrateurs n'exerçant pas de fonction de direction en mesure d'exercer un jugement indépendant d'intervenir dans les situations où il peut y avoir un conflit d'intérêts ou les y encourage-t-il ? • Le régime de gouvernance d'entreprise impose-t-il ou permet-il aux conseils d'administration d'apporter, par le biais d'une procédure formelle et transparente de nomination des administrateurs, une contribution à la recherche de candidats aux postes d'administrateurs possédant les connaissances, les compétences et les qualifications nécessaires ?

Gouvernance d'entreprise des entreprises publiques

Cadre juridique et réglementaire applicable aux entreprises publiques/garantir des règles du jeu équitables	• Les entreprises publiques sont-elles exemptées de l'application du droit général, par exemple s'agissant des procédures d'insolvabilité et de faillite, ou le régime qu'elles appliquent en matière de rémunération et de droits à pension des salariés et de protection de l'emploi diffère-t-il de celui des entreprises privées ? • Dans quelle mesure l'État a-t-il énoncé des obligations et des responsabilités de service public auxquelles les entreprises publiques sont tenues satisfaire allant au-delà de celles qui pourraient incomber à une entreprise privée dans les mêmes circonstances ? Par quelles procédures interadministrations ces exigences sont-elles élaborées et inscrites dans des lois et réglementations ou dans les statuts des entreprises publiques concernées ? • Les coûts qui en découlent sont-ils recensés, pris en compte et communiqués au grand public ? • Les parties prenantes et les concurrents bénéficient-ils de mécanismes de recours efficaces s'ils estiment que leurs droits n'ont pas été respectés ? • Les entreprises publiques sont-elles placées dans des conditions de concurrence concernant leur accès aux financements ? Par exemples, leurs relations avec des banques appartenant à l'État ou avec d'autres entreprises publiques ne sont-elles justifiées que par des raisons purement commerciales ?
L'État actionnaire	• L'État a-t-il défini les objectifs d'ensemble de sa fonction d'actionnaire et son rôle en matière de gouvernance d'entreprise des entreprises publiques ? • Quels sont les organismes publics chargés de définir la politique de l'État actionnaire et comment cette politique est-elle mise en œuvre et son application contrôlée ? • Comment et par qui les hauts dirigeants des entreprises publiques sont-ils nommés ? S'ils sont nommés par le gouvernement, quelles garanties sont en place pour assurer leur autonomie et leur capacité à rendre des comptes au conseil d'administration de leur entreprise ? • Les conseils d'administration des entreprises publiques ont-ils la responsabilité pleine et entière de définir en toute autonomie – conformément aux objectifs fixés par l'État – les stratégies pour leur entreprise ? • L'exercice des droits attachés à la qualité d'actionnaire est-il clairement identifié au sein de l'administration ? Ces droits sont-ils centralisés ou, si plusieurs instances sont chargées de les faire respecter, comment une coordination suffisante de leurs actions et de leurs politiques est-elle assurée ? • L'entité actionnaire ou coordinatrice rend-elle compte aux instances représentatives comme le parlement ? • Ses relations avec les organismes compétents, notamment la Cour des comptes, sont-elles clairement définies ?
Égalité de traitement entre les actionnaires des entreprises publiques	• Les actionnaires des entreprises publiques autres que l'État ont-ils juridiquement les mêmes droits que l'État ou que ceux exercés par les actionnaires des autres entreprises ? Le cas échéant, comment ces droits sont-ils respectés ? • Les entreprises publiques assurent-elles une très grande transparence à tous leurs actionnaires ? Quels mécanismes sont en place pour assurer que tous les actionnaires des entreprises publiques bénéficient d'un accès équivalent et en temps opportun aux informations importantes ? • La participation des actionnaires minoritaires aux assemblées générales est-elle favorisée ? Quelle influence exercent-ils sur les décisions fondamentales concernant l'entreprise comme les élections au conseil d'administration ?
Relations des entreprises publiques avec les parties prenantes	• Les droits des parties prenantes sont-ils définis par la loi ou par des accords mutuels ? Le cas échéant, comment ces droits sont-ils respectés ? • Existe-t-il éventuellement des exigences formelles imposant à tout le moins aux grandes entreprises publiques ou à celles d'entre elles qui sont cotées de rendre compte publiquement de leurs relations avec les parties prenantes ? • Les entreprises publiques sont-elles tenues d'élaborer, d'appliquer et de faire connaître leur code de déontologie interne ? Le cas échéant, quels programmes de conformité sont en place, notamment s'agissant des mesures de prévention de la fraude et la corruption ?
Diffusion de l'information par les entreprises publiques	• Quels types d'informations financières et non financières l'entité coordinatrice ou actionnaire communique-t-elle sur les entreprises publiques ? Ces informations sont-elles diffusées sous la forme d'un rapport agrégé donnant des informations sur la totalité ou sur la majorité des entreprises publiques ? • L'existence d'un organe de contrôle interne est-elle obligatoire dans les entreprises publiques ? Le cas échéant, cet organe est-il contrôlé par le conseil d'administration et par le comité d'audit et leur rend-il directement compte ? • Les entreprises publiques sont-elles soumises aux mêmes normes comptables et d'audit que les entreprises cotées ? • Quelles informations financières et non financières les entreprises publiques diffusent-elles ? Cette diffusion d'informations porte-t-elle sur les objectifs de l'entreprise et leur réalisation, sur la rémunération des administrateurs et des dirigeants, sur la composition de leur conseil d'administration et sur leur dispositif de gestion des risques ?

Responsabilité des conseils d'administration des entreprises publiques	• Dans la mesure où toutes les entreprises publiques sont dotées d'un conseil d'administration, celui-ci se voit-il attribuer un mandat clair et assume-t-il en dernier ressort la responsabilité des résultats de l'entreprise publique ? • Les conseils d'administration des entreprises publiques doivent-ils rendre compte aux propriétaires de l'entreprise, à l'entreprise elle-même, ou aux deux ? Veillent-ils à ce que tous les actionnaires soient traités équitablement ? • Les conseils d'administration des entreprises publiques ont-ils le pouvoir d'exercer une fonction de surveillance du directeur général et, s'il y a lieu, de le révoquer ? Les fonctions de président du conseil d'administration et de directeur général sont-elles dissociées ? • La composition des conseils d'administration des entreprises publiques favorise-t-elle leur autonomie ? En particulier, combien d'administrateurs indépendants siègent-ils au conseil d'administration type d'une entreprise publique ? • La représentation des salariés au conseil d'administration des entreprises publiques est-elle obligatoire ? Le cas échéant, quelle formation éventuelle est dispensée aux représentants des salariés pour les aider à se préparer aux missions qui leur incombent au conseil d'administration ? • Le recours à des comités spécialisés, comme un comité d'audit, un comité des risques et un comité des rémunérations, est-il courant ? • Les conseils d'administration des entreprises publiques sont-ils tenus de procéder à une évaluation annuelle de leurs performances ?

Ressources supplémentaires

OCDE, Affaires d'entreprises, *www.oecd.org/fr/daf/ae/*.

Principes et normes

OCDE (2011), *Déclaration sur l'investissement international et les entreprises multinationales*, OCDE, Paris, *www.oecd.org/fr/investissement/politiques-investissement/declarationdelocde.htm*.

OCDE (2005), *Lignes directrices de l'OCDE sur le gouvernement d'entreprise des entreprises publiques* (version révisée à paraître, 2015) OCDE, Paris, *www.oecd.org/fr/daf/ae/lignesdirectricesdelocdesurlegouvernementdentreprisedesentreprisespubliques.htm*.

OCDE (2004), *Principes de gouvernement d'entreprise de l'OCDE* (version révisée à paraître, 2015) OCDE, Paris, *www.oecd.org/fr/daf/ae/principesdegouvernementdentreprisedelocde.htm*.

Examens par pays et informations spécifiques à chaque pays

OCDE Corporate Governance Factbook, *www.oecd.org/fr/daf/ae/corporate-governance-factbook.htm*.

OCDE (2014), *Risk Management and Corporate Governance*, Éditions OCDE, Paris, *http://dx. doi.org/10.1787/9789264208636-en*.

OCDE (2013), *Supervision and Enforcement in Corporate Governance*, Éditions OCDE, Paris, *http://dx.doi.org/10.1787/9789264203334-en*.

OCDE (2012), *Board Member Nomination and Election*, Éditions OCDE, Paris, *http://dx.doi.org/10.1787/9789264179356-en*.

OCDE (2012), *Related Party Transactions and Minority Shareholder Rights*, Éditions OCDE, Paris. DOI: *http://dx.doi.org/10.1787/9789264168008-en*.

OCDE (2011), *Board Practices: Incentives and Governing Risks*, Éditions OCDE, Paris, *http://dx.doi.org/10.1787/9789264113534-en*.

OCDE (2011), *The Role of Institutional Investors in Promoting Good Corporate Governance*, Corporate Governance, Éditions OCDE, Paris, *http://dx.doi.org/10.1787/9789264128750-en*.

OCDE (2010), *State-Owned Enterprise Governance Reform: An Inventory of Recent Change*, OECD, Paris, *www.oecd.org/daf/ca/corporategovernanceofstate-ownedenterprises/48455108.pdf*.

OCDE (2006), *Gouvernance des entreprises publiques: Panorama des pays de l'OCDE*, Éditions OCDE, Paris, *http://dx.doi.org/10.1787/9789264009455-fr*.

OCDE (2004), *Gouvernement d'entreprise: panorama des pays de l'OCDE*, Éditions OCDE, Paris, *http://dx.doi.org/10.1787/9789264106086-fr*.

Banque mondiale, Rapports sur l'observation des normes et des codes, Gouvernement d'entreprise, *www.worldbank.org/ifa/rosc_cg.html*.

Autres indications utiles

OCDE (2012), *Corporate Governance, Value Creation and Growth: The Bridge between Finance and Enterprise*, Corporate Governance, Éditions OCDE, Paris, *http://dx.doi.org/10.1787/9789264179547-en*.

OCDE (2010), *Transparence et responsabilité : Guide pour l'État actionnaire*, Gouvernement d'entreprise, Éditions OCDE, Paris, *http://dx.doi.org/10.1787/9789264056664-fr*.

OCDE (2010), *Corporate Governance and the Financial Crisis: Conclusions and Emerging Good Practices to Enhance Implementation of the Principles*, Éditions OCDE, Paris, *www.oecd.org/daf/ca/44679170.pdf*.

OCDE (2009), *Corporate Governance and the Financial Crisis: Key Findings and Main Messages*, Éditions OCDE, Paris, *www.oecd.org/daf/ca/43056196.pdf*.

OCDE (2009), *Guide on Fighting Abusive Related Party Transactions in Asia*, Éditions OCDE, Paris, *www.oecd.org/daf/ca/43626507.pdf*.

OCDE (2009), « Application de l'analyse d'impact de la réglementation à l'élaboration des politiques dans le domaine du gouvernement d'entreprise », dans OCDE, *L'analyse d'impact de la réglementation : Un outil au service de la cohérence des politiques*, Éditions OCDE, Paris, *http://dx.doi.org/10.1787/9789264067127-5-fr*.

OCDE-SFI (2009), *The Practical Guide to Corporate Governance: Experiences of the Latin American Companies Circle*, *www.oecd.org/daf/ca/43653645.pdf*.

OCDE (2006), *Méthodologie d'évaluation de la mise en œuvre des Principes de gouvernement d'entreprise de l'OCDE*, Éditions OCDE, *www.oecd.org/fr/gouvernementdentreprise/ae/37776626.pdf*.

OCDE (2002), *Options for Obtaining Beneficial Ownership and Control Information*, Éditions OCDE, Paris, *www.oecd.org/corporate/ca/1961539.pdf*.

Cadre d'action pour l'investissement
Édition 2015

7. Politiques en faveur d'une conduite responsable des entreprises

Si les entreprises se doivent d'agir de manière responsable, les États ont le devoir de protéger l'intérêt général et pour mission de fournir un cadre favorisant une conduite responsable des entreprises (CRE). Cet aspect est au cœur du *Cadre d'action pour l'investissement* : dans la mesure où ils offrent aux entreprises un environnement propice à la pratique d'une conduite responsable et remplissent le devoir qui leur incombe de protéger l'intérêt général des effets préjudiciables que peuvent avoir les activités des entreprises, les États sont plus à même d'attirer et de retenir des investisseurs de grande qualité et responsables, de limiter le plus possible les risques d'incidences négatives que les investissements peuvent avoir et de garantir, de manière plus générale, la création de valeur et un développement durable.

La notion de conduite responsable des entreprises (CRE) signifie que les entreprises doivent a) apporter leur contribution au progrès économique, environnemental et social pour parvenir à un développement durable et b) éviter d'avoir, par leurs propres activités, des incidences préjudiciables et remédier à ces incidences lorsqu'elles se produisent ; et prévenir ou atténuer les conséquences négatives directement liées à leurs activités, leurs produits et leurs services du fait de l'existence d'une relation d'affaires. Processus essentiel pour déterminer, prévenir et atténuer les incidences négatives, réelles ou potentielles, la diligence raisonnable fondée sur le risque est de ce fait un aspect fondamental de la CRE.

Les entreprises doivent obéir aux législations internes et respecter les droits de l'homme quel que soit le pays dans lequel elles exercent des activités, même lorsque les moyens qui y sont mis en œuvre pour faire appliquer ces législations ou obligations sont insuffisants. Il s'agit là de leur toute première obligation.

Le champ d'application de la CRE est vaste et transversal car les incidences, positives ou négatives, des activités des entreprises sur la collectivité couvrent toute une série de domaines fondamentaux (comme la communication d'informations, les droits de l'homme, l'emploi et le travail, l'environnement, la lutte contre la corruption, les intérêts des consommateurs, les sciences et les technologies, la concurrence et la fiscalité).

La responsabilité qui incombe aux entreprises d'adopter une conduite responsable s'applique à toutes les entreprises quelle que soit leur structure juridique, leur taille, leur régime de propriété ou le secteur dans lequel elles exercent leurs activités. Les attentes en matière de CRE concernent donc aussi bien les entreprises privées, publiques ou mixtes ; les entreprises multinationales ou celles qui n'opèrent que dans leur pays ; les grandes entreprises ou les petites et moyennes entreprises (PME).

Les États peuvent favoriser la CRE de plusieurs manières :

- *Par la réglementation* – en mettant en place et faisant respecter un cadre juridique qui protège l'intérêt général et favorise la CRE, et en exerçant un contrôle des performances des entreprises dans ce domaine et de la manière dont elles respectent les dispositions prévues à cet égard par le cadre réglementaire.
- *Par la facilitation* – en faisant clairement connaître leurs attentes sur ce qu'est la CRE, en dispensant des conseils relatifs à telle ou telle pratique et en donnant aux entreprises les moyens d'être à la hauteur de ces attentes.
- *Par la coopération* – en coopérant avec les parties prenantes des milieux d'affaires, les organisations syndicales, la société civile, le grand public et en promouvant la coopération au sein de l'appareil d'État, ainsi qu'avec les pouvoirs publics des autres pays, afin de créer des synergies et d'établir une cohérence en matière de CRE.
- *Par la promotion* – en manifestant leur soutien en faveur des meilleures pratiques en matière de CRE.
- *Par l'exemple* – en agissant eux-mêmes de manière responsable dans le cadre de leur propre fonction d'acteur économique.

Les États promulguent et mettent en œuvre les lois et réglementations qui protègent l'intérêt général et favorisent la CRE

Le devoir incombant à l'État d'assurer une protection contre les atteintes aux droits de l'homme est une obligation reconnue à l'échelle internationale, réaffirmée dans les *Principes directeurs de l'OCDE à l'intention des entreprises multinationales*, les *Principes directeurs des Nations Unies relatifs aux entreprises et aux droits de l'homme* et la *Déclaration de principes tripartite de l'OIT sur les entreprises multinationales et la politique sociale*. Ce devoir lui impose de prendre des mesures appropriées pour empêcher ces atteintes, et lorsqu'elles se produisent, d'enquêter à leur sujet, d'en punir les auteurs, et de réparer les violations commises par le biais de politiques, de lois, de règles et de procédures judiciaires. Il impose en outre aux États de veiller à ce que les lois et politiques relatives à l'investissement ne limitent pas la capacité des entreprises à respecter les droits de l'homme, mais au contraire leur offrent la possibilité de le faire. Les États sont encouragés à énoncer clairement qu'ils attendent des entreprises qu'elles respectent les droits de l'homme, en particulier ceux des personnes et des populations vulnérables, à l'étranger comme sur leur territoire.

Les États sont également tenus de veiller à ce que soit en place un cadre juridique et réglementaire propice à la CRE dans d'autres domaines encore (comme l'emploi et le travail, l'environnement, la lutte contre la corruption et les intérêts des consommateurs) qui peuvent avoir une incidence sur le bien-être collectif. Afin de mettre en œuvre ce cadre, ils doivent être dotés de capacités et de ressources suffisantes pour assurer le respect des lois et réglementations en vigueur et réprimer les infractions.

Les États doivent donner aux entreprises les moyens d'être à la hauteur des attentes en matière de CRE et de satisfaire aux obligations qui leur incombent

Les États doivent fournir aux entreprises des orientations sur les pratiques de gestion appropriées et s'efforcer de faire baisser les coûts qu'elles encourent pour respecter leurs obligations en matière de CRE. Ils doivent aussi inventorier les obstacles influant sur la capacité des entreprises à adopter une conduite responsable et les supprimer. Ils doivent en outre s'investir auprès de toutes les entreprises afin que celles-ci améliorent leurs pratiques en matière de CRE et notamment auprès de celles – comme les PME – qui peuvent être confrontées à des difficultés particulières à cet égard.

Les États peuvent jouer un rôle fédérateur auprès des secteurs d'activité et des parties prenantes pour favoriser les initiatives collectives de leur part visant à promouvoir la CRE. Ces initiatives peuvent permettre de réduire les coûts et de trouver des solutions, largement plébiscitées, aux problèmes tenant à la CRE.

Les États peuvent également favoriser et appuyer les efforts déployés par les entreprises pour se conformer aux régimes réglementaires en communiquant efficacement avec les entreprises et les parties prenantes concernées. Pour cela, ils doivent notamment leur faire connaître leurs attentes en matière de CRE et mettre en place des canaux de communication pour permettre aux entreprises et aux autres parties prenantes d'obtenir des précisions et des conseils sur ce qu'ils attendent d'elles.

Les États doivent promouvoir une coopération au sein de leur propre administration et avec les pouvoirs publics et les parties prenantes des autres pays pour assurer une cohérence des politiques relatives à la CRE et un soutien en leur faveur

Les États doivent assurer une cohérence entre les divers organismes et instances publics pour harmoniser les politiques publiques se rapportant à la CRE.

En outre, les États doivent coopérer avec les pouvoirs publics des autres pays pour assurer une cohérence des politiques publiques relatives à la CRE à l'échelle internationale, conformément aux instruments généralement reconnus (que sont, par exemple, les *Principes directeurs de l'OCDE à l'intention des entreprises multinationales* et les *Principes directeurs de l'ONU relatifs aux entreprises et aux droits de l'homme*) qui contribuent à instaurer des règles du jeu équitables pour l'investissement au niveau mondial.

La CRE a des répercussions générales et, de ce fait, le processus de définition et de mise en œuvre des attentes dans ces domaines exige de consulter toutes les parties prenantes concernées (organismes publics, entreprises, associations syndicales, associations professionnelles, associations patronales, société civile et collectivités locales) et de coopérer avec elles. Les États doivent se concerter avec les entreprises et les autres parties prenantes au sujet des politiques relatives à la CRE ou des pratiques de mise en œuvre, déjà en vigueur ou à l'étude. Ils doivent aussi instaurer les conditions permettant aux parties prenantes de participer aux activités de surveillance et de promotion de la CRE.

Les États doivent reconnaître les entreprises dont la conduite responsable contribue au progrès économique, environnemental ou social et encourager cette conduite

L'existence de normes et instruments, qu'ils soient ou non l'émanation des États, peuvent contribuer à la conduite responsable des entreprises. Outre l'adoption et la mise en œuvre de réglementations qui protègent l'intérêt général et favorisent la CRE, les États peuvent encourager des initiatives non gouvernementales dans ce domaine ou y contribuer.

Les entreprises qui donnent l'exemple par leurs bonnes pratiques en matière de CRE doivent être reconnues par les États et ceux-ci doivent encourager les entreprises sur cette voie afin de favoriser leurs bonnes performances dans ce domaine. Les États peuvent ainsi favoriser la réalisation d'objectifs spécifiques, touchant à l'intérêt général, en accordant aux entreprises des avantages fiscaux qui les incitent à contribuer au progrès économique, environnemental ou social. Les États peuvent également promouvoir la CRE par leurs propres activités économiques, en s'investissant auprès des entreprises réputées pour leur conduite responsable qui ne se contentent pas de satisfaire à leurs obligations légales en la matière (comme c'est le cas, par exemple, des entreprises qui obtiennent une certification, qui participent à des initiatives spontanées dans ce domaine, etc.). Ils peuvent agir en ce sens, en faisant par exemple de la CRE l'un des critères d'attribution des marchés publics ou l'une des conditions d'octroi de financements publics. Des précautions doivent être prises pour assurer que ces mesures ne servent pas des visées protectionnistes. Les États peuvent également marquer leur reconnaissance en mettant en place un programme leur permettant de récompenser les entreprises mettant en œuvre les meilleures pratiques.

Les États doivent montrer l'exemple par le rôle qu'ils jouent eux-mêmes dans l'économie

Les États sont généralement des acteurs économiques (par exemple en tant qu'employeurs ou acheteurs et par l'entremise des entreprises publiques) et sont censés se comporter de manière responsable lorsqu'ils exécutent une fonction commerciale. De plus, lorsqu'ils montrent l'exemple par le biais de leurs propres activités, les États ont d'autant plus de légitimité à formuler des recommandations en matière de CRE.

Questions et principes essentiels

1. L'État a-t-il instauré le cadre juridique et réglementaire qui s'impose pour protéger l'intérêt général et favoriser la conduite responsable des entreprises et le fait-il respecter ?
2. L'État assure-t-il la promotion de la CRE auprès des entreprises situées sur son territoire qui exercent des activités à l'étranger ?
3. L'État donne-t-il aux entreprises la possibilité d'être à la hauteur de ce qu'il attend d'elles en matière de CRE ?
4. L'État fait-il savoir avec efficacité ce qu'il attend des entreprises et des autres parties prenantes en matière de CRE ?
5. L'État œuvre-t-il pour assurer une cohérence des politiques publiques relatives à la CRE au sein de son administration et une harmonisation des normes et orientations édictées dans ce domaine ?
6. L'État coopère-t-il avec les pouvoirs publics d'autres pays pour promouvoir des politiques et des principes internationaux en matière de conduite responsable des entreprises ?
7. L'État favorise-t-il l'engagement des parties prenantes en faveur de la CRE ?
8. L'État aide-t-il et incite-t-il les entreprises à améliorer leurs pratiques en matière de CRE ?
9. L'État se comporte-t-il de manière responsable s'agissant de son propre rôle dans l'économie (par exemple en tant qu'employeur ou investisseur ou par le biais des entreprises publiques) ?
10. L'État favorise-t-il la transparence des entreprises au sujet de la CRE, notamment en leur imposant des exigences de communication et d'information non financières ?

Questions supplémentaires

Mettre en place et faire respecter un régime juridique et réglementaire	• L'État a-t-il ratifié les principales conventions internationales en matière de droits de l'homme, de travail, d'environnement et de lutte contre la corruption et les a-t-il transposé dans le droit interne ? • Le régime juridique et réglementaire de votre pays est-il aligné sur des instruments internationalement reconnus relatifs à la CRE (comme les Principes directeurs de l'OCDE à l'intention des entreprises multinationales, les Principes directeurs de l'ONU relatifs aux entreprises et aux droits de l'homme, les Conventions fondamentales de l'OIT) ? • L'État met-il en œuvre et fait-il respecter des lois et réglementations qui protègent l'intérêt général des effets négatifs que peuvent avoir les activités des entreprises et favorisent la CRE ? • L'État procure-t-il des ressources humaines et financières aux organismes publics compétents pour assurer la mise au point et l'application du régime juridique et réglementaire qui s'impose pour favoriser la CRE ? • L'État garantit-il des processus juridiques efficaces, sûrs, correctement financés et publiquement accessibles aux investisseurs ou aux personnes qui subissent les effets préjudiciables des actions menées par une entreprise ? • L'État prévoit-il le recours à des mécanismes extrajudiciaires de règlement des différends impliquant des investisseurs et des personnes ayant subi les effets préjudiciables des actions menées par une entreprise, comme à la médiation et la conciliation ? Les sections consacrées à la *Mise en valeur des ressources humaines pour favoriser l'investissement*, à la *Gouvernance d'entreprise* et au *Cadre d'investissement pour une croissance verte* abordent d'autres questions se rapportant aux normes fondamentales du travail, à la responsabilité financière et à l'environnement.
Encourager la CRE par le biais d'actions internationales	• L'État encourage-t-il les entreprises du pays exerçant des activités à l'étranger à respecter les instruments internationaux en matière de CRE comme les Principes directeurs de l'OCDE à l'intention des entreprises multinationales et les Principes directeurs de l'ONU relatifs aux entreprises et aux droits de l'homme ? • L'État encourage-t-il les entreprises du pays exerçant des activités à l'étranger à exercer une diligence raisonnable s'agissant de leurs relations d'affaires, notamment par le biais des chaînes d'approvisionnement, pour mettre fin aux nuisances sociales et environnementales effectives ou éventuelles ? • L'État favorise-t-il le signalement par les entreprises d'infractions suspectées, ou de risques d'infractions, au droit international en rapport avec leurs activités (dont les Principes volontaires sur la sécurité et les droits de l'homme et les sanctions imposées par les Nations Unies donnent un aperçu général) ?
Aider les entreprises à répondre aux attentes en matière de CRE	• De quelle manière l'État fait-il connaître ce qu'est la CRE et dispense-t-il des conseils et des orientations aux entreprises pour les aider à répondre aux attentes en la matière ? • L'État dispense-t-il des conseils ou propose-t-il des initiatives en matière de renforcement des capacités permettant aux dirigeants d'entreprises d'acquérir les pratiques appropriées pour répondre aux attentes en matière de CRE ? • L'État s'efforce-t-il de supprimer les obstacles à l'exercice d'une conduite responsable des entreprises et de faire baisser les coûts qui en découlent ? • L'État prend-il des mesures spécifiques pour impliquer les PME et d'autres entreprises ayant pris du retard dans ce domaine à mettre en œuvre les principes et les normes en matière de CRE et les encourager à le faire ?
Faire connaître les attentes en matière de CRE	• L'État s'est-il doté d'une politique en matière de CRE ou d'un plan d'action pour promouvoir la conduite responsable des entreprises ? • L'État a-t-il nommé une instance ou un représentant spécialisé au sein de l'administration publique pour coordonner les activités se rapportant à la CRE et les actions de promotion de la conduite responsable des entreprises ? • L'État fait-il connaître les attentes en matière de CRE par le biais d'autres instances concernées, comme les organismes de promotion des investissements, les organismes de relations publiques, etc. ? • L'État procure-t-il aux parties prenantes des informations précises et accessibles sur les pratiques responsables des entreprises ? • L'État propose-t-il des canaux de communication pour permettre aux entreprises et à d'autres parties prenantes d'obtenir des précisions et des conseils sur les attentes en matière de CRE ?
Instaurer une cohérence et un alignement des politiques sur la CRE	• L'État veille-t-il à la coordination entre les instances publiques concernées ainsi qu'avec les organismes et autorités publics infranationaux sur des questions horizontales en rapport avec la CRE ? • L'État incorpore-t-il des considérations relatives à la CRE dans les schémas directeurs sectoriels et/ou dans d'autres stratégies de développement du secteur privé ? • L'État fait-il référence aux attentes en matière de CRE dans les instruments économiques internationaux (par exemple la politique de commerce et d'investissement, les accords relatifs aux crédits à l'exportation, l'aide publique au développement) ?

Promouvoir des politiques et des principes en matière de CRE	• L'État prend-il part à un dialogue international sur la CRE ? • Comment l'État encourage-t-il une large participation, notamment des pays en développement, aux initiatives internationales, régionales et bilatérales consacrées à la CRE, par exemple par le biais des organismes donneurs, de l'action diplomatique, etc. ? • L'État a-t-il adhéré ou s'est-il associé à l'un des instruments suivants ou envisage-t-il de le faire : ❖ les Principes directeurs de l'OCDE à l'intention des entreprises multinationales, ❖ les Principes directeurs de l'ONU relatifs aux entreprises et aux droits de l'homme, ❖ la Déclaration de principes tripartite de l'OIT sur les entreprises multinationales et la politique sociale ?
Soutenir la participation des parties prenantes en matière de CRE	• L'État s'associe-t-il activement avec les parties prenantes (comme les associations professionnelles, la société civile, les organisations représentant les travailleurs, les collectivités locales) à des activités de promotion de la CRE ? Quels sont les mécanismes en place à cette fin ? • Des consultations avec les parties prenantes sont-elles organisées sur les lois et réglementations en vigueur ou sur les propositions de loi et de réglementation au niveau local, régional et national (voir la section consacrée aux *Politiques et pratiques horizontales*) ? • La loi protège-t-elle explicitement les droits des « lanceurs d'alerte », à savoir les particuliers ou les organisations attirant l'attention sur des agissements illicites (par exemple en matière de droits de l'homme et de réglementations environnementales ou sociales) commis soit par les pouvoirs publics soit par des entreprises ? • Des particuliers et des organisations peuvent-ils rechercher et rendre publiques des informations sur les droits de l'homme, les préoccupations relatives à l'environnement et des questions connexes sans avoir à craindre de représailles ou de sanctions ? • Les organisations de la société civile sont-elles incitées et encouragées à prendre part à des initiatives internationales et multipartites consacrées à la CRE ?
Assurer un soutien et mettre en place des incitations pour améliorer la CRE	• L'État propose-t-il des incitations financières pour encourager les entreprises à contribuer positivement au progrès économique, environnemental ou social (par exemple en accordant des avantages aux entreprises faisant preuve de leur implication en matière de CRE lors des procédures d'attribution de contrats, des procédures de passation de marchés publics ou dans le cadre d'investissements ; ou par le biais d'incitations fiscales) ? • Propose-t-il d'autres incitations, en attribuant par exemple chaque années, à titre de reconnaissance, des prix aux entreprises qui agissent de manière responsable et ne se contentent pas de respecter les obligations auxquelles elles sont tenues en vertu de la loi ? • L'État dispose-t-il de critères pour éviter tout protectionnisme lorsqu'il recourt à des procédures d'attribution de contrats et de passation de marchés publics et/ou propose-t-il d'autres incitations financières pour promouvoir une conduite responsable des entreprises ? • Utilise-t-il son pouvoir de mobilisation pour contribuer à soutenir des initiatives collectives en rapport avec la CRE ? • Soutient-il des mesures et des initiatives non gouvernementales, largement reconnues, en rapport avec la CRE (par exemple des initiatives multipartites, des normes sectorielles, des mécanismes ou normes conçues par la base et négociées avec les parties prenantes au niveau local) ?
Montrer l'exemple en matière de CRE	• L'État donne-t-il l'exemple en appliquant des normes et principes rigoureux en matière de CRE dans ses propres pratiques, par exemple en tant qu'employeur, partenaire commercial, entreprise commerciale ? • L'État promeut-il, par le biais de ses procédures d'attribution de contrats publics et de passation de marchés publics, des normes élevées de transparence et d'objectivité ? • Les entreprises publiques donnent-elles l'exemple en appliquant les meilleures pratiques en matière de CRE, notamment s'agissant de la diffusion d'informations non financières et la communication d'informations relatives à leurs pratiques dans le domaine de la protection de l'environnement ou de la gouvernance sociale ?
Promouvoir la transparence autour de la CRE	• Quelles normes de communication d'informations de la part des entreprises l'État promeut-il, notamment s'agissant de la communication d'informations financières, environnementales et relatives à la gouvernance sociale, conformément à des principes directeurs internationaux (comme la *Global Reporting Initiative*) ? • L'État impose-t-il la communication d'informations sur la performance non financière des entreprises qui sollicitent le soutien d'organismes gérant des financements publics comme les organismes de crédit à l'exportation ? • L'État encourage-t-il la communication d'informations par les entreprises du pays exerçant des activités à l'étranger relatives à des domaines en rapport avec la CRE (par exemple le respect des droits de l'homme tout au long de la chaîne d'approvisionnement) ?

Ressources supplémentaires

Principes directeurs de l'OCDE à l'intention des entreprises multinationales, *http://mneguidelines.oecd.org*.

Sites Internet

Organisations internationales

Nations Unies : *www.unodc.org/unodc/fr/index.html ; www.unepfi.org; www.unfccc.int/fr*.

Organisation de coopération et de développement économiques (OCDE), *http://mne guidelines.oecd.org ; www.oecd.org*.

Organisation internationale du travail : *www.ilo.org*.

Parties prenantes institutionnelles de l'OCDE

Comité consultatif économique et industriel auprès de l'OCDE (BIAC), *http://biac.org*.

Commission syndicale consultative auprès de l'OCDE (TUAC), *www.tuac.org*.

OECD Watch, *http://oecdwatch.org*.

Organisations à but non lucratif

Amnesty International, *www.amnesty.org*.

CDP, *www.cdproject.net*.

Centre de Ressources sur les Entreprises et les Droits de l'Homme, *http://business-humanrights.org/fr*.

Confédération syndicale international, *www.ituc-csi.org/?lang=fr*.

Global Reporting Initiative (GRI), *www.globalreporting.org*.

Human Rights Watch, *www.hrw.org*.

International Business Leaders' Forum, *www.iblf.org*.

Transparency International, *www.transparency.org*.

World Business Council for Sustainable Development, *www.wbcsd.org www.ihrb.org*.

World Wildlife Fund, *www.wwf.org*.

Principes et normes prescriptifs

Déclaration de l'OIT relative aux principes et droits fondamentaux au travail (1998), Organisation Internationale du Travail, *www.ilo.org/declaration/lang--fr/index.htm*.

Déclaration de principes tripartite de l'OIT sur les entreprises multinationales et la politique sociale (2014), Organisation Internationale du Travail, *www.ilo.org/empent/Publications/WCMS_124923/lang--fr/index.htm*.

Déclaration universelle des droits de l'homme, Nations Unies.

OCDE (2015), *Lignes directrices de l'OCDE sur le gouvernement d'entreprise des entreprises publiques*, OCDE, Paris, *www.oecd.org/fr/gouvernementdentreprise/ae/lignesdirectricesdelocdesurlegouvernementdentreprisedesentreprisespubliques.htm*.

OCDE (2015), *Principes de gouvernement d'entreprise de l'OCDE*, OCDE, Paris, *www.oecd.org/fr/principesdegouvernementdentreprisedelocde.htm*.

OCDE (2012), *Recommandation du Conseil sur des approches communes pour les crédits à l'exportation bénéficiant d'un soutien public et le devoir de diligence environnementale et sociale*, OCDE, Paris, *www.oecd.org/fr/tad/xcred/recomendations-ocde.htm*.

OCDE (2011), *Principes directeurs de l'OCDE à l'intention des entreprises multinationales*, Éditions OCDE, Paris, *http://dx.doi.org/10.1787/9789264115439-fr*.

OCDE (2006), *Recommandation du Conseil de l'OCDE sur la corruption et les crédits à l'exportation bénéficiant d'un soutien public*, OCDE, Paris, *www.oecd.org/fr/tad/xcred/mesuresanti-corruption.htm*.

OCDE (1997), *Convention sur la lutte contre la corruption d'agents publics étrangers dans les transactions commerciales internationales*, OCDE, Paris, *www.oecd.org/fr/corruption/*.

Principes directeurs des Nations Unies relatifs aux entreprises et aux droits de l'homme, Nations Unies, *www.ohchr.org/Documents/Publications/GuidingPrinciplesBusinessHR_FR.pdf*.

Principes des Nations Unies pour l'investissement responsable, Nations Unies, *www.unpri.org*.

Autres normes et initiatives

Directives volontaires de l'ONU et du CSA pour une gouvernance responsable des régimes fonciers applicables aux terres, aux pêches et aux forêts dans le contexte de la sécurité alimentaire nationale, *www.fao.org/nr/tenure/voluntary-guidelines/fr*.

Ethical Trade Initiative, *www.ethicaltrade.org*.

Fair Labour Association, *www.fairlabor.org*.

Initiative pour la transparence dans les industries extractives, *https://eiti.org*.

ISO 14000 – Environmental management, *www.iso.org/iso/home/standards/management-standards/iso14000.htm*.

ISO 26000 – Social responsibility, *www.iso.org/iso/home/standards/iso26000.htm*.

Open Contracting Principles, *www.open-contracting.org/global_principles*.

Pacte mondial des Nations Unies, *www.unglobalcompact.org*.

Principes de l'ONU et du CSA pour un investissement responsable dans l'agriculture et les systèmes alimentaires, *www.fao.org/cfs/cfs-home/cfsprincmenu/fr*.

Principes volontaires sur la sécurité et les droits de l'homme, *www.voluntary principles.org*.

Processus de Kimberley, *www.kimberleyprocess.com*.

Outils, orientations et manuels

BIAC Anti-Bribery Resource Guide, *www.member.biac.org/pubs/anti-bribery_resource/guide.htm*.

Business Anti-Corruption Portal, *www.business-anti-corruption.com*.

Fox, T., H. Ward et B. Howard (2002) *Public Sector Roles in Strengthening Corporate Social Responsibility: A Baseline Study,* Corporate Responsibility for Environment and Development Programme International Institute for Environment and Development (IIED), Banque Mondiale, Washington, DC.

Guide OCDE sur le devoir de diligence pour des chaînes d'approvisionnement responsables en minerais provenant de zones de conflit ou à haut risque, *www.oecd.org/corporate/mne/mining.htm*.

Principes directeurs de l'OCDE à l'intention des entreprises multinationales – Guide à l'intention des syndicats, *www.tuacoecdmneguidelines.org/Docs/TradeUnionGuide.pdf*.

OECD Watch : Guide des Principes directeurs de l'OCDE, *http://oecdwatch.org/publications-en/Publication_1664*.

Open Government Resource Materials, *www.opengovpartnership.org*.

Outil de sensibilisation au risque de l'OCDE destiné aux entreprises opérant dans les zones à déficit de gouvernance, *www.oecd.org/investment/mne/weakgovernancezones-riskawarenesstoolformultinational enterprises-oecd.htm*.

Transparency International Corruption Fighter's Toolkit, *www.transparency.org/whatwedo/tools/corruption_fighters_toolkits_introduction*.

Études, Études de cas/études par pays

Nations Unies, *« Protéger, respecter et réparer » : Cadre pour les entreprises et les droits de l'homme*, Rapporteur spécial du Sécretaire Général sur les droits de l'homme et les entreprises, John Ruggie: rapport final.

OCDE (2006), *Gouvernance des entreprises publiques : Panorama des pays de l'OCDE*, Éditions OCDE, Paris, *http://dx.doi.org/10.1787/9789264009455-fr*.

OCDE (2001), *Responsabilité des entreprises : Initiatives privées et objectifs publics*, Éditions OCDE, Paris, *http://dx.doi.org/10.1787/9789264293069-fr*.

Indicateurs

Base de données des organes et traités du Haut-Commissariat des Nations Unies aux droits de l'homme.

Base de données ILOLEX sur les normes internationales du travail, *www.ilo.org/ilolex/francais*.

Base de données NATLEX sur les législations nationales du travail, de la sécurité sociale et des droits de l'homme, *www.ilo.org/dyn/natlex*.

Indicateurs de gouvernance mondiaux de la Banque mondiale, *www.govindicators.org*.

Indice de perception de la corruption de Transparence International, *www.transparency.org/research/cpi/overview*.

Objectifs de développement durable de l'ONU, *https://sustainabledevelopment.un.org*.

Service d'information ECOLEX sur le droit de l'environnement, *www.ecolex.org*.

8. Mise en valeur des ressources humaines pour favoriser l'investissement

Les entreprises restructurant en permanence leurs chaînes d'approvisionnement mondiales, la compétitivité d'un pays repose essentiellement sur des ressources humaines dont la flexibilité et les compétences sont concurrentielles pour attirer l'investissement et pérenniser la croissance économique. La mise en valeur des ressources humaines est donc l'un des aspects majeurs des différentes politiques qui influent sur l'attractivité d'un pays en matière d'investissement et de développement économique.

Le développement des ressources humaines est le processus qui permet d'accroître les connaissances, les qualifications et les capacités de tous les individus d'une société*. Les politiques de mise en valeur des ressources humaines portent sur la qualité de la main-d'œuvre et la réglementation du marché du travail. Les États peuvent prendre des mesures directes pour améliorer les ressources humaines – par le biais des politiques d'éducation et de santé, par exemple, mais ils peuvent également adopter des politiques destinées à aider et à inciter les entreprises à investir dans les ressources humaines – par le biais de la formation continue et de la participation des employeurs à l'éducation, par exemple. Des politiques d'emploi bien conçues réduiront les inégalités et stimuleront la croissance économique, créeront des emplois plus nombreux et meilleurs pour tous, faciliteront les investissements afin d'améliorer les compétences des travailleurs et développeront l'accès à l'éducation, à la formation et aux services publics en général, tout en en améliorant la qualité. On ne peut définir des politiques de développement des ressources humaines efficaces de façon isolée et il convient de les intégrer à un cadre global et cohérent, aligné sur les stratégies d'investissement et de développement du pays. Un dialogue direct avec les organisations d'employeurs et les organisations de travailleurs est le meilleur moyen de déterminer quels sont les besoins des salariés en termes de rémunération, de conditions de travail et de développement des compétences.

Cela étant, les interactions entre ces politiques de mise en valeur des ressources humaines sont encore plus importantes que chacune d'entre elles, prise individuellement. Essayer d'améliorer les compétences de la main-d'œuvre grâce à la formation professionnelle sans se préoccuper des interactions avec l'éducation de base ou des politiques d'accompagnement sur le marché du travail a toutes les chances d'être inefficace. Le développement des ressources humaines doit s'appuyer sur une stratégie d'ensemble cohérente qui tienne pleinement

* Harbison, F. et C.A. Myers (1964), *Education, Manpower and Economic Growth: Strategies of Human Resources Development*, McGraw-Hill, États-Unis, p. 2.

compte des liens entre, par exemple, l'amélioration de l'état de santé de la population et le niveau d'éducation ou, selon les politiques d'emploi, la productivité du travail.

La qualité et l'adaptabilité de la main-d'œuvre sont des aspects essentiels pour créer un environnement favorable à l'investissement, tant pour les entreprises nationales que pour les entreprises étrangères, et pour s'adapter rapidement aux évolutions de la conjoncture. La qualité est essentiellement définie par l'éducation, les programmes de formation et la santé globale de la population. L'adaptabilité désigne la capacité de la main-d'œuvre et du système éducatif à s'adapter aux nouveaux défis, y compris à la diversification économique et à la modernisation des chaînes de valeur mondiales, comme les sections *Politique commerciale* et *Promotion et facilitation de l'investissement* le montrent.

Dans une économie mondialisée où les compétences prennent une importance croissante, les pays dans lesquels les niveaux de qualification sont faibles doivent faire le nécessaire pour mettre en valeur leur capital humain afin de dynamiser leur compétitivité. Il faut absolument élargir l'accès à une éducation préscolaire, une éducation élémentaire et des soins de qualité pour former une main-d'œuvre qualifiée et préparer les bases de l'apprentissage futur. En accroissant la valeur ajoutée à l'échelon local, l'éducation secondaire et tertiaire contribue, de même que l'enseignement et la formation professionnels (y compris les formations aux compétences nécessaires à un individu pour qu'il participe pleinement et efficacement au marché du travail), à récolter les fruits de l'investissement. La santé publique et l'accès aux soins ont également une incidence sur les ressources humaines et l'attractivité de l'environnement entrepreneurial, les travailleurs en bonne santé étant plus productifs. Par ailleurs, des stratégies efficaces permettant d'attirer des travailleurs dotés de qualifications différentes peuvent répondre aux besoins de compétences, faciliter le transfert des connaissances et promouvoir la compétitivité tout en atténuant les effets potentiellement négatifs de ces flux sur la main-d'œuvre nationale. Il conviendrait que les stratégies de renforcement des compétences soient plus réfléchies et tirent le meilleur de l'ensemble du capital humain disponible, notamment en facilitant le retour au pays des personnes hautement qualifiées ayant étudié à l'étranger et en s'engageant auprès des communautés d'expatriés afin de promouvoir les compétences, les connaissances et les possibilités d'innovation.

Les programmes de formation destinés aux personnes qui entrent et travaillent dans des entreprises peuvent venir compléter l'éducation formelle en développant des compétences professionnelles et des connaissances propres aux entreprises qui sont essentielles pour libérer le potentiel productif de chacun et faciliter la mobilité professionnelle. Les programmes de stage et de coopération avec les établissements d'enseignement ont fait leurs preuves et il conviendrait d'encourager les entreprises à contribuer au développement des compétences de leurs salariés par le biais, par exemple, de formations continues ou en finançant des programmes d'enseignement spécialisé aussi profitables pour l'entreprise que pour les salariés. Les programmes de formation peuvent améliorer la productivité et renforcer l'effet moteur qu'ont les entreprises multinationales sur les entreprises locales, en promouvant des capacités d'absorption des connaissances et des technologies nouvelles plus importantes – aspect commenté plus en détail dans la section *Promotion et facilitation de l'investissement*. Grâce aux différentes formes d'éducation et de formation, les pouvoirs publics peuvent faire en sorte que les programmes soient accessibles et de bonne qualité, répondent aux besoins des entreprises et soient régulièrement revus. Les politiques peuvent promouvoir davantage des interactions permanentes entre les établissements d'enseignement et de formation, d'une part, et les prestataires, les entreprises et les secteurs, d'autre part, afin d'adapter les programmes éducatifs aux besoins des entreprises et de fournir aux jeunes les informations dont ils ont besoin pour faire des choix réalistes quant à leurs études en vue de leur emploi futur. Il est tout aussi important que les pratiques de formation et le développement des ressources humaines dans les institutions publiques soient efficaces afin de renforcer les capacités du secteur public.

Les normes du travail sont primordiales car elles permettent de s'assurer que les entreprises contribuent au développement économique et social local. Les normes fondamentales du travail sont des principes essentiels qui protègent les droits fondamentaux de l'être humain au travail et peuvent favoriser une croissance inclusive tirée par le secteur privée. L'Organisation internationale du travail (OIT) a recensé huit conventions internationalement approuvées, dont la majorité a été ratifiée par la plupart des pays, comme fondamentales. Comme stipulé dans la *Déclaration de l'OIT relative aux principes et droits fondamentaux au travail* (1998), les normes fondamentales du travail visent l'élimination de toute forme de travail forcé ou obligatoire, l'abolition effective du travail des enfants, l'élimination de la discrimination en matière d'emploi et de profession, et la liberté d'association et la reconnaissance effective du droit de négociation collective. Les *Principes directeurs de l'OCDE à l'intention des entreprises multinationales* se font l'écho des dispositions de la *Déclaration* de 1998 et de la *Déclaration de principes tripartite sur les entreprises multinationales et la politique sociale* de l'OIT de 1977, révisée en 2006, se rapportant à ce sujet. Instrument non contraignant, les *Principes directeurs* promeuvent le respect de ces normes et principes. L'application des normes fondamentales du travail profite également à l'ensemble de l'économie car elle établit des règles du jeu équitables pour les investisseurs étrangers et nationaux, et améliore les performances économiques. Les points traités ici viennent compléter les débats de la section *Politiques en faveur d'une conduite responsable des entreprises*.

La réglementation du marché du travail doit tout à la fois servir les objectifs sociaux de la protection de l'emploi – protection des normes fondamentales du travail, normes de santé et de sécurité au travail, réglementation du salaire minimum, restrictions à l'embauche et au licenciement, garanties légales des régimes de couverture sociale – et répondre à la nécessité de permettre aux entreprises d'investir et de créer des emplois. Ce faisant, elle dynamise la productivité et la croissance économique au sein de cadres appropriés établis par les pouvoirs publics. Une réglementation du marché du travail focalisée sur la protection des travailleurs en place et la consolidation de leur rémunération et de leur avantages sociaux risque de dissuader les entreprises de créer des emplois et d'investir, voire d'inciter les employeurs et les travailleurs eux-mêmes à s'orienter vers l'économie informelle (ou à s'y maintenir). Dans cette économie « parallèle », les travailleurs ne sont pas protégés par le droit du travail et n'ont pas accès aux régimes de couverture sociale liés à l'emploi. On estime que, dans les pays en développement, l'économie informelle représente la majeure partie de l'emploi non agricole. Il faut établir des stratégies spécifiques pour encourager les travailleurs à s'orienter vers l'économie formelle et pour mettre en place une protection sociale dans les secteurs informels, y compris dans les PME qui n'ont pas les moyens de financer des assurances privées pour couvrir les risques. Dans l'économie formelle, il est nécessaire que les entreprises privées coopèrent et participent au maintien de normes élevées et qu'elles se montrent disposées à négocier de bonne foi avec les organisations légitimes des travailleurs pour que les mesures d'action publique donnent les meilleurs résultats.

Au-delà de ces normes et pour garantir l'efficience du marché du travail, il faut que tous ceux qui peuvent contribuer au développement économique et social d'un pays soient en mesure de le faire. Il convient donc de prévenir toute discrimination, explicite ou implicite, fondée notamment sur la race, le sexe ou l'âge. Un cadre législatif approprié est donc nécessaire, mais il faut aussi mettre en œuvre et appliquer efficacement des politiques éducatives, sociales et du marché du travail pertinentes, et en suivre activement les retombées. Les recommandations de l'OCDE sur l'égalité hommes-femmes (2013) permettent d'évaluer la bonne approche législative à suivre. Des individus et des groupes peuvent aussi être exclus du marché du travail en raison de leur manque de qualifications, de leur situation familiale, de leur santé ou d'un chômage de longue durée. Des mesures d'incitation appropriées et le recours à des politiques actives du marché du travail, telle que l'aide à la recherche d'emploi et la formation, peuvent minimiser ce type d'exclusion et développer le vivier de compétences disponibles sur le marché du travail.

Les nouvelles technologies et l'évolution des structures de marché ne cessant de modifier les besoins des entreprises, la flexibilité et l'adaptabilité de l'ensemble du cadre de mise en valeur des ressources humaines sont fondamentales pour veiller à la compétitivité des économies. Pour garantir ces caractéristiques, les décideurs doivent coopérer étroitement avec les principales parties prenantes et évaluer périodiquement l'impact des politiques sur les entreprises et l'investissement. Le principal défi pour les pouvoirs publics est d'élaborer des politiques de mise en valeur des ressources humaines qui incitent les entreprises individuelles à respecter de bonnes pratiques en la matière. Il faut ainsi veiller à ce que leurs activités soient conformes aux principes et normes internationaux, y compris ceux visés dans les *Principes directeurs de l'OCDE à l'intention des entreprises multinationales*, et contribuer efficacement à l'élaboration de cadres adaptés à leur soutien et à leur respect.

Questions et principes essentiels

1. Les pouvoirs publics ont-ils instauré un cadre d'action cohérent et global pour la mise en valeur des ressources humaines, en accord avec leur stratégie de développement et d'investissement plus générale et leur capacité de mise en œuvre ?
2. Existe-t-il un système efficace pour lutter contre la discrimination qui a une incidence sur les débouchés professionnels ?
3. Quelles mesures les pouvoirs publics ont-ils prises pour accroître la participation à l'éducation de base et améliorer la qualité de la formation de façon à maximiser la richesse en ressources humaines et à tirer ainsi parti des investissements potentiels ?
4. Les incitations économiques sont-elles suffisantes pour encourager les individus à investir dans l'enseignement supérieur et l'apprentissage à vie, ce qui favorise ensuite l'investissement grâce à des ressources humaines plus qualifiées ?
5. Dans quelle mesure les pouvoirs publics promeuvent-ils des programmes de formation efficaces, y compris en y faisant participer le secteur privé ?
6. Les pouvoirs publics sont-ils dotés d'un système global de santé efficace, efficient et accessible financièrement ?
7. Quels mécanismes met-on en place pour encourager les normes fondamentales du travail et en garantir le respect ?
8. Dans quelle mesure les réglementations du marché du travail encouragent-elles les créations d'emploi et la stratégie déployée par les pouvoirs publics pour attirer les investissements ?

9. Comment les pouvoirs publics accompagnent-ils les ajustements de main-d'œuvre de grande ampleur ? Quel rôle les entreprises sont-elles encouragées à jouer pour atténuer les coûts de transition liés aux ajustements de main-d'œuvre ?
10. Quelles mesures prend-on pour faire en sorte que les réglementations du marché du travail favorisent l'existence d'une main-d'œuvre adaptable et préservent la capacité des entreprises de modifier leurs activités et leurs plans d'investissement ?
11. Dans quelle mesure les pouvoirs publics permettent-ils aux entreprises de recruter des travailleurs à l'étranger lorsqu'elles ne peuvent trouver les compétences nécessaires sur le marché du travail national ?

Questions supplémentaires

Cadre global de mise en valeur des ressources humaines pour l'investissement et le développement	• Comment assure-t-on l'efficacité et la cohérence du cadre d'action pour la mise en valeur des ressources humaines au regard de la stratégie générale de développement et d'investissement ? • Le cadre pour la mise en valeur des ressources humaines est-il périodiquement revu pour rester en phase avec les nouvelles évolutions économiques ? • Comment détermine-t-on qui sont les principales parties prenantes, notamment dans le cas du secteur privé ? Comment ces parties prenantes sont-elles associées à la définition du cadre d'action pour la mise en valeur des ressources humaines ? • Comment les pouvoirs publics assurent-t-il l'accès à l'éducation de base – qui est un droit fondamental en même temps qu'une condition minimum nécessaire au développement – pour les filles et les garçons ? • Quels efforts sont déployés pour accroître la qualité de l'éducation formelle, qui jette les bases des apprentissages ultérieurs et dont dépend la capacité de saisir les opportunités futures en matière d'investissement ? • Comment s'organise la lutte contre la discrimination à l'égard des femmes en matière de rémunération et d'évolution professionnelle ? Quelles initiatives ont été prises pour renforcer la présence des femmes au sein des conseils d'administration ainsi que parmi les cadres moyens et supérieurs ? • Quels sont les mesures en place (par exemple, garde d'enfant, congé pour enfant, accueil extrascolaire) en faveur des parents qui travaillent ? • Les prestations et aides sociales sont-elles financées et distribuées de manière à éviter toute discrimination, qu'elle soit délibérée ou non, entre hommes et femmes ou entre catégories de population ?
Renforcer les compétences et l'entrepreneuriat de manière inclusive	• Comment les pouvoirs publics mesurent-ils et évaluent-ils le niveau de compétences au sein de l'économie ? • Tel qu'il se présente actuellement, l'enseignement supérieur incite-t-il les travailleurs qualifiés à rester dans le pays, contribuant ainsi à accroitre la compétitivité et le niveau de compétences de la population active ? • Comment les pouvoirs publics évaluent-ils le rendement des diplômes de l'enseignement supérieur ? • Quelles sont les mesures prises pour dépister, corriger et prévenir les inadéquations entre l'offre et la demande de main-d'œuvre dans l'économie ? L'analyse du marché du travail est-elle suivie d'un ajustement des systèmes de développement des compétences professionnelles et de placement ? • Quel est le rang de priorité donné au développement des compétences lorsqu'il s'agit d'investir des ressources limitées ? Les pouvoirs publics étudient-ils des solutions combinant fonds publics et fonds privés pour financer le développement des compétences, ainsi que des mesures d'incitation efficaces pour les particuliers et les employeurs ? • Comment les pouvoirs publics répercutent-ils les besoins de l'industrie dans leur stratégie de renforcement des compétences ? (Voir la section *Promotion et facilitation de l'investissement*) • Le système public d'enseignement professionnel et technique est-il performant et fournit-il à l'économie les compétences dont elle a besoin ? Assure-t-il comme il se doit la promotion de l'entrepreneuriat, la formation à l'emploi indépendant, à la création d'entreprises ou d'organisations de la société civile, et le développement des compétences entrepreneuriales et en matière financière, en particulier chez les jeunes ? • Comment procèdent les pouvoirs publics pour jauger leurs mesures et programmes de formation, sur le plan de l'efficacité et de l'impact, et pour les réviser et les adapter en conséquence ? Les mesures destinées à garantir la qualité des formations et leur homologation sont-elles appropriées ? • Le développement des compétences bénéficie-t-il d'un financement adéquat et pérenne ? • Comment les pouvoirs publics affermissent-t-ils le triangle du savoir dont ils forment l'un des sommets au même titre que les établissements d'enseignement supérieur et leurs partenaires dans l'économie nationale ? (Voir la section *Promotion et facilitation de l'investissement*) • Le secteur privé contribue-t-il à l'élaboration des programmes d'enseignement ?

	• Le secteur privé contribue-t-il à l'élaboration des programmes d'enseignement ? • À quels mécanismes a-t-on recours pour inciter les entreprises à proposer des formations à leurs salariés et à jouer un plus grand rôle dans le cofinancement de la formation ? • La formation en entreprise, notamment l'apprentissage chez les jeunes, est-elle encouragée ? • Comment les pouvoirs publics favorisent-ils l'égalité entre les sexes dans l'accès à l'éducation et à la formation ? • Quelles sont les mesures en place pour ouvrir au plus grand nombre l'accès aux études dans les domaines touchant la science, la technologie, l'ingénierie et les mathématiques (STIM), la finance et l'entrepreneuriat, de même que les arts et les sciences humaines, et y faire progresser l'égalité entre les sexes ?
Santé et sécurité au travail	• Les pouvoirs publics se sont-ils dotés de procédures cohérentes pour évaluer les dépenses visant à améliorer les résultats en matière de santé publique et, par le jeu de liens réciproques, l'investissement ? • Comment les pouvoirs publics luttent-ils contre les maladies chroniques et les comportements à risques auxquels elles sont associées ? ❖ Quelles sont les mesures en place pour prévenir et enrayer la propagation des maladies infectieuses ? ❖ Comment les pouvoirs publics veillent-ils à ce que les normes de sécurité et de santé au travail soient adoptées et appliquées, en particulier dans les petites et moyennes entreprises ? ❖ Quels sont les mesures en place pour protéger les travailleurs face aux effets indésirables des produits chimiques, des pesticides, des biotechnologies et des nanomatériaux ? • Une stratégie est-elle mise en œuvre en vue de promouvoir la santé mentale ?
Normes fondamentales du travail	• Le pays a-t-il signé et ratifié les conventions fondamentales de l'OIT (appelées également normes fondamentales du travail) ? Se conforme-t-il à leurs dispositions, qu'il ait ou non ratifié ces normes ? Quelles mesures ont été prises pour promouvoir ces conventions et veiller à leur mise en œuvre effective ? • Quelles mesures les pouvoirs publics ont-ils adoptées pour : ❖ éliminer toutes les formes de travail forcé ou obligatoire et abolir le travail des enfants ? ❖ faire observer le principe de non-discrimination dans l'emploi et la profession ? ❖ garantir la liberté syndicale et le droit de négociation collective ? • Quelles mesures ont été prises par les pouvoirs publics pour porter à la connaissance du public les lois et règlements donnant effet aux normes fondamentales du travail ? • Les programmes de sensibilisation existants permettent-ils de faire passer les informations pertinentes, de manière claire et exhaustive en même temps qu'accessible, aux différents groupes cibles, à savoir les travailleurs, les employeurs et les investisseurs potentiels, nationaux et étrangers, ainsi qu'aux organisations représentatives de ces différents groupes ? • Comment sont soutenues et promues les initiatives d'acteurs de la société civile, notamment d'organisations de travailleurs ou d'employeurs, à l'effet d'encourager la mise en œuvre des normes fondamentales du travail, que ce soit avec le concours des pouvoirs publics ou de manière indépendante ? Existe-t-il, aux niveaux national, régional et local, des enceintes de consultation tripartite dans lesquelles les organisations d'employeurs et les organisations de travailleurs peuvent débattre de la politique sociale et en influencer l'orientation ? • Comment les pouvoirs publics pourvoient-ils à la mise en œuvre de ces normes fondamentales dans tout le pays, y compris dans les zones économiques spéciales et les zones franches d'exportation, ainsi qu'à l'égard des travailleurs étrangers ? (Voir la section *Politiques en faveur d'une conduite responsable des entreprises* pour d'autres questions sur les normes internationales du travail)
Réglementation du marché du travail pour les entreprises	• Comment les pouvoirs publics procèdent-ils pour maintenir un cadre de protection de l'emploi adapté tout en laissant suffisamment de souplesse pour permettre à l'économie dans son ensemble de gagner en productivité et en compétitivité ? • Quelles initiatives a-t-on engagées pour favoriser la coordination des politiques, en conciliant objectifs sociaux, compétitivité de la main-d'œuvre et incitations à l'investissement en direction des entreprises ? • Quelles sont les mesures en place pour limiter la durée du travail ? La législation proscrit-elle les horaires de travail souples ? • Quels sont les obstacles à l'embauche et au licenciement en ce qui concerne par exemple le type de contrat de travail (durée déterminée/indéterminé et temps partiel) ou les restrictions juridiques au renvoi d'un salarié ? • Quelles mesures sont en place pour protéger les travailleurs en marge de la population active, notamment les travailleurs de l'économie informelle et les travailleurs migrants, si leur situation les prive du bénéfice de la législation du travail ou des régimes de protection sociale ? • L'action des pouvoirs publics a-t-elle un effet délétère sur l'emploi dans l'économie formelle ? La fiscalité et les contributions de sécurité sociale pénalisent-elles outre mesure cette dernière vis-à-vis de l'économie informelle ? La réglementation décourage-t-elle l'activité dans l'économie formelle ? • En quoi le cadre juridique en vigueur contribue-t-il à la lutte contre la discrimination sur le lieu de travail ? • Quelles sont les contraintes administratives et financières liées à l'emploi de travailleurs étrangers ?

Accompagner les ajustements de main-d'œuvre	• Quels programmes de reconversion et de reclassement sont en vigueur ? Donnent-ils de bons résultats ? ❖ S'agit-il de programmes publics, privés ou mixtes ? L'organisme public responsable fournit-il un service de qualité, non disponible par ailleurs ? ❖ Ces programmes sont-ils facilement accessibles ? Le public est-il informé des services offerts ? Y a-t-il effectivement recours ? ❖ Quel rôle jouent le patronat et les organisations syndicales lorsqu'il s'agit de faire en sorte que les programmes répondent à leurs besoins ? Se prononcent-ils par exemple sur les formations les plus recherchées ou fournissent-ils des renseignements sur les emplois à pourvoir ? • Quels types d'assistance financière sont prévus par les lois et règlements relatifs au travail et à la sécurité sociale ? Ces lois et règlements : ❖ Ont-ils pour effet d'amortir de manière significative les conséquences des ajustements de main-d'œuvre pour ceux qui en pâtissent ? ❖ Ménagent-ils les intérêts des entreprises et ceux des travailleurs en offrant une protection efficace qui ne représente pas une charge excessive ? ❖ Sont-ils appliqués? • Comment les entreprises accompagnent-elles le processus de transition lié aux ajustements de main-d'œuvre ? Comment coopèrent-elles avec les travailleurs ? Avec les pouvoirs publics ? Par quels mécanismes les incite-t-on à : ❖ Communiquer régulièrement avec leur personnel afin de le tenir informé de leur situation ? ❖ Le consulter sans tarder face à des difficultés financières susceptibles de se traduire par des licenciements ? ❖ Informer les administrations compétentes lorsque des licenciements massifs sont envisagés afin que les pouvoirs publics puissent apporter l'aide nécessaire ? • Existe-t-il une quelconque obligation de notification des projets de licenciements d'une certaine envergure ? Un tel dispositif permet-il dans les faits de soutenir les travailleurs sans imposer une charge excessive à la direction, une réglementation tatillonne étant susceptible de décourager l'investissement ?
Mobilité de la main-d'œuvre et migration	• Les droits fondamentaux des travailleurs migrants ou frontaliers employés dans le pays sont-ils protégés au même titre que ceux des travailleurs nationaux ? • Les politiques migratoires répondent-elles à la nécessité de fournir à l'économie les compétences qui lui manquent ? • Les mesures visant à protéger le marché du travail national et à encourager le développement des compétences dans le pays sont-elles bien adaptées et appliquées en équité ? • Les lois et règlements autorisent-ils une entreprise investissant dans le pays à y déployer des travailleurs étrangers ? En cas de restrictions, celles-ci sont-elles transparentes et visent-elles à protéger le marché du travail national ? • Le personnel déployé par les entreprises qui investissent dans le pays peut-il bénéficier d'une procédure accélérée pour l'obtention de visas ? Bénéficie-t-il d'autres facilités ? Quelles mesures a-t-on prises pour éviter les pratiques exagérément restrictives ? (Voir la section *Politique de l'investissement*) • Les individus disposant de compétences recherchées sont-ils autorisés ou encouragés à venir travailler dans le pays ? • Quelles mesures existent pour tirer pleinement parti des investissements réalisés par le pays dans ses propres ressources humaines, notamment pour attirer les nationaux qui ont achevé leurs études à l'étranger ?
Souplesse et efficacité de la réglementation du marché du travail	• Comment les pouvoirs publics veillent-ils à ce que la législation et la réglementation du travail soient et demeurent souples et adéquates ? • Les organisations d'employeurs et les organisations de travailleurs sont-elles dûment consultées aux fins de la formulation de cette législation et réglementation ? • Dans quelle mesure les lois et règlements relatifs au licenciement économique sont-ils efficaces et compréhensibles ? • Les employeurs doivent-ils consulter les pouvoirs publics ou d'autres instances (par ex. inspection du travail, justice, représentants syndicaux) ou en obtenir une approbation préalable ? Sont-ils tenus d'observer certaines règles de priorité quant aux licenciements ? • En combien d'étapes se décompose la procédure de licenciement économique ? Est-il possible d'en supprimer certaines ? • Quelle est la probabilité de suites judiciaires en cas de différend ? • En ce qui concerne les garanties liées à la flexisécurité, le pays a-t-il, dans la mesure de ses moyens, réussi à introduire des lois, règlements ou programmes visant à assurer aux chômeurs une garantie de ressources et des services de reconversion tout en levant certains obstacles juridiques et réglementaires aux restructurations d'effectifs ? • De quel ordre sont les mesures de soutien en vigueur (par ex. soutien financier direct aux chômeurs ou autre formes d'assurance-chômage, indemnités de licenciement versées par l'employeur) ? • Au sujet des horaires souples, quels sont les lois et règlements régissant les horaires de travail, notamment la durée du temps de travail et les contrats fixes à temps partiel ? La réglementation fiscale et de la sécurité sociale pénalise-t-elle les travailleurs à temps partiel ou dont les horaires sont assouplis ? • Quelles sont les mesures censées garantir que les intérêts de toutes les parties concernées sont bien pris en considération, à leur juste mesure, dans les lois et règlements en vigueur ?

Ressources supplémentaires

Sites Internet

OCDE, *Stratégie de l'OCDE sur les compétences*, *www.oecd.org/fr/edu/strategiedelocdesurles competences.htm*.

OCDE, *Programme de l'OCDE sur l'enseignement supérieur*, *www.oecd.org/fr/sites/eduimhe*.

OCDE, *Programme for International Student Assessment*, *www.oecd.org/pisa*.

OCDE, *Évaluations des compétences*, *www.oecd.org/fr/sites/piaac-fr*.

OCDE, *Égalité hommes-femmes*, *www.oecd.org/fr/parite*.

OCDE, *Connaître et mobiliser les compétences des migrants en faveur du développement*, *www.oecd.org/fr/migrations/diasporas.htm*.

Outils, orientations et manuels

Brezzi, M. et M. Piacentini (2010), *Labour Mobility and Development Dynamics in OECD Regions*, Éditions OCDE, Paris.

OCDE (2013), *Recommandation du Conseil sur l'égalité entre hommes et femmes en matière d'éducation, d'emploi et d'entrepreneuriat*, OCDE, Paris.

OCDE (2012), *Free Movement of Workers and Labour Market Adjustment: Recent Experiences from OECD Countries and the European Union*, Éditions OCDE, Paris, *http://dx.doi.org/10.1787/9789264177185-en*.

OCDE-Union européenne (2012), *Synthèse sur l'entrepreneuriat des jeunes*, Office des publications de l'Union européenne, Luxembourg, *www.oecd.org/employment/leed/Youth%20entrepreneurship%20policy%20brief%20EN_FINAL.pdf*.

OCDE-Ministère des Affaires Étrangères de la France (2012), *Mobiliser les compétences des migrants et de la diaspora en faveur du développement, quelques pistes stratégiques*, Ministère des Affaires Étrangères de la France, Paris, *www.diplomatie.gouv.fr/fr/IMG/pdf/Rapport_MAE_OCDE_Migrants_Dvpmt_2012_fr_BD_cle0a751e.pdf*.

Stone, S., P. Sourdin et C. Legendre (2013), « Trade and Labour Market Adjustment », *Documents de travail de l'OCDE sur la politique commerciale*, No. 143, Éditions OCDE, Paris, *http://dx.doi.org/10.1787/5k4c6spvddwj-en*.

Cadre d'action pour l'investissement
Édition 2015

9. Investissement dans les infrastructures

Une composante essentielle de la croissance et de la connectivité. Des infrastructures économiques de mauvaise qualité ou inadaptées – réseaux d'électricité, d'eau et d'assainissement, de communication et de transport – accroissent les coûts de toutes les entreprises. De surcroît, elles limitent les flux de biens, de services, de personnes et d'informations de marché au sein du pays et à l'étranger, ce qui a des répercussions sur l'intégration des pays dans les chaînes de valeur mondiales et sur leur développement économique global. Parce qu'elle isole les marchés, l'insuffisance des infrastructures restreint la concurrence, atténuant ainsi les incitations à innover et à améliorer la productivité. Toutes les entreprises, depuis les micro-entrepreneurs ruraux jusqu'aux multinationales, en pâtissent même si, le plus souvent, les problèmes d'infrastructure pénalisent davantage les petites entreprises.

Une composante essentielle des politiques en faveur d'une croissance inclusive et verte. Des infrastructures fiables et pérennes contribuent au développement de l'activité économique et à la réduction de la pauvreté car elles améliorent la productivité du travail, abaissent les coûts de production et de transaction, et réduisent les coûts sociaux et environnementaux. Pour optimiser la contribution des infrastructures aux objectifs de développement, les pays doivent définir des stratégies d'infrastructure globales et promouvoir la participation des populations à faible revenu et d'autres groupes d'usagers tout au long des processus de planification et de mise en œuvre. Ils doivent également insister sur le rôle essentiel de l'entretien des infrastructures et la pérennisation des résultats, et promouvoir toute sorte d'instruments financiers pour inciter les prestataires à participer plus massivement aux investissements.

Évaluer les besoins en infrastructures et renforcer leur planification. Les décisions qui portent sur la quantité, le lieu et le type d'infrastructures à construire et à entretenir afin de répondre aux tendances socioéconomiques et de développement durable sont complexes à prendre. Les pouvoirs publics ont donc besoin de procédures pour décider combien dépenser pour les infrastructures, comment répartir ces dépenses, notamment entre les différents modes de transport, et comment administrer ces infrastructures. Cela suppose de disposer de moyens d'analyse coûts-avantages et de mettre en œuvre de rigoureuses procédures de décision prenant en compte les résultats de l'analyse coûts-avantages, tout en faisant en sorte que les intérêts antagonistes puissent être mis en balance d'une façon qui soit socialement acceptable. Une coordination appropriée entre les organismes et à tous les échelons de l'administration, y compris au niveau régional, est également nécessaire pour identifier les besoins en infrastructures des différents secteurs et pour hiérarchiser de façon intégrée les projets en fonction des objectifs globaux de développement. Il est également essentiel de consulter largement toutes les parties concernées – y compris les usagers finaux, les bailleurs de fonds, les acteurs du secteur privé, la société civile et les populations locales concernées – sur les objectifs de l'action publique et les projets individuels afin d'aligner les objectifs visés et de faire en sorte que les priorités et les projets en matière d'infrastructures profitent à tous les pans de la société.

Hiérarchiser les projets d'infrastructure et décider du mode de passation des marchés. Il conviendrait que la sélection des projets d'infrastructure et le choix entre le secteur public et le secteur privé pour leur fourniture soient régis par une évaluation impartiale de ce qui sert au mieux l'intérêt général. Le meilleur moyen d'y parvenir consiste à réaliser une analyse coûts-avantages complète qui tienne compte de la durée globale du projet, de tous les autres modes de fourniture, du système d'ensemble de mise en place de l'infrastructure et de la disponibilité de financements pour optimiser la dépense publique. Il faut également de prendre en compte tous les aspects relatifs au développement durable, notamment en évaluant l'impact environnemental et social, et en intégrant des considérations relatives à la résilience aux changements climatiques. Les pouvoirs publics souhaiteront peut-être comparer les différents modes de fourniture par rapport à un « comparateur du secteur public » objectif ou tout autre équivalent (c'est-à-dire un système de passation des marchés publics classique) au moment d'évaluer le mode le plus susceptible d'optimiser la dépense publique. Il est nécessaire de réaliser une analyse de sensibilité et de risque minutieuse afin de trouver une répartition équilibrée du risque entre partenaires publics et privés. Tous les risques budgétaires encourus par les pouvoirs publics à court et à long terme, y compris les engagements conditionnels, doivent être intégrés dans l'analyse coûts-avantages et gérés en toute transparence dans la procédure budgétaire. La participation du secteur privé ne doit pas être le moyen d'échapper à la discipline budgétaire et il conviendrait de ne la rechercher que si l'on considère qu'elle permet d'optimiser la dépense publique. Doter le système de passation des marchés de passerelles permet de veiller à ce que le mode de passation choisi et les modalités de participation du secteur privé retenues assurent effectivement une optimisation de la dépense publique.

Pourquoi envisager la participation du secteur privé dans la mise en place des infrastructures ? Les infrastructures existantes seront rapidement mises à rude épreuve par leur insuffisance actuelle, le développement économique et l'urbanisation croissante des pays en développement, ainsi que par le vieillissement des infrastructures dans les pays développés. Cette situation imposera non seulement des investissements d'ampleur significative mais également des investissements dans des infrastructures plus efficientes et durables. Le secteur public a, de tout temps, été le principal investisseur dans ce domaine et les fonds publics, y compris à l'échelon des collectivités locales où la demande d'infrastructure est la plus forte, continueront de jouer un rôle essentiel à cet égard. Toutefois, pour répondre à ces besoins, il sera probablement nécessaire de mobiliser d'autres sources de financement. Outre l'apport de capitaux supplémentaires, le secteur privé peut également présenter d'autres avantages. Il peut en effet aider à optimiser l'utilisation des fonds publics consacrés au développement des infrastructures en élargissant les choix en matière de fourniture d'infrastructures, notamment en regroupant différentes étapes des projets d'infrastructure – ce qui peut générer des réductions des coûts et des gains d'efficience. En outre, les pouvoirs publics peuvent profiter d'une répartition plus efficiente des risques, d'une concurrence accrue ainsi que des compétences managériales et technologiques du secteur privé. Dans un certain nombre de pays et lorsqu'elle est gérée et réglementée de façon appropriée, la participation du secteur privé à la mise en place d'infrastructures a élargi la couverture des services et en a amélioré l'efficience.

Les pouvoirs publics doivent manifester clairement leur engagement vis-à-vis du développement des infrastructures. Il est plus facile d'obtenir les ressources nécessaires pour développer les infrastructures lorsque les priorités et les objectifs à moyen et à long terme des pouvoirs publics en matière d'infrastructures sont clairement énoncés et pleinement intégrés dans les stratégies de développement économique du pays. Une telle prise de position rend les réseaux d'infrastructures attractifs, ce qui incitera aussi le secteur privé à participer à leur fourniture. À cet égard, un plan d'infrastructure national global – qui recense une liste crédible et conforme aux objectifs de développement des projets d'infrastructure dans les différents secteurs – et une communication claire sur les priorités et les rôles attendus des secteurs public et privé peuvent contribuer à une meilleure coordination de l'action publique. Ils favorisent également un meilleur alignement à tous les échelons de l'administration et rassurent, parallèlement, les investisseurs quant à l'engagement politique à long terme des pouvoirs publics vis-à-vis du développement des infrastructures. L'établissement d'une liste crédible de projets est aussi susceptible d'attirer un plus grand nombre d'investisseurs et de stimuler la concurrence. Ainsi, les investisseurs potentiels peuvent établir des stratégies pour un portefeuille significatif de projets plutôt que pour une série de projets indépendants les uns des autres, ce qui leur permet d'amortir certains coûts liés à l'évaluation des projets d'infrastructure dans le pays. Parfois, le regroupement de petits projets d'infrastructure les rend aussi plus attractifs pour les investisseurs à long terme. Plusieurs aspects des politiques commerciales peuvent aussi contribuer à la création d'un environnement propice à l'investissement dans les infrastructures, notamment en facilitant l'importation de biens, de services et du personnel parfois nécessaires pour mener à bien des projets d'infrastructure de manière efficace et efficiente (voir la section *Politique commerciale*).

Une réglementation économique prévisible. Il est également essentiel de mettre en place un cadre institutionnel et réglementaire crédible pour réduire les incertitudes relatives à l'action publique si l'on veut attirer les investissements car les fournisseurs d'infrastructures ont tendance à sous-investir lorsque la réglementation est floue. Il est plus facile de promouvoir l'investissement dans les infrastructures, et notamment la participation du secteur privé à leur fourniture, lorsque les États mettent en place des cadres institutionnels appropriés. Ces cadres améliorent la prévisibilité de la réglementation – notamment en confiant celle-ci et la fixation des prix à des autorités spécialisées, compétentes, dotées de ressources suffisantes et à l'abri de toute influence indue des parties aux contrats portant sur les infrastructures. L'indépendance de la réglementation est nécessaire pour protéger les décisions de l'influence tant des instances politiques que d'éventuelles pressions indues des opérateurs d'infrastructures.

Un régime juridique clair protégeant les droits des investisseurs. Le cadre juridique et institutionnel doit faciliter l'exécution des contrats et le fonctionnement des partenariats constitués pour les infrastructures. Les projets d'infrastructure sont des projets à long terme et de ce fait naturellement sujets à des renégociations de contrat du fait des fluctuations du contexte économique sous-jacent tout au long de leur durée. Le nombre d'échecs de partenariats public-privé (PPP) dans les secteurs d'infrastructure témoigne de la complexité des défis auxquels les décideurs et les investisseurs sont confrontés dans ce domaine. Des consultations régulières avec les partenaires privés et les parties prenantes peuvent permettre d'éviter l'escalade d'éventuels conflits. Des cadres prévisibles, y compris au niveau des contrats, qui régissent les circonstances dans lesquelles des renégociations sont envisageables peuvent aider à garantir la flexibilité nécessaire au succès des contrats à long terme qui portent sur les infrastructures. Parallèlement, le régime de passation des marchés et les PPP doivent se prémunir contre une sous-estimation délibérée des coûts des projets – suivie d'une hausse *ex-post* des coûts – des soumissionnaires du secteur privé. Le régime d'investissement doit également protéger les droits fondamentaux des investisseurs, y compris leur garantir un accès en temps voulu et équitable à des indemnisations en cas d'expropriation et leur donner accès aux mécanismes de règlement des litiges (voir la section *Politique d'investissement*).

La concurrence dans la passation des marchés d'infrastructure. Les économies générées par des pratiques de passation des marchés plus concurrentielles peuvent représenter une part importante des coûts totaux de développement d'un projet. Un régime de passation des marchés bien conçu garantit des procédures équitables pour tous les investisseurs soumissionnaires et minimise le risque de corruption, de collusion des soumissionnaires et de soumissions concertées. Une collaboration étroite entre l'autorité de la concurrence, les autorités chargées de l'application des lois responsables des délits de corruption et les organismes en chargés de la passation des marchés publics peut contribuer à éviter les comportements anticoncurrentiels car elle permet d'établir un cahier des charges pour les appels d'offres et l'attribution des contrats publics concernant les infrastructures. En plus d'inciter les entreprises à proposer des solutions plus innovantes et efficientes, les contrats qui stipulent les résultats à atteindre (en termes de services à fournir au public) et la divulgation publique des décisions (mentionnant des références précises et vérifiables par rapport à ces obligations) améliorent la transparence et permettent de prévenir la corruption. Des procédures de passation des marchés simplifiées, notamment grâce aux systèmes électroniques, peuvent rendre le processus plus aisé, renforcer la concurrence et faciliter la participation de petits soumissionnaires. Cela étant, les simplifications ne doivent pas être faites au détriment des vérifications d'usage et d'une sélection minutieuse des contrats. Il convient de veiller à ce que les soumissionnaires choisis disposent des capacités nécessaires pour remplir leurs engagements contractuels tout le long de la durée du projet.

Une structure de marché concurrentielle. Étant donné la nature monopolistique des secteurs d'infrastructure, il est plus difficile d'instaurer de réelles conditions de concurrence. Toutefois, les avantages de la participation du secteur privé sont confortés par les efforts engagés pour créer un environnement concurrentiel, notamment l'assujettissement des activités à des pressions commerciales appropriées et des secteurs monopolistiques (ou dans lesquels la concurrence est limitée) à une réglementation visant l'intérêt public. Si de nombreux pays ont fait du chemin pour faire tomber les barrières à l'entrée dans les secteurs d'infrastructure, y compris pour les investisseurs étrangers, ces progrès sont loin d'avoir été uniformes. Dans un certain nombre de pays, les restrictions à l'IDE limitent toujours les investissements étrangers dans ces secteurs. Un régime ouvert et non-discriminatoire permet d'augmenter le nombre de participants potentiels et exerce des pressions sur les fournisseurs d'infrastructures pour qu'ils soient efficaces. Une coordination étroite entre les organismes chargé de la réglementation et les autorités de la concurrence devient alors nécessaire, notamment pour évaluer les coûts et les avantages du dégroupement des industries de réseau, éliminer les barrières à l'entrée inutiles, mettre en œuvre et appliquer des lois sur la concurrence, y compris pour se protéger contre les comportements anticoncurrentiels des opérateurs historiques (voir la section *Politique de la concurrence*).

Gouvernance des opérateurs publics d'infrastructures. En cas de coexistence de fournisseurs d'infrastructures privés et d'opérateurs historiques publics, des mesures particulières destinées à maintenir des règles du jeu équitables peuvent aussi s'avérer nécessaires. Elles permettent de préserver un environnement concurrentiel sain et d'apaiser les inquiétudes relatives au pouvoir discrétionnaire en matière de réglementation et aux risques – notamment de corruption. Le fait d'imposer aux entreprises publiques de normes strictes de gouvernance d'entreprise et de veiller à ce que toutes les lois et réglementations applicables aux entreprises privées s'appliquent également à elles (notamment en matière de faillite et de concurrence) contribue à faire en sorte qu'elles exercent leurs activités sur un pied d'égalité avec les entreprises du secteur privé. Il convient en parallèle de faire respecter les lois interdisant la corruption (voir la section sur la *Gouvernance d'entreprise*).

Équilibrer accessibilité financière et recouvrement des coûts au niveau de la fixation des prix. Les pays réforment également leurs réglementations afin de trouver un équilibre entre les besoins de recouvrement des coûts des investisseurs privés et publics, d'une part, et l'accessibilité financière des usagers finaux, d'autre part. Lorsqu'il a été possible, et politiquement acceptable, d'établir des prix qui permettent un recouvrement des coûts, les investissements ont souvent augmenté de façon substantielle. Mais lorsque l'accessibilité financière est limitée, les subventions publiques peuvent rester nécessaires. Il conviendrait d'évaluer régulièrement l'efficacité et la durée de ces subventions, ainsi que leur incidence sur les finances publiques, en tenant compte de la performance et de l'efficience des prestataires. Un subventionnement intelligent de la consommation, plutôt qu'un subventionnement de la production, peut améliorer l'accessibilité financière sans pour autant réduire les incitations des opérateurs à être performants, mais son impact doit être évalué de façon régulière. Pour réaliser les analyses nécessaires et prendre les décisions de prix correspondantes, il est impératif que les marchés d'infrastructure soient supervisés par des organismes de réglementation dont le champ d'intervention est suffisamment large et les responsabilités clairement définies, et qui sont indépendants des ministères fonctionnels et des opérateurs d'infrastructures historiques (surtout s'ils sont contrôlés par l'État). On a également eu recours à des fonds dédiés pour financer des obligations de service universel imposées aux opérateurs.

Caractère inclusif et conduite responsable des entreprises pour les projets d'infrastructure. En reliant les citoyens et les entreprises aux marchés et à l'information, et en facilitant l'accès à des services qui améliorent l'existence des gens, les projets d'infrastructure peuvent accroître les débouchés commerciaux, favoriser une plus grande égalité homme-femme et améliorer le bien-être des populations vulnérables. Pour cela, il faut veiller avec un soin particulier à la préparation des projets en amont, en associant les utilisateurs finaux dès le départ et en prêtant attention aux questions d'accessibilité financière et d'inclusion. En outre, il faut impliquer les utilisateurs finaux, les populations locales concernées, les investisseurs privés et les autres parties prenantes dès les premiers stades des projets d'infrastructure afin que les besoins et les risques soient correctement évalués et traités, et qu'ils soient pris en compte de façon appropriée dans les instruments contractuels. Une conduite responsable des entreprises contribue également à faire en sorte que les projets d'infrastructure profitent à tous les pans de la société. Ces projets sont souvent exposés à un certain nombre de risques sociaux, économiques et environnementaux potentiels qu'il faut combattre. Il s'agit des risques pour la santé, la sécurité et l'environnement liés aux importants travaux d'ingénierie, mais aussi des risques socioéconomiques potentiels liés à la réinstallation des populations locales et aux violations des droits de l'homme. Ces risques sont amplifiés par le nombre considérable de relations contractuelles avec les prestataires. Les pouvoirs publics du pays d'accueil et du pays d'origine peuvent agir en incitant les fournisseurs d'infrastructures à respecter les principes et les normes de conduite responsable des entreprises couramment admis (voir la section *Politiques en faveur d'une conduite responsable des entreprises*).

Stimuler l'investissement dans les infrastructures « vertes ». Il conviendrait par ailleurs que les politiques publiques en matière d'infrastructures, y compris les politiques de prix, mettent en place des règles du jeu équitables entre les technologies en concurrence (les technologies consommatrices de ressources et les technologies « propres », par exemple). Ces politiques doivent faciliter le développement d'infrastructures vertes – infrastructures de transport durables, infrastructures de production d'électricité basées sur des sources d'énergies renouvelables, résilientes face aux changements climatiques et efficientes. Pour gérer la transition vers des types d'infrastructures plus durables, les pouvoirs publics peuvent entre autre réorienter les incitations au profit des infrastructures vertes, notamment en supprimant les subventions inefficaces allouées aux combustibles fossiles et en facturant un prix pour les émissions de carbone et d'autres polluants par le biais d'instruments fondés sur les lois du marché. En outre, les mesures qui fournissent un soutien financier à long terme et les autres mesures qui tiennent compte des externalités environnementales peuvent permettre de réorienter l'investissement vers les infrastructures vertes. Ces mesures sont essentielles pour lutter contre les rigidités des marchés et des réglementations – qui sont par exemple susceptibles de favoriser les combustibles fossiles (sources d'énergie historiques dans le secteur de l'électricité) – ou pour limiter l'étalement urbain (lié à l'utilisation des véhicules privés) et encourager le développement de systèmes de transports publics urbains plus durables dans les zones métropolitaines (voir la section *Cadre d'investissement pour une croissance verte*).

Les capacités du secteur public. La capacité qu'ont les pouvoirs publics (à tous les niveaux) à assurer des prestations sur un pied d'égalité avec le secteur privé pour des projets qui ont été approuvés et à surveiller la performance des fournisseurs est également déterminante si l'on veut que le secteur privé participe davantage aux infrastructures. Le fait que les entités adjudicatrices des organismes publics n'aient pas l'expérience et l'expertise technique du secteur privé peut entraîner une mauvaise négociation des contrats, une gestion inappropriée des risques et des renégociations coûteuses des contrats. Bien qu'on ne les y oblige pas, des unités spécialisées dans les PPP et bien équipées, dotées de missions et de responsabilités claires peuvent améliorer la préparation des projets, la supervision des procédures de passation des marchés ainsi que la mise en œuvre et le suivi de la performance des projets d'infrastructure. Lorsque cela est possible, le soutien en matière d'assistance technique et de rehaussement de crédit fourni par les agences de développement peut également renforcer les capacités d'élaboration et de mise en œuvre de projets ainsi que leur « faisabilité bancaire ». Pour garantir une optimisation pérenne des dépenses publiques, il est également essentiel que l'organisme public concerné et un organisme de vérification indépendant surveillent la performance des fournisseurs d'infrastructures à tous les stades du projet. Les activités de renforcement des capacités et un engagement effectif des parties prenantes sont également des éléments importants pour améliorer les chances de succès des projets d'infrastructure.

Projets d'infrastructure régionaux. Pour favoriser l'intégration et la croissance économiques, y compris faciliter l'intégration des entreprises dans les chaînes de valeur mondiales, l'amélioration de la connectivité régionale est un facteur majeur. Lorsque les projets d'infrastructure portent sur différents pays, y compris à l'échelon régional, il convient d'accorder une attention toute particulière pour veiller à ce que les objectifs des projets soient largement partagés et soutenus par des accords formels et des mécanismes de résolution des différends. Les projets d'infrastructure régionaux requièrent entre autres des normes communes de supervision et de transparence des procédures de passation des marchés, notamment des critères communs de sélection des soumissionnaires, une coopération étroite entre les entités adjudicatrices et des accords sur les structures de prix et de répartition des recettes. Il est essentiel, pour garantir le succès des projets régionaux, de mettre en place des mécanismes clairs et transparents de répartition des risques et des avantages ainsi que des engagements de financement à tous les niveaux de l'État.

Financement des infrastructures. Il est enfin essentiel que les opérateurs d'infrastructures aient accès aux marchés financiers pour financer les opérations. En fonction du contexte macroéconomique, les restrictions à l'accès aux marchés locaux et les obstacles aux mouvements internationaux de capitaux peuvent être levés pour élargir l'accès aux financements. Les pouvoirs publics peuvent aussi appliquer des mesures pour mobiliser l'épargne à long terme et l'exploiter pour le financement des investissements à long terme en infrastructures par les investisseurs institutionnels. En la matière, les pouvoirs publics souhaiteront peut-être se référer aux *Principes de haut niveau du G20 et de l'OCDE sur le financement des investissements à long terme par les investisseurs institutionnels* qui s'attaquent aux obstacles institutionnels et réglementaires spécifiques aux investissements à long terme par les investisseurs institutionnels. Les agences de développement et de crédit à l'exportation sont également susceptibles de jouer un rôle majeur en aidant les pays à mobiliser des investissements supplémentaires pour les infrastructures, en particulier en canalisant les ressources afin d'améliorer la qualité des projets, d'atténuer et de clarifier les risques, et d'améliorer la rentabilité des PPP.

Questions et principes essentiels

Garantir la cohérence et le soutien du développement des infrastructures

1. Les pouvoirs publics ont-ils élaboré un plan intégré et global pour les infrastructures, définissant leur vision et leurs objectifs à moyen et à long terme, établissant une liste crédible et hiérarchisée des projets en tenant compte des interactions avec d'autres secteurs et domaines d'action publique, et fondés sur des vérifications d'usage initiales ? Le plan indique-t-il clairement le rôle attendu, y compris au niveau sous-sectoriel, du secteur public et du secteur privé ? Le plan tient-il compte des objectifs de développement, de durabilité et à long terme des administrations nationales et locales ?
2. Quels processus les autorités utilisent-elles pour évaluer les besoins d'investissement en infrastructures et éclairer leur planification ?
3. L'administration centrale coopère-t-elle avec les administrations locales et régionales, les organes parlementaires et les partenaires sociaux pour établir les plans et définir les priorités des investissements en infrastructures ? Comment s'assure-t-elle que les objectifs et la coordination des infrastructures sont partagés, à tous les échelons de l'administration, y compris au niveau régional et de l'ensemble des secteurs concernés de l'administration publique, afin de permettre une mise en œuvre cohérente du plan national d'infrastructure ?
4. Les autorités consultent-elles les usagers finaux et les autres parties prenantes concernées pour éclairer la planification, l'initiation et la gestion des projets d'infrastructure, afin de veiller à ce que les engagements envisagés promeuvent l'intérêt public et sont acceptables pour les consommateurs et autres parties prenantes ?

Créer un environnement propice à l'investissement dans les infrastructures

5. Comment crée-t-on un environnement propice fiable pour les investissements dans les infrastructures, y compris en s'engageant en faveur de normes élevées de gouvernance

des entreprises publiques et privées, de procédures de passation des marchés équitables et transparentes, et de la protection du travail, de l'environnement, des droits de propriété et contractuels ?

6. Comment crée-t-on un environnement concurrentiel dans les secteurs d'infrastructure, y compris en assujettissant les activités à des pressions commerciales appropriées, en supprimant les barrières indues à l'entrée et en appliquant et faisant respecter des lois sur la concurrence adéquates ?
7. Comment les autorités publiques s'assurent-elles qu'aucun type de corruption n'entache les projets d'infrastructure à quelque niveau et quelque stade du projet que ce soit, y compris durant la phase d'appel d'offres ?

Atténuer les risques des projets et optimiser la dépense publique

8. Comment les pouvoirs publics font-ils pour apprécier si les projets d'infrastructure sont adaptés aux capacités d'investissement et d'exploitation du secteur privé, notamment ses capacités à atténuer les risques inhérents aux projets et à optimiser la dépense publique ?
9. Les risques inhérents aux projets d'infrastructure, y compris les risques sociaux et environnementaux, sont-ils identifiés, mesurés et transférés de façon appropriée à la partie contractante la mieux à même de les évaluer et de les contrôler ?
10. Comment la discipline et la transparence budgétaires sont-elles protégées lorsque les pouvoirs publics partagent des responsabilités avec le secteur privé dans les projets d'infrastructure ?
11. La mise en œuvre et la performance ex-post des projets font-elles systématiquement l'objet d'un audit ou d'une évaluation d'un organe indépendant afin de garantir une plus grande responsabilité et une cohérence des résultats par rapport aux objectifs de l'action publique ?
12. Les autorités chargées des projets d'infrastructure (nationaux et locaux) exploités par le secteur privé sont-elles « capables de réaliser » ces projets ? Ont-elles notamment la capacité à préparer, sélectionner et mettre en œuvre les projets d'infrastructure, et à travailler en partenariat et sur un pied d'égalité avec leurs interlocuteurs du secteur privé ?
13. Dans quelle mesure les obligations contractuelles entre les autorités publiques et les acteurs du secteur privé sont-elles précisées en termes de services à fournir au public que l'on puisse vérifier (par exemple, sur la base de spécifications de performances ou de résultats) ?
14. Comment les évolutions conjoncturelles qui se produisent tout le long du cycle du projet sont-elles intégrées au niveau de l'exécution des contrats d'infrastructure à long terme ?

Réglementation et tarification des marchés d'infrastructure

15. Les organismes chargés de la réglementation qui supervisent les marchés d'infrastructure sont-ils bien dotés en termes de mission, de ressources et de personnel, et à l'abri d'interférences politiques indues ?
16. Le processus de fixation des prix établit-il un équilibre entre l'impératif d'accessibilité financière de l'usager final et la nécessité pour les opérateurs d'infrastructures de recouvrir leurs coûts ?
17. Comment les pouvoirs publics identifient-ils la combinaison appropriée de prix, impôts et transferts (principalement l'aide publique au développement) pour donner aux secteurs d'infrastructure une assise financière pérenne et faire en sorte que les objectifs sociaux

soient atteints ? Comment font-ils pour garantir la prévisibilité du soutien budgétaire de l'État et du subventionnement public des projets d'infrastructure, et pour que les coûts budgétaires des subventions soient proportionnels aux résultats obtenus (en termes de fourniture d'infrastructure ou d'accès des consommateurs) ?

Une structure de marché équitable pour la fourniture d'infrastructures

18. Quelle est l'ampleur de la séparation structurelle des différents marchés d'infrastructure ? Quelles autorités sont chargées de l'évaluation et des prises de décision en ce qui concerne cette séparation structurelle ?
19. Lorsque des fournisseurs du secteur privé coexistent avec des opérateurs historiques publics, comment assure-t-on un degré de concurrence approprié entre les fournisseurs d'infrastructure ? Comment les normes de gouvernance d'entreprise des entreprises publiques sont-elles renforcées afin d'améliorer l'efficience opérationnelle et de garantir la transparence et la responsabilité ?
20. Comment les pouvoirs publics veillent-ils à ce que les petits fournisseurs de services d'infrastructure ne soient pas exclus des marchés d'infrastructure ?

Financement des projets d'infrastructure

21. Les projets d'infrastructure sont-ils évalués en fonction de l'ampleur du recouvrement possible des coûts auprès des usagers finaux et, en cas d'insuffisance, quelles autres sources de financement peuvent être mobilisées pour faire en sorte que les objectifs des autorités en matière de couverture et d'accessibilité financière du service soient atteints ?
22. Les pouvoirs publics ont-ils adopté des politiques et des réglementations pour promouvoir l'épargne à long terme et exploiter ces ressources pour le financement des infrastructures ? A-t-on recours à l'aide publique au développement pour atténuer les risques inhérents aux projets et exploiter l'investissement privé pour les infrastructures ?
23. Les acteurs du secteur privé, y compris les prestataires et autres intermédiaires financiers, ont-ils un accès approprié aux marchés financiers pour financer les opérations et est-il possible de lever progressivement les restrictions à l'accès aux marchés locaux et les obstacles aux mouvements internationaux de capitaux, sans perdre de vue les aspects macroéconomiques prudentiels ?
24. Promouvoir l'intégration et la conduite responsable des entreprises
25. Comment les administrations centrales et locales optimisent-elles la contribution des investissements en infrastructures au développement, y compris en organisant de larges consultations avec les parties prenantes sur la teneur et l'impact des projets d'infrastructure, et en réalisant des évaluations ex-ante de l'impact sur la pauvreté des propositions concurrentes ainsi que des évaluations de l'impact social et environnemental ?
26. Comment les pouvoirs publics s'assurent-ils que les politiques et pratiques relatives aux infrastructures intègrent les questions de développement durable, y compris la résistance aux changements climatiques et aux catastrophes naturelles, et les contributions au renforcement de la résilience des populations locales ?
27. Comment les pouvoirs publics veillent-ils à ce que les acteurs publics et privés participant à la fourniture de services vitaux aux populations locales respectent effectivement les normes de conduite responsable des entreprises, y compris en matière de travail et d'environnement, et identifient-ils, gèrent-ils et surveillent-ils les risques associés ?

Questions supplémentaires

<table>
<tr><td>Garantir la cohérence et le soutien du développement des infrastructures</td><td>

- Les pouvoirs publics ont-ils cerné des domaines dans lesquels les investissements dans les marchés d'infrastructures sont excessifs ou insuffisants ? Quels sont les besoins en investissement propres à chaque secteur d'infrastructure, tant pour de nouveaux projets que pour l'exploitation et la maintenance de projets en cours ?
- Les attributions et responsabilités des entités nationales et infranationales qui participent directement ou indirectement à la politique en matière d'infrastructures, à la planification et à la mise en œuvre sont-elles claires et bien définies de sorte qu'elles facilitent la coordination et le déploiement cohérent du plan national de développement des infrastructures ?
- Les autorités publiques communiquent-elles clairement les objectifs de leurs politiques en matière d'infrastructures et ont-elles mis en place des mécanismes de consultation et de diffusion d'informations complètes entre les partenaires publics et privés concernant les objectifs fixés et les projets retenus ?
- Dans quelle mesure les besoins en investissement dans les infrastructures intègrent-ils des objectifs de développement vert ? Quel est le montant estimé des investissements requis dans les infrastructures vertes ?
- Comment la stratégie publique de promotion de l'investissement privé dans les infrastructures tient-elle compte des objectifs globaux en matière d'infrastructures vertes, notamment en vue de développer des systèmes d'infrastructure résilients face au changement climatique et économes en ressources ?

Considérations sectorielles

- Dans les secteurs d'infrastructure qui sont souvent gérés à l'échelon infranational, comme l'eau, l'assainissement et les transports communaux, comment les pouvoirs publics font-ils pour garantir la cohérence entre la politique nationale et les activités infranationales ?
- Quels sont les processus suivis pour éclairer les décisions relatives au développement de nouvelles infrastructures de transport, mais aussi à la maintenance de celles existantes ?
- Revoit-on régulièrement les exigences applicables à tous les modes de transport, en prenant en compte les besoins des investisseurs et les liens entre les différents types d'infrastructures de transport ?
- Comment les pouvoirs publics accompagnent-ils la transition vers des modes de transport durables et vers des systèmes de transport urbain garantissant des trajets efficients de manière à ne pas s'engager dans des trajectoires de développement à forte intensité de carbone et vulnérables au changement climatique, et plus globalement à atténuer l'impact des transports sur l'environnement (voies de bus réservées, systèmes de transport ferroviaire léger, transports urbains rapides, et modes de transport alternatifs comme le vélo, par exemple) ?
- Existe-t-il des politiques visant à réduire la nécessité de se déplacer grâce à l'amélioration de l'efficience du système de transport en intégrant l'aménagement du territoire et la gestion de la demande de transport (par un développement urbain compact et diversifié, des restrictions du trafic ou une réduction de l'étalement urbain, par exemple) ?
- Des politiques en faveur de l'énergie propre font-elles partie intégrante d'un cadre national global de développement des infrastructures ? L'acquisition de nouveaux actifs de production d'énergie propre fait-elle partie d'une stratégie de développement d'une infrastructure de réseau à long terme ?
- Les pouvoirs publics ont-ils évalué les investissements dans le secteur de l'eau et de l'assainissement nécessaires pour atteindre leurs objectifs de développement ? Le secteur privé participe-t-il à la gestion de l'eau, à sa fourniture et au financement de ses infrastructures ? Dans quelle mesure l'approche suivie par les pouvoirs publics en matière de développement des infrastructures d'assainissement et d'approvisionnement en eau s'appuie-t-elle sur des politiques et pratiques de gestion intégrée des ressources hydriques ?

</td></tr>
<tr><td>Créer un environnement propice à l'investissement dans les infrastructures</td><td>

- Quel est le cadre stratégique et institutionnel d'ensemble qui régit l'investissement privé dans les infrastructures et comment intègre-t-il les bonnes pratiques internationales ?
- Les pouvoirs publics poursuivent-ils une stratégie de partenariats public-privé, et si oui dans quelle mesure les dispositions et institutions correspondantes s'inscrivent-elles de manière cohérente dans le régime global de passation de marchés d'infrastructures ? Le fondement juridique sur lequel reposent les PPP permet-il d'éviter les conflits avec d'autres textes de loi, soit au moyen d'une loi spécifique sur les PPP, soit par le biais d'une législation sectorielle qui reconnaît explicitement ce mode d'exécution ?
- Un régime d'investissement ouvert et non discriminatoire s'applique-t-il aux fournisseurs d'infrastructures, y compris à ceux nationaux et étrangers, nouveaux et en place ? Quelles sont les restrictions éventuelles à l'investissement étranger dans les secteurs d'infrastructure ? Dans quelle mesure les entreprises privées étrangères peuvent-elles rivaliser sur un pied d'égalité non seulement avec les entreprises nationales, mais aussi avec les entreprises étrangères soutenues par l'État, pour l'accès aux marchés d'infrastructure ?
- Quels sont les modes d'investissement privé dans les infrastructures promus par les pouvoirs publics ? Quels sont les modes de concession/PPP les plus fréquents dans les différents secteurs ? Des marchés combinés portant sur la conception, la construction et l'exploitation à long terme sont-ils autorisés ? Le regroupement de petits projets d'infrastructure est-il possible en vue de minimiser le coût des transactions et ainsi d'attirer les investisseurs ? Des contrats de concession peuvent-ils comporter des clauses de non-concurrence (ou d'exclusivité) ? Veuillez décrire les principales caractéristiques des licences et des concessions.

</td></tr>
</table>

	• Comment les autorités de réglementation et de concurrence se coordonnent-elles pour évaluer les coûts et les avantages de la séparation des industries de réseau et assurer une concurrence adéquate sur les marchés d'infrastructure ? • Dans quelle mesure les autorités de réglementation et de concurrence disposent-elles d'un appui politique et d'une indépendance suffisants pour dénoncer les comportements anticoncurrentiels de la part des fournisseurs d'infrastructures (y compris des entreprises publiques), surtout lorsqu'elles doivent s'opposer à des intérêts acquis ? • Les pouvoirs publics suivent-ils des orientations claires et transparentes pour garantir la prévisibilité et la cohérence du processus de sélection, de préparation et d'attribution des projets d'infrastructure ? Les tâches et responsabilités institutionnelles des entités chargées de ces différentes phases sont-elles clairement identifiées dans le cadre juridique ? Ces entités sont-elles dotées d'un personnel suffisamment nombreux et compétent pour être à la hauteur du niveau d'exigence du secteur ? • Des dispositions réglementaires garantissent-elles la communication de toutes les informations pertinentes pour le projet entre les autorités publiques et leurs partenaires privés, y compris lorsqu'il existe déjà des infrastructures ? • Quelles sont les formes de passation de marchés d'infrastructures et à quelles conditions sont-elles assujetties ? Lorsque des propositions spontanées sont permises, font-elles l'objet de procédures de sélection distinctes, claires et transparentes ? Dans quelle mesure les procédures existantes apportent-elles une réponse satisfaisante aux problèmes de transparence spécifiques à ces propositions ? • Des marges de préférence sont-elles accordées aux soumissionnaires nationaux par rapport aux soumissionnaires étrangers, ou aux PME par rapport aux grandes entreprises, dans les procédures de passation de marchés d'infrastructures ? Si oui, quelle est l'importance de ces marges et varient-elles en fonction du secteur et de la taille du projet ? • Quel est le rôle joué par les pouvoirs publics pour éviter que les procédures d'adjudication soient entachées de corruption ? Quelles ont été les mesures prises pour minimiser le risque de soumissions concertées dans les contrats d'infrastructures ? • Les autorités de la concurrence sont-elles associées au processus d'adjudication, et selon quelles modalités ? Quelles sont les responsabilités assumées de façon coordonnée entre les autorités de passation des marchés et l'autorité de la concurrence ? • Le processus de sélection prévoit-il des règles de diligence raisonnable à l'égard des soumissionnaires afin de vérifier le réalisme de leurs offres, leur solidité financière, leur profil de risque et leur expérience antérieure ? Des procédures apportent-elles une réponse appropriée aux risques de conflit d'intérêts ? • Les autorités sont-elles légalement tenues de définir et de diffuser des critères de sélection des fournisseurs d'infrastructures en cas d'appel d'offres ? Les exigences de performance imposées aux soumissionnaires retenus sont-elles soigneusement définies et diffusées avant les appels d'offres ? • Les analyses coûts-avantages et le classement des différents projets sont-ils rendus publics lors d'un appel d'offres ? • Les autorités sont-elles tenues de publier une explication des décisions d'adjudication qui démontre que ces critères ont été soigneusement et dûment suivis ? Les soumissionnaires peuvent-ils contester la décision de l'autorité adjudicatrice devant un tribunal indépendant ? • Quels sont les mécanismes de règlement des différends disponibles pour permettre de traiter de façon impartiale et en temps voulu les litiges qui surviennent à différents stades du cycle de vie d'un projet d'infrastructure ?
Atténuer les risques des projets et optimiser la dépense publique	• Les décisions d'investir dans des projets d'infrastructures sont-elles basées sur une analyse coûts-avantages tenant compte de tous les modes d'exécution possibles, de l'ensemble du système d'offre d'infrastructures et de prévisions réalistes des coûts et des avantages financiers et non financiers tout au long du cycle de vie du projet ? Lors de l'évaluation de l'ensemble des coûts et des avantages, les analyses d'impact social et environnemental sont-elles obligatoires et prises en compte ? • Les pouvoirs publics procèdent-ils à une évaluation systématique de l'optimisation de la dépense publique de tous les modes d'exécution possibles, y compris des PPP et des concessions, par rapport à un « référentiel du secteur public » ou à un indicateur équivalent ? • Les pouvoirs publics ont-ils adopté des directives claires en matière de répartition des risques ? • Comment les pouvoirs publics font-ils pour cerner, tarifer et gérer les risques et les passifs éventuels qui échoient au secteur public dans les projets d'infrastructures entrepris en partenariat avec le secteur privé ? Les répercussions budgétaires à long terme des PPP sont-elles prises en compte en tant que passifs éventuels dans les comptes publics ? L'ensemble des coûts et des passifs éventuels – y compris les garanties publiques des prêts privés – et le flux des paiements de l'État sont-ils communiqués au public en toute transparence ? • Les pouvoirs publics ont-ils mis en place (ou envisagent-ils de mettre en place) une cellule d'experts des PPP ? Quel est le rattachement hiérarchique de cette cellule (organisme indépendant ; ministère des Finances ; cabinet du Premier ministre ou du Président ; ministères fonctionnels, par exemple) ? • Les attributions et responsabilités institutionnelles dévolues aux autorités responsables de la conception, de la négociation et de l'exécution des marchés d'infrastructure (qu'ils soient attribués selon le mécanisme traditionnel d'adjudication, par PPP ou par privatisation) sont-elles bien définies et circonscrites dans la législation ? Les personnes chargées d'approuver les projets, leur contenu et les dates d'approbation sont-elles bien définies pour l'ensemble du processus de sélection, de préparation et d'adjudication ?

	• Quels sont les canaux de communication reliant les cellules chargées des PPP et les différentes entités responsables de la passation des marchés d'infrastructures ? Dans quelle mesure les problèmes de coordination limitent-ils l'efficacité du processus d'élaboration et de mise en œuvre des PPP ? • Quelles sont les mesures prises pour faire en sorte que les autorités publiques concernées disposent du personnel adéquat, y compris pour superviser les questions techniques et les prestataires extérieurs, et possèdent les moyens financiers nécessaires pour bien gérer l'établissement et la mise en œuvre des PPP ? Existe-t-il des sources de financement dédiées à l'amélioration de la préparation des projets (fonds de développement de projet pour les services de conseil, études de préfaisabilité, par exemple) ? • Les autorités se procurent-elles habituellement une autorisation environnementale et un permis de construire (changement d'affectation des terres si nécessaire, par exemple) avant de lancer des appels d'offres ? • Quelles ont été les mesures prises pour faciliter l'exécution des projets d'infrastructure impliquant le secteur privé (contrats normalisés, procédures simplifiées, utilisation de termes juridiques d'emploi usuel, par exemple) ? • Les contrats prévoient-ils la nécessité de tenir compte de l'évolution des circonstances tout au long du cycle de vie du projet en définissant explicitement les conditions auxquelles ils peuvent être réexaminés ou renégociés ? Lorsque les contrats précisent les circonstances dans lesquelles l'accord d'origine doit être réexaminé, quel est le type de mécanisme le plus fréquemment employé pour mener des renégociations occasionnelles de bonne foi, de façon transparente et non discriminatoire (commissions de réexamen permanentes et actives, commissions de règlement des différends et instances arbitrales, par exemple) ? • Quelles sont les autres mesures employées pour limiter la possibilité de renégociation des contrats (mécanismes de partage des bénéfices, prise de participation, règles d'indemnisation en cas de résiliation anticipée, par exemple) ? • Des consultations périodiques et en temps voulu avec les partenaires contractuels et les parties prenantes sont-elles la norme, ou des réunions ad hoc sont-elles organisées lorsque l'un des partenaires contractuels ou l'une des parties prenantes rencontre un problème ? Les tiers affectés par le problème sont-ils systématiquement invités à prendre part à ces consultations ?
Réglementation et tarification des marchés d'infrastructure	• Comment la réglementation des services d'infrastructure est-elle coordonnée ? Quels sont les secteurs qui disposent d'une autorité de réglementation dédiée, et quels sont ceux supervisés par un ministère fonctionnel ? Quelles sont les autorités habilitées à vérifier l'application de la réglementation, à superviser les fournisseurs d'infrastructures, à infliger des amendes et des sanctions ou à fixer des tarifs ? Quelles sont les autorités autorisées à délivrer, exécuter et révoquer des licences dans les secteurs d'infrastructure ? • Les autorités de réglementation utilisent-elles des indicateurs de performance pour superviser systématiquement les exploitants d'infrastructures, conformément à des critères précis et à un calendrier définis par contrat ? Sont-ils rendus publics ? Si oui, veuillez indiquer dans quels secteurs. • Des pénalités/récompenses sont-elles prévues en cas de non-observation/bonne performance du partenaire privé ? • Existe-t-il une entité indépendante chargée d'évaluer les performances des PPP ex-post (évaluer si les résultats obtenus par le PPP coïncident avec les objectifs de politique économique définis ex-ante, y compris les objectifs financiers) ? L'institution supérieure de contrôle ou l'auditeur public équivalent, qui évalue et vérifie le projet ex-post et rend compte aux organes parlementaires, dispose-t-il des moyens suffisants pour mener à bien ses activités ? • Les autorités de réglementation ont-elles des responsabilités et des pouvoirs bien définis, et sont-elles dotées de ressources suffisantes et à l'abri d'influences politiques indues (et de l'ingérence des parties aux contrats d'infrastructure concernés) ? • Dans quelle mesure les autorités de réglementation sont-elles financées par des sources indépendantes qui échappent à l'influence de l'État (droits annuels versés par des entreprises réglementées, par exemple) ? Reçoivent-elles des instructions du pouvoir exécutif ? Leurs décisions peuvent-elles être annulées par le pouvoir exécutif ? • Les autorités de réglementation disposent-elles d'un personnel suffisamment nombreux et compétent pour satisfaire aux exigences du secteur ? Des dispositions ont-elles été prises pour permettre une coopération technique avec les autorités de la concurrence ? Comment les responsabilités sont-elles partagées entre ces autorités ? • Les règles de prise de décision sont-elles claires et transparentes pour garantir la prévisibilité et éviter l'exercice d'une influence personnelle indue ? Les autorités de réglementation sont-elles tenues de rendre publiques les décisions et les motifs qui les justifient ? Les exploitants d'infrastructures peuvent-ils faire appel des décisions administratives ? • Quelles sont les mesures prises pour faire en sorte que les autorités de réglementation soient tenues responsables de leurs décisions et ainsi empêcher l'opportunisme, la corruption et l'inefficience ? À qui les autorités réglementaires doivent-elles rendre compte : au Parlement, au pouvoir exécutif ou à un ministère ? Les performances des autorités de réglementation sont-elles examinées formellement par des auditeurs indépendants ou par des comités législatifs ? • Dans quelle mesure, et selon quelles modalités, les autorités de réglementation ou de la concurrence agissent-elles pour combattre les pratiques anticoncurrentielles des entreprises en place, y compris publiques, notamment celles qui entravent l'investissement dans les infrastructures vertes ?

	• Comment les projets d'infrastructure sont-ils généralement financés au stade opérationnel (redevances d'usagers, recettes publiques ou combinaison des deux), et comment ce financement varie-t-il d'un secteur à l'autre ? • Sur quelle base les prix sur les marchés d'infrastructure sont-ils calculés et à quelle fréquence sont-ils révisés ? Existe-t-il des prix réglementés, en tout ou partie ? Comment sont-ils fixés (tarification fondée sur les coûts, comme un taux de rendement prédéterminé, ou tarification fondée sur des incitations, comme le plafonnement des prix, ou une autre forme de régulation) ? Si un plafonnement des prix est appliqué, comment est-il établi ? • Dans quelle mesure les prix peuvent-ils varier en fonction du comportement de consommation et des caractéristiques socioéconomiques de l'usager ? • Lorsque des subventions publiques sont nécessaires à des fins sociales, quelles sont les mesures prises pour faire en sorte que leur niveau est optimum, compte tenu de la nécessité d'atteindre des objectifs sociaux (élargissement de l'accès ou accessibilité financière, par exemple) tout en continuant d'encourager l'efficience des fournisseurs d'infrastructure ? • Quelle est l'importance des subventions publiques : quel est l'écart entre le tarif moyen et le coût moyen d'une unité de service dans chaque secteur d'infrastructure ? Quelle est la part des subventions en faveur des infrastructures en pourcentage du PIB ou du budget, et cette part est-elle périodiquement rendue publique ? **Considérations sectorielles** • Dans le secteur des télécommunications, comment sont fixés les tarifs d'interconnexion et les prix d'accès ? Dans quelle mesure sont-ils axés sur les coûts ? • Dans le secteur des transports, les pouvoirs publics appliquent-ils des mécanismes de tarification appropriés qui intègrent l'ensemble des coûts du transport routier basé sur les combustibles fossiles et qui suppriment les incitations en faveur de cette forme de transport (par exemple : tarification du carbone ; taxes sur les carburants et sur les véhicules ; réforme des subventions aux combustibles fossiles ; redevances de congestion et autres droits à la charge des usagers de la route ; frais de stationnement, etc.)? • Quelles sont les principales formes de production d'électricité (réseau, hors réseau et mini-réseau, par exemple) ? Des usagers captifs du secteur privé sont-ils autorisés à revendre de l'électricité au réseau ? L'organisme de réglementation sectoriel exerce-t-il son autorité sur tout ou partie des formes de production d'électricité ? • Dans le secteur de la production d'énergie, dans quelle mesure les prix des intrants primaires sont-ils déterminés par le marché ou sont-ils négociés ? Des mécanismes de tarification automatique sont-ils utilisés ? • Dans les secteurs de l'eau et de l'énergie, comment les tarifs sont-ils fixés ? Quelle est leur structure (uniformes ou variables selon l'heure, par exemple) ? L'exploitant des infrastructures en position dominante intervient-il dans la révision des tarifs, ou l'organisme de réglementation applique-t-il une méthodologie autonome de calcul des coûts et de révision tarifaire ? • Quelles sont les mesures prises pour rapprocher les prix du niveau de recouvrement des coûts ? Quelle est la fraction du coût total de la prestation de service couverte par les tarifs ? • Comment les coûts des différents services sont-ils répartis entre consommateurs dans un optique d'accessibilité financière (tarifs géographiques ou spécifiques à différents secteurs, tarif progressif par tranches, tarif échelonné, etc.) ? Des mécanismes non tarifaires sont-ils employés (coupons ou aides ciblées au revenu, par exemple) ? • L'effet des subventions à la production et à la consommation, ainsi que le coût budgétaire, sont-ils régulièrement calculés et communiqués ? • Les pouvoirs publics ont-ils pris des mesures visant à supprimer les subventions inefficientes aux combustibles fossiles ? Le niveau et l'efficience de ces subventions sont-ils régulièrement examinés ? • L'eau étant liée entre autres à l'agriculture, à la sécurité alimentaire et à la santé, comment les pouvoirs publics et les donateurs partenaires coopèrent-ils afin de mettre en place et d'utiliser des cadres de gestion intégrée des ressources hydriques et de renforcer la coordination entre l'administration centrale et les échelons décentralisés?
Financement des projets d'infrastructure*	• Quels sont les supports d'investissement à long terme disponibles pour mobiliser des fonds au profit des infrastructures ? • Existe-t-il un marché solide pour le financement de projets qui complète le marché classique du financement des entreprises ? • Quelles sont les mesures prises pour que les marchés financiers nationaux soutiennent l'investissement à long terme ? Des initiatives particulières ont-elles été engagées pour appuyer la création d'obligations de projet ? • Comment les pouvoirs publics assurent-ils la coordination des politiques et des réglementations du système financier de façon à éviter les conséquences potentiellement dommageables pour le financement des projets d'infrastructure de nouveaux règlements relatifs à la stabilité financière ? • Les règles et dispositions en vigueur encouragent-elles les investissements dans les projets d'infrastructure par les investisseurs à long terme, y compris les fonds de pension et les fonds de participation ? Des efforts sont-ils déployés en vue de lever les obstacles réglementaires à l'affectation de ressources supplémentaires aux projets d'infrastructure par les investisseurs institutionnels ?

- Les pouvoirs publics ont-ils mis en place des fonds dédiés à la maintenance des infrastructures et destinés à atteindre des objectifs sociaux tels que l'offre universelle de services ? Comment sont-ils financés ?
- Les pouvoirs publics travaillent-ils avec des donneurs en vue d'apporter un soutien plus prévisible et plus pérenne aux infrastructures ? L'aide publique au développement (APD) est-elle mise à contribution ? Dans quelle mesure l'APD est-elle utilisée pour améliorer la viabilité financière des projets d'infrastructure tout en tenant compte de la capacité de paiement des pauvres ? Les ressources d'APD des donneurs sont-elles bien coordonnées avec d'autres sources de financement des infrastructures, comme les agences de crédit aux exportations ?
- Quels sont les types d'instruments et de mécanismes financiers mis en place pour stimuler l'investissement privé dans les infrastructures vertes, y compris l'investissement institutionnel de longue durée (par exemple : obligations vertes, mécanismes de financement du carbone, etc.) ?
- Quels sont les types d'incitations (subventions, exonérations fiscales et tarifs d'achat, par exemple) mis en place pour favoriser l'investissement privé dans les infrastructures vertes ? Ces incitations sont-elles limitées dans le temps et correctement ciblées (voir la section sur la *Politique fiscale* pour des orientations sur les incitations fiscales) ?

Considérations sectorielles

- Existe-t-il des incitations en faveur de l'investissement dans les infrastructures de production d'énergie propre ? Qui en supporte les coûts (contribuables, clients, fournisseurs de crédits carbone, par exemple) ?
- Les émissions de carbone et d'autres polluants ont-elles été tarifées ? Le prix est-il fixé de manière transparente et prévisible ? Comment le niveau de prix est-il déterminé ? Existe-t-il un mécanisme économique (système fiscal ou système de plafonnement et d'échange) permettant de tarifer le carbone et les autres polluants ?

Une structure de marché équitable pour la fourniture d'infrastructures

- Quelles sont les industries de réseau qui ont été ouvertes à la concurrence ou aux appels d'offres ? Quels sont les marchés qui restent dominés par des entreprises publiques ?
- Existe-t-il un code national de gouvernance d'entreprise et, si oui, contient-il un chapitre ou une section (ou un code distinct) portant sur la gouvernance d'entreprise des entreprises publiques ?
- Opère-t-il une distinction claire entre la fonction d'actionnariat du secteur public et les autres facteurs susceptibles d'influer sur la situation des entreprises, leurs obligations de service, l'accès aux financements et la charge pour les finances publiques ?
- Dans quelle mesure les entreprises publiques échappent-elles à l'application du droit commun et des règlementations générales (droit de la concurrence et de la faillite, par exemple) ? Si tel est le cas, les pouvoirs publics ont-ils pris des dispositions visant à restreindre ces exemptions le plus possible pour éviter de fausser le marché ?
- Les entreprises publiques, quel que soit leur forme juridique et même celles qui ne sont pas cotées, sont-elles régulièrement vérifiées par des auditeurs indépendants ? Sont-elles tenues de communiquer des informations financières et non financières conformément à des normes comptables ou de communication financière internationales de haut niveau ?
- Les obligations et responsabilités des entreprises publiques sont-elles clairement définies par la législation et la réglementation ? Les coûts budgétaires correspondants, ainsi que la performance économique des entreprises publiques, sont-ils communiqués au grand public de façon transparente – et par quel organisme ?

Considérations sectorielles

- Dans le secteur des télécommunications, les autorités évaluent-elles le potentiel d'accès au marché et l'intensité de la concurrence entre opérateurs ?
- Quelles sont les principales caractéristiques des licences de télécommunication : concession de licences multiservices autorisée ; neutralité des règles sur le plan de la technologie et des services ; obligations d'accès universel ; etc. ? Existe-t-il des règles claires pour le partage de réseau ? La portabilité du numéro est-elle autorisée ?
- Dans le secteur de l'électricité, quel est le degré d'intégration de la production à l'approvisionnement (par exemple : séparation, fourniture indépendante d'électricité en vertu du « modèle de l'acheteur unique », etc.) ?
- Quels sont les efforts déployés pour promouvoir le développement d'une infrastructure de production d'énergie hors réseau diversifiée ? Si des tarifs d'achat sont autorisés, comment sont-ils déterminés ? Quand et sur quelle base le prix du tarif est-il susceptible de changer ? Si des appels d'offres sont organisés pour la production d'énergie propre, comment les soumissionnaires sont-ils sélectionnés et comment les prix sont-ils déterminés dans l'offre ?
- Dans quelle mesure le secteur de l'énergie propre est-il confronté à des obstacles plus élevés à l'investissement étranger ? Les investisseurs étrangers sont-ils soumis à des conditions pénalisantes telles que des obligations de contenu local ? Si oui, quels sont les objectifs poursuivis par de telles mesures et les pouvoirs publics réfléchissent-ils à d'autres solutions pour atteindre ces objectifs ?

Améliorer la connectivité et l'intégration aux chaînes d'approvisionnement régionales	• De quelles manières l'État s'attache-t-il à promouvoir l'investissement dans des infrastructures internationales afin d'améliorer la connectivité et l'intégration des régions dans les chaînes d'approvisionnement régionales ? Veuillez mentionner des projets d'infrastructure internationaux auxquels votre pays participe, tels que des pools énergétiques régionaux, des bassins versants partagés, des projets communs d'hydroélectricité, etc. • S'agissant des projets d'infrastructures internationaux, les pouvoirs publics concernés s'engagent-ils *ex-ante* à débloquer des ressources budgétaires suffisantes, et s'accordent-ils sur des priorités de développement communes tout au long du projet ? • Si un différend survient ou s'il est nécessaire de renégocier le contrat dans le cadre d'un projet international, quelle est la juridiction compétente et comment le différend sera-t-il réglé ? • Dans quelle mesure les structures tarifaires sont-elles alignées entre les pays qui participent à un projet international (harmonisation des structures de tarification nationales pour faciliter les accords internationaux d'achat d'électricité ; ou accord sur le niveau des péages routiers de part et d'autre de la frontière, par exemple) ?
Promouvoir l'intégration et la conduite responsable des entreprises	• Quelles sont les stratégies suivies pour communiquer avec le grand public et le consulter, ce qui inclut les consommateurs, les communautés et les entreprises affectées, en vue de favoriser une acceptation et une compréhension communes des objectifs des parties associées aux projets d'infrastructure ? • Les autorités publiques collaborent-elles avec des acteurs privés et avec les communautés affectées pour éviter et atténuer les effets sociaux et environnementaux inacceptables ? • Quels sont les cadres et les capacités disponibles pour faire face à des urgences environnementales potentielles liées au développement d'infrastructures (barrages, terminaux de gaz naturel liquéfié, pipelines, etc.) • Comment l'autorité chargée des marchés, l'autorité de réglementation ou l'autorité de la concurrence veillent-elles à ce que les fournisseurs d'infrastructures, publics ou privés, agissent conformément aux normes de conduite responsable des entreprises définies dans les Principes directeurs de l'OCDE à l'intention des entreprises multinationales (voir la section *Politiques en faveur d'une conduite responsable des entreprises*). • Comment les pouvoirs publics soutiennent-il la prestation de services par le secteur privé local et le développement des industries locales de construction et de maintenance d'infrastructures ? • Les pouvoirs publics facilitent-ils la participation des PME aux contrats d'infrastructures (par exemple en simplifiant les procédures d'adjudication pour les PME, en fixant des quotas pour qu'un nombre minimum de PME participe au processus, en subdivisant les contrats d'infrastructure, etc.) ? • Quelles sont les approches spécifiques suivies pour tenir compte des particularités des zones fragiles et qui sortent d'un conflit, y compris l'importance des infrastructures de base et du renforcement de la gouvernance et des capacités administratives ? **Considérations sectorielles** • Comment les pouvoirs publics cherchent-ils à relier les programmes d'infrastructure TIC aux activités menées dans d'autres secteurs importants pour la subsistance des pauvres ? • Comment les pouvoirs publics encouragent-ils l'extension des réseaux dans les zones moins attractives pour les exploitants mais qui doivent être desservies pour des raisons sociales ? Comment concilient-ils les coûts, les recettes et la nécessité de subventions intelligentes ?

* Veuillez consulter les Principes de haut niveau G20/OCDE sur le financement des investissements à long terme par les investisseurs institutionnels ainsi que la Liste de vérification correspondante pour connaître les politiques suivies pour faciliter et promouvoir l'investissement à long terme dans les infrastructures par les investisseurs institutionnels.

Ressources supplémentaires

Sites Internet

OCDE, *L'investissement dans les infrastructures en eau, www.oecd.org/daf/inv/investment-policy/water.htm.*

OCDE, *L'investissement dans les infrastructures d'énergie propre www.oecd.org/daf/inv/investment-policy/clean-energy-infrastructure.htm.*

OCDE, *Les investisseurs institutionnels et l'investissement de longue durée, www.oecd.org/pensions/private-pensions/institutionalinvestorsandlong-terminvestment.htm.*

OCDE, *Les partenariats public-privé, www.oecd.org/gov/budgeting/ppp.htm.*

Public-Private Infrastructure Advisory Facility, *www.ppiaf.org.*

Références, outils, orientations et manuels

Ang, G. et V. Marchal (2013), "Mobilising Private Investment in Sustainable Transport: The Case of Land-Based Passenger Transport Infrastructure", *Documents de travail de l'OCDE sur l'environnement*, No. 56, Éditions OCDE, Paris, *http://dx.doi.org/10.1787/5k46hjm8jpmv-en.*

G20-OCDE (2014), *Checklist on Long-Term Investment Financing Strategies and Institutional Investors*, OCDE Paris, *https://g20.org/wp-content/uploads/2014/12/8%20G20-OECD%20Checklist%20on%20Long-Term %20Investment%20Financing%20Strategies%20and%20Institutional%20 Investors.pdf.*

G20-OCDE (2012), *Principes de haut niveau sur le financement des investissements à long terme par les investisseurs institutionnels*, OCDE Paris, *www.oecd.org/finance/private-pensions/G20-OECD-Principles-LTI-Financing.pdf.*

OCDE (2015), *Fostering investment in infrastructure: lessons learned from OECD Investment Policy Reviews*, OECD Paris, *www.oecd.org/daf/inv/investment-policy/Fostering-Investment-in-Infrastructure.pdf.*

OCDE (2014), *Policy Guidance for Investment in Clean Energy Infrastructure: expanding access to clean energy for green growth and development*, OCDE, Paris, *www.oecd.org/daf/inv/investment-policy/CleanEnergy Infrastructure.pdf.*

OCDE (2012), *Principes de l'OCDE applicables à la gouvernance publique des partenariats public-privé* OCDE, Paris, *www.oecd.org/fr/gov/budgetisation/PPPRecommandation.pdf.*

OCDE (2012), *Recommandation du conseil concernant la politique et la gouvernance réglementaires*, OCDE Paris, *www.oecd.org/fr/gouvernance/politique-reglementaire/Recommendation%20with%20cover%20FR.pdf.*

OCDE (2011), *Manuel pour l'évalution de la concurrence : principes*, OCDE Paris, *www.oecd.org/ fr/daf/ concurrence/49452565.pdf.*

OCDE (2011), *Meeting the Challenge of Financing Water and Sanitation: Tools and Approaches, OECD Studies on Water*, OCDE Paris, *http://dx.doi.org/10.1787/9789264120525-en.*

OCDE (2011), *Guidelines for Performance-Based Contracts between Water Utilities and Municipalities: Lessons learnt from Eastern Europe, Caucasus and Central Asia*, OCDE Paris, *www.oecd.org/env/resources/49092291.pdf.*

OCDE (2011), *Principes de l'OCDE pour renforcer l'intégrité dans les marchés publics*, Éditions OCDE, Paris, *http://dx.doi.org/10.1787/9789264056626-fr.*

OCDE (2009), *Lignes directrices pour la lutte contre les soumissions concertées dans les marchés publics*, OCDE, Paris, *www.oecd.org/fr/daf/concurrence/ententes/42340181.pdf.*

OCDE (2009), *Principes de l'OCDE pour la participation du secteur privé aux infrastructures*, OCDE Paris, *www.oecd.org/fr/daf/inv/politiques-investissement/ppp.htm.*

OCDE (2009), Infrastructures en eau et secteur privé : Guide de l'OCDE pour l'action publique, *Études de l'OCDE sur l'eau*, Éditions OCDE, Paris, *www.oecd.org/fr/developpementinvestissementpourle developpement/infrastructureseneauetsecteurpriveguidedelocdepourlaction publique.htm.*

OCDE (2006), "Principes directeurs du CAD pour l'utilisation des infrastructures à l'appui de la réduction de la pauvreté" dans OCDE (2006) *Vers une croissance pro-pauvres : les infrastructures*, OCDE, Paris, *www.oecd.org/fr/cad/reductiondelapauvrete/38842203.pdf.*

OCDE (2005), *Lignes directrices de l'OCDE sur le gouvernement d'entreprise des entreprises publiques*, OCDE, Paris, *www.oecd.org/fr/gouvernementdentreprise/ae/gouvernancedesentreprisespubliques/lignes directricesdelocdesurlegouvernementdentreprisedesentreprisespubliques.htm.*

OCDE (2005), *Principes directeurs de l'OCDE pour la qualité et la performance de la réglementation*, OCDE, Paris, *www.oecd.org/regreform/34978350.pdf.*

OCDE (2002), *Transparence budgétaire : les meilleures pratiques de l'OCDE*, OCDE, Paris, *www.oecd.org/fr/gov/ budgetisation/Transparence%20budg%C3%A9taire%20meilleures%20 pratiques%20COMPLET.pdf.*

OCDE (2001), *Recommandation du Conseil concernant la séparation structurelle dans les secteurs réglementés*, OCDE, Paris.

Nations Unies (2004), *CNUDCI – Dispositions législatives types sur les projets d'infrastructure à financement privé*, Nations Unies, New York, Indicateurs.

Banque Mondiale, World Bank Private Participation in Infrastructure Database, *http://ppi.worldbank.org.*

OCDE, Indicateurs de réglementation des marchés de produits, *www.oecd.org/fr/economie/croissance/ indicateursdereglementationdesmarchesdeproduits-pagedaccueil.htm.*

OCDE (2015), Indice de restrictivité de la réglementation de l'IDE établi par l'OCDE, *www.oecd.org/ investment/fdiindex.htm.*

10. Financement de l'investissement

Le système financier assure de nombreuses fonctions qui sont nécessaires à l'ensemble des activités économiques. Il permet d'allouer les crédits et les ressources de façon efficiente, de gérer les règlements (tant nationaux qu'internationaux par l'intermédiaire des marchés des changes), de collecter et de diffuser l'information (en particulier sur les prix des actifs), de faciliter la transformation des échéances et de gérer les risques de liquidité, de marché et d'autres risques. La croissance économique a besoin de systèmes financiers performants qui financent l'accumulation de capital et allouent les ressources afin qu'elles soient exploitées au mieux. Si elle se répercute sur d'autres facteurs de production ou sur la productivité, une forte accumulation de capital peut, à son tour, avoir des effets durables sur le rythme de la croissance économique. Les opérations financières requièrent quant à elles des infrastructures permettant de gérer les transactions et l'information, et de soutenir ainsi l'ensemble du processus – notamment un cadre juridique et réglementaire adéquat ainsi qu'une surveillance, des lois fiscales et des normes sociétales et sectorielles appropriées.

Toutefois, l'évaluation globale des politiques et pratiques du secteur financier n'entre pas dans le champ du Cadre d'action pour l'investissement. La présente section a plutôt vocation à alimenter le débat sur certains aspects essentiels qu'il conviendrait que les décideurs et autres acteurs concernés par l'investissement financier tiennent compte en tant que composante d'un environnement sûr pour l'investissement. L'OCDE et d'autres organisations internationales disposent de toute une palette d'instruments pour aider à mener des examens plus minutieux de l'environnement financier des différents pays. Ces instruments sont référencés en fin de section.

Lorsque le système financier fonctionne comme il se doit, les entreprises en croissance peuvent saisir des occasions d'investissement prometteuses, en particulier les petites entreprises innovantes ayant besoin de financements externes pour croître et développer leurs activités. En facilitant l'entrée de nouveaux intervenants sur les marchés de produits, le système financier impose une discipline aux entreprises et les rend plus efficientes, que ce soit directement ou indirectement : il aide en effet les meilleures à se développer et contraint les plus faibles à s'améliorer, à fusionner avec des entreprises plus solides (ou à se faire racheter par elles) ou bien à sortir du marché. À un niveau plus microéconomique, lorsque l'accès aux services financiers est ouvert aux pauvres, et en particulier aux femmes des pays en développement, pour lesquelles cet accès est souvent encore plus limité, il contribue à réduire la pauvreté et les inégalités, et à promouvoir l'égalité hommes-femmes.

Pour les décideurs, l'un des principaux défis est de doser l'action publique de manière à éviter les déséquilibres macroéconomiques et les vulnérabilités du secteur financier qui sont susceptibles d'entraver le processus de croissance. La stabilité macroéconomique est une condition nécessaire à la mobilisation de l'épargne et à la croissance du crédit ainsi qu'à l'expansion des circuits financiers. Par ailleurs, une réglementation et une supervision appropriées des secteurs financiers sont, tout comme des normes élevées de gouvernance d'entreprise, essentielles pour limiter les prises de risque excessives des agents économiques et favoriser en parallèle le développement de systèmes financiers plus résistants. La crise financière mondiale de 2008 a mis en évidence les risques que des systèmes financiers mal réglementés et mal supervisés peuvent faire peser sur la stabilité financière ainsi que sur la croissance économique et le développement.

Les échanges économiques en général, et les transactions financières en particulier, reposent sur la confiance, laquelle peut s'avérer difficile à restaurer une fois qu'elle est perdue. Les investisseurs ne sont prêts à engager leurs fonds que lorsqu'ils ont une certaine garantie que les marchés de capitaux et les institutions sont sûrs et fiables, et fonctionnent selon des règles et des procédures équitables et transparentes, à l'abri de tout conflit d'intérêts ou autre problème d'agence. L'intégrité de l'investissement nécessite une réglementation, des procédures d'information et une responsabilité appropriées ainsi qu'une amélioration de l'éducation et de la formation aux questions financières qui aident à évaluer les risques. Les investisseurs institutionnels hésiteront à investir s'ils ne comprennent pas bien les risques et si la rentabilité n'est pas suffisante, ce qu'ils ne peuvent déterminer en toute confiance que si les facteurs de risque leur sont communiqué de façon transparente afin d'être correctement évalués et chiffrés (voir la section *Gouvernance d'entreprise*).

Une réglementation et une supervision adéquates sont également nécessaires pour protéger les intérêts des utilisateurs de produits financiers ainsi que pour guider et inciter les établissements financiers à respecter le principe de conduite responsable des entreprises. Une conduite responsable peut être considérée comme un outil de gestion du risque et de valorisation, car une solide gouvernance sociale et environnementale est souvent liée à de bonnes performances financières. On s'attend de plus en plus à ce que, dans le cadre de la conduite responsable des entreprises, le secteur financier adopte une approche globale de diligence raisonnable, notamment à ce qu'il évalue et combatte – au-delà des risques commerciaux – les risques sociaux et environnementaux liés aux activités et aux relations professionnelles, comme indiqué dans les Principes directeurs de l'OCDE à l'intention des entreprises multinationales (voir la section *Politiques en faveur d'une conduite responsable des entreprises*).

Les pouvoirs publics peuvent également soutenir la croissance des investissements et faciliter leur financement en faisant en sorte que les investisseurs et les créanciers aient des droits clairement définis et puissent les faire appliquer. Un solide cadre juridique et des modes d'exécution efficaces sont tout spécialement importants pour assurer l'accès aux financements extérieurs. Mais il convient d'assurer un équilibre entre les divers droits qui peuvent s'exercer. Lorsque les droits des créanciers sont faibles et que les modes d'exécution des contrats sont longs et coûteux, les intermédiaires financiers sont moins enclins à prêter aux entreprises et, lorsque ceux des actionnaires sont faibles, les investisseurs sont moins enclins à leur apporter des fonds propres. Se doter de mécanismes d'application des lois performants facilite également le développement des financements reposant sur des actifs (affacturage, crédit-bail et titrisation, par exemple). Il faut de plus établir des régimes d'insolvabilité efficaces qui permettent aux entreprises viables de se restructurer et à celles qui ne le sont pas de sortir du marché. Ces régimes doivent en outre garantir une résolution ordonnée des défaillances des débiteurs. Un cadre efficient et moderne favorisera la mise en place d'un processus clair et transparent pour restructurer les entreprises en difficulté et appliquer des procédures de faillite accélérées.

Si les cadres juridiques et réglementaires qui régissent les droits de propriété sont inadéquats, les banques et autres établissements financiers hésiteront à accepter des biens meubles à titre de garanties, ce qui peut être particulièrement préjudiciable pour les petites et moyennes entreprises (PME). En revanche, des droits de propriété bien établis permettent aux particuliers et aux entreprises d'emprunter sur des durées plus longues et à plus faible coût. Un cadre juridique ainsi conçu permet d'utiliser tous types d'actifs et de droits à titre de garanties, y compris des biens meubles, tout en éliminant, autant que possible, l'obligation formelle de créer des garanties, et devrait favoriser la transparence et la prévisibilité pour les transactions commerciales.

Les pouvoirs publics peuvent aussi vouloir s'assurer que le cadre juridique s'appuie sur des systèmes d'enregistrement efficients, accessibles financièrement et accessibles au public. Des systèmes d'enregistrement performants permettent aux parties de vérifier s'il existe des sûretés sur des biens enregistrés et d'établir la priorité des créanciers vis-à-vis des tiers. Faute d'informations fiables sur la solvabilité d'emprunteurs potentiels – souvent due au caractère inadapté des archives comptables et à l'absence de garanties – les prêteurs ne sont pas en mesure d'évaluer de façon appropriée les risques, ce qui entraîne une hausse des taux d'intérêt ou à une limitation du crédit. Les PME peuvent à cet égard être particulièrement désavantagées par rapport aux entreprises plus importantes et mieux établies. Les difficultés qu'elles rencontrent pour obtenir des financements sont aggravées en cas de manque de transparence de l'environnement commercial, de faiblesse du système juridique, de présence de monopoles et de réglementations susceptibles de dissuader involontairement les prêteurs de financer les PME.

Améliorer l'accès aux informations grâce à des registres des opérations de crédit ou des agences privées d'évaluation de la solvabilité contribue au développement du crédit, notamment dans les pays en développement, et ce, même lorsque les régimes de protection des droits des créanciers et d'application de la loi sont peu performants. Les pouvoirs publics peuvent établir des cadres propices pour collecter et diffuser des informations de crédit en adoptant et appliquant des réglementations sur la protection des données et les fichiers de crédit qui permettent un partage efficace des informations et la protection des droits des emprunteurs.

Pour les systèmes financiers, la mise en place de cadres juridiques et réglementaires de ce type, et en particulier leur application et leur transparence, favorisent l'innovation et l'investissement dans de nouvelles entreprises (voir la section *Promotion et facilitation de l'investissement*). Malgré cela, l'intervention directe de l'État peut parfois s'avérer nécessaire pour soutenir le financement des PME, notamment lorsque des défaillances ou incomplétudes des marchés empêchent d'offrir des financements adéquats ou des financements à des conditions adaptées au stade de développement des PME. Toutefois, l'action publique qui vise à promouvoir les PME devrait être ciblée et rendre le fonctionnement des marchés efficace et pérenne, et inciter le secteur privé à jouer un rôle dynamique dans le financement des PME. Il conviendrait, par ailleurs, que les programmes publics soient axés sur les principes de partage des risques, et que l'État encourage les partenariats avec les entrepreneurs, les banques, les entreprises et les universités. Des programmes publics de soutien efficaces apportent une « additionnalité », c'est-à-dire que les ressources sont allouées à des entreprises viables mais partiellement ou totalement exclues du marché financier, et empêchent un transfert excessif des risques du secteur privé vers le secteur public. Un renforcement de la culture financière et de l'aide non-financière, notamment grâce à un renforcement des capacités en matière de gestion financière et de développement d'entreprise, peut aussi aider les PME, en particulier les PME et les exploitants agricoles, à trouver des financements sur le marché. En cas de soutien public direct, des examens et des évaluations devraient être effectués avec rigueur pour éliminer les mesures devenues inefficaces ou lorsque les marchés parviennent à maturité et sont à même de prendre le relais.

Il est nécessaire de mettre en place ces conditions cadres pour le bon fonctionnement du système financier, mais ce n'est pas suffisant pour inciter les prêteurs à financer certains types de PME. Les plus concernées sont notamment les jeunes pousses et les très jeunes entreprises habituellement dépourvues de garanties suffisantes, ou les entreprises dont les activités sont susceptibles de générer une rentabilité élevée, mais au risque de pertes substantielles. Il s'agit là d'activités propices aux financements en fonds propres plutôt que par endettement. Certains ajustements peuvent être nécessaires pour encourager ce type de capitalisme s'inscrivant dans la durée pour les investissements en fonds propres dans les PME. Même dans les pays développés, la part du financement des PME assurée par l'intermédiaire des marchés de capitaux reste très faible malgré l'existence, parfois, de marchés organisés et de plateformes de financement dédiées aux petites entreprises. Le problème de liquidité demeure dans de nombreux cas un obstacle majeur. Dans certains pays, il est nécessaire de développer davantage l'écosystème (marchés, plateformes, courtiers, teneurs de marché, conseillers, recherche en capital-investissement) pour promouvoir aussi bien le financement en fonds propres des PME que pour maintenir une liquidité appropriée dans ces segments de marché. L'absence de « culture des fonds propres à risque » est parfois un obstacle qui nécessite une meilleure éducation de tous les acteurs du marché (investisseurs individuels, conseillers et PME elles-mêmes) dans le domaine de l'investissement en fonds propres.

L'action publique peut se révéler utile pour résoudre une partie du problème de manque de liquidité de certains marchés de croissance, mais au lieu d'assouplir certaines obligations en matière d'admission à la cote et d'information financière pour les PME, les pouvoirs publics pourraient préférer élaborer une législation adaptée et proportionnée destinée aux entreprises à petite (et moyenne) capitalisation. Par exemple, au lieu de réduire le niveau et la quantité d'informations requises ou de sacrifier la protection des investisseurs, d'autres obligations pourraient être spécifiquement conçues pour les PME en matière de prospectus.

Le financement des investissements à long terme est un autre exercice particulièrement difficile. En effet, la durée particulièrement longue de tels projets est susceptible de favoriser l'émergence de problèmes d'agence et des problèmes de précarité qui leur sont liés. Les principales incertitudes concernent la rentabilité de l'investissement, le manque de liquidité de certains types d'investissement – y compris l'absence de transparence et de données nécessaires pour comprendre les risques inhérents aux investissements directs et à d'autres instruments de financement utilisés. Elles portent également sur l'incapacité de l'investisseur à gérer les actifs à long terme et sur d'éventuels problèmes concernant les conditions d'investissement et l'infrastructure de marché (voir la section *Investissement dans les infrastructures*).

Les investisseurs institutionnels sont de plus en plus considérés comme des sources alternatives de financement à long terme, notamment compte tenu de la raréfaction des liquidités et des contraintes imposées au secteur bancaire en termes de fonds propres. Les pouvoirs publics peuvent apporter un soutien en favorisant le développement du secteur des investisseurs institutionnels, lequel peut alors contribuer à la croissance et au développement des marchés de capitaux privés. Les Principes de haut niveau du G20 et de l'OCDE pour le financement de l'investissement à long terme par les investisseurs institutionnels fournissent des indications spécifiques sur la manière dont les États peuvent faciliter et promouvoir l'investissement à long terme par les investisseurs institutionnels.

En améliorant la prévisibilité de l'action publique, en exploitant plus efficacement les ressources et en utilisant directement les fonds, les pouvoirs publics peuvent soutenir les investissements à long terme. Il conviendrait toutefois de ne soutenir des projets que lorsque les circonstances l'imposent clairement. Compte tenu du caractère limité des budgets publics et des besoins considérables d'investissements à long terme, actuels et à venir, il est essentiel que les pouvoirs publics établissent des partenariats avec le secteur privé afin de répondre à certains de ces besoins. Le rapport risque-rentabilité escompté des projets d'investissement est un aspect central des efforts engagés pour attirer les financements privés. L'intervention des pouvoirs publics peut se révéler nécessaire dans certains cas, lorsque le taux de rentabilité est insuffisant pour rémunérer les investisseurs privés compte tenu de la perception du degré et de la nature du risque, ou pour lutter contre les défaillances de marché qui limitent de façon significative l'offre de capitaux. Le cas échéant, les pouvoirs publics souhaiteront peut-être mettre en œuvre des mesures soutenant le développement de la finance islamique – également susceptible de mobiliser des capitaux à long terme à l'appui du développement.

Enfin, l'un des autres axes d'action consiste à garantir l'efficience du système financier afin de créer un environnement propice au financement de l'activité économique. Un élargissement de la concurrence, en autorisant la participation d'acteurs étrangers par exemple, rend généralement les établissements bancaires plus efficients et favorise le développement du secteur financier dans son ensemble. La contestabilité du marché incite les banques à être plus compétitives, ce qui contribue à atténuer les effets de la concentration sur l'accès aux financements. À l'inverse, l'actionnariat public des banques et les restrictions imposées par la réglementation en matière de prêts peuvent exacerber l'impact négatif d'une faible concurrence dans le secteur bancaire. La participation d'acteurs étrangers au secteur bancaire national peut également favoriser la stabilité et le développement du secteur financier. Ces acteurs peuvent recourir à leurs propres marchés nationaux en cas de crise dans le pays d'accueil, et exploiter leur expérience internationale pour introduire des innovations.

Lorsque les banques étrangères sont autorisées à participer au marché, les pouvoirs publics ont intérêt à leur donner accès aux marchés bancaires locaux pour financer leurs opérations. En effet, les banques financées au niveau international sont davantage susceptibles de réduire les prêts de façon plus spectaculaire que les banques financées à l'échelon local en cas de choc affectant la banque mère. Cela étant, la présence de banques étrangères peut également induire des coûts dans certaines circonstances, notamment dans le cas de pays à faible revenu et de pays dont les institutions sont fragiles. Si les banques étrangères s'attachent à sélectionner strictement les meilleurs clients, le marché global du crédit risque de s'amoindrir pour les banques nationales qui deviendront moins enclines à consentir des prêts. En définitive, l'offre globale de crédit pourrait en souffrir si les prêts accordés par les banques étrangères s'accompagnent, en contrepartie, d'une diminution des concours des banques nationales. Toutefois, la présence de banques étrangères est dans de nombreux cas associée à un élargissement de l'accès aux financements, y compris pour les PME qui peuvent ainsi solliciter aussi bien les banques étrangères que nationales – ce qui peut accroître leur influence sur le secteur lorsqu'elles sont confrontées à une concurrence plus forte dans les segments supérieurs du marché.

Questions et principes essentiels

1. S'agissant du secteur financier, les pouvoirs publics ont-ils mis en place un environnement macroéconomique et commercial, et un cadre juridique, fonctionnel et stratégique qui favorisent le financement de l'investissement ?
2. Quels processus les pouvoirs publics utilisent-ils pour évaluer les capacités du secteur financier, y compris la qualité de son cadre réglementaire, à soutenir efficacement le développement des entreprises ?
3. Quelles dispositions législatives et réglementaires sont en place pour protéger les droits des emprunteurs et des créanciers, et ces droits sont-ils bien équilibrés ?
4. Un système d'enregistrement a-t-il été mis en place pour promouvoir l'utilisation des biens, y compris des biens meubles, à titre de garanties afin de développer l'accès des entreprises aux sources externes de crédit ?
5. Quelles réglementations concernant la protection des données et les fichiers de crédit ont été adoptées pour faciliter la circulation de l'information et renforcer la stabilité du secteur financier, améliorant ainsi l'environnement de l'investissement ?
6. Les lois et réglementations prévoient-elles un régime de faillite et des procédures de recouvrement de créances efficaces ?
7. Quelles mesures ont été mises en place pour faire en sorte que les acteurs du secteur et des marchés financiers se conforment à des normes de gouvernance d'entreprise de qualité élevée ?
8. Comment les pouvoirs publics veillent-ils à ce que les lois et réglementations régissant les investissements et les investisseurs à long terme, ainsi que la mise en œuvre et l'application de celles-ci, soient claires, transparentes, largement accessibles et n'imposent pas des charges inutiles ?
9. L'économie offre-t-elle un accès adéquat au crédit bancaire, y compris pour les PME ?
10. Dans quelle mesure les entreprises, notamment celles qui exercent au niveau international, disposent-elles d'outils financiers, y compris d'assurances, pour atténuer les risques financiers et autres liés à leurs activités ?
11. Dans quelle mesure des financements de capital-risque sont-ils disponibles pour soutenir les premières phrases de croissance des entreprises et l'investissement privé ? Quelles mesures ont été prises pour élargir la palette des sources de financement à la disposition des entreprises au-delà des financements bancaires traditionnels, y compris en ce qui concerne le développement des marchés d'obligations d'entreprises et d'actions ainsi que l'accès des PME à des instruments de financement non-bancaires ?
12. Quelles mesures ont été prises par les pouvoirs publics pour renforcer la concurrence dans le secteur financier, y compris pour faciliter la participation d'établissements étrangers, et pour rendre l'intermédiation financière plus efficiente ?

Questions supplémentaires

Environnement favorable au financement de l'investissement	**Environnement macroéconomique et environnement des affaires** • L'environnement macroéconomique offre-t-il les conditions nécessaires à un développement du secteur financier et des marchés de capitaux propre à alimenter durablement l'investissement privé? Le contexte macroéconomique est-il stable et exempt de déséquilibres, avec un secteur financier ne présentant pas de vulnérabilités? • Quelles sont les politiques de croissance qui ont été mises en place par les pouvoirs publics pour soutenir la création et le développement des entreprises ainsi que l'investissement ? Quelle est la qualité de l'environnement des affaires : est-il propice à l'investissement et aux financements à long terme ? Les marchés de capitaux sont-ils ouverts et concurrentiels ? Existe-t-il des restrictions, par exemple des plafonds limitant les prises de participations et l'actionnariat d'investisseurs étrangers dans le secteur financier ? **Cadre de l'action publique pour le financement de l'investissement** • Comment le cadre mis en place par les pouvoirs publics pour le secteur financier favorise-t-il l'évolution du système financier au service du développement des entreprises, de l'innovation et d'une croissance économique durable ? • Les pouvoirs publics ont-ils un plan de développement du secteur financier pour en orienter l'évolution et en améliorer la stabilité, l'efficience et la capacité à financer l'investissement ? Quelles ont été les principales réformes du secteur financier mises en œuvre pour accroître l'accès au financement et promouvoir une intermédiation financière plus efficiente ? Les pouvoirs publics envisagent-ils de procéder à des réformes futures ? • Des études d'impact de la réglementation sont-elles utilisées pour évaluer les conséquences des réglementations sur les conditions d'investissement ? • Comment le cadre en place permet-il de s'assurer que les établissements financiers et les marchés de capitaux respectent le principe de conduite responsable des entreprises, notamment la responsabilité d'effectuer les diligences raisonnables appropriées, en fonction des risques, et de prendre les mesures qui s'imposent à ce titre pour prévenir ou atténuer tout impact négatif éventuel des activités d'une entreprise ou de ses relations d'affaires ? Avec quelle efficacité ces mesures encouragent-elles les établissements financier à tenir compte des principes environnementaux et sociaux lors de leurs prises de décisions, qu'il s'agisse de décisions d'investissement ou de décisions concernant les marchés publics et l'emploi (voir la section sur les *Politiques en faveur d'une conduite responsable des entreprises*) ? • Lorsque des financements islamiques sont disponibles, quelles sont les politiques publiques qui ont été mises en place pour développer ce secteur ? **Infrastructure financière** • Les pouvoirs publics ont-ils déployé des efforts spécifiques pour mettre en place une infrastructure financière efficace et solide (système de paiement, négociation, règlement et compensation) ? **Cadre juridique** • Quels sont les lois et mécanismes qui permettent de garantir que les opérations de réorganisation et de règlements des faillites des entreprises sont menées avec diligence, de faire respecter efficacement les droits des créanciers et de protéger les droits des débiteurs ? La loi prévoit-elle des procédures extra-judiciaires pour la saisie et la vente de biens ? L'existence d'organismes publics ou privés chargés de faire appliquer les décisions est-elle prévue dans le cadre réglementaire ? Existe-t-il des tribunaux commerciaux spécialisés ? Si tel n'est pas le cas, les juges sont-ils spécialement formés pour avoir à connaître des litiges commerciaux complexes (voir la section sur la *Politique en faveur de l'investissement*) ? • Les contrats financiers sont-ils exécutables moyennant un coût modeste et sans retard ? Le système d'exécution des contrats est-il largement accessible à tous les investisseurs, qu'ils soient nationaux ou étrangers ? Ces éléments sont-ils comparables à ceux en vigueur dans d'autres pays de la région, ou dans des pays parvenus au même stade de développement ? • Les pouvoirs publics ont-ils pris des mesures pour mettre progressivement en place des méthodes rapides, sûres et efficaces d'enregistrement des droits de propriété des terrains ou d'autres biens matériels ? • Existe-t-il un registre de garanties centralisé permettant avec efficacité d'enregistrer et d'informer les parties concernées de toutes les créances sur des biens risquant potentiellement d'entrer en conflit avec les droits de tiers, notamment des biens meubles, par exemple des comptes à recevoir, des stocks ou des productions agricoles ? Les pouvoirs publics ont-ils mis en place un registre de garanties électronique ou sur le web pour faciliter les opérations d'enregistrement et de recherche ? • Existe-t-il une législation sur les financements sécurisés établissant des règles de priorité claires ayant pour effet de garantir que les créances sur des biens meubles peuvent être communiquées, sont prévisibles et quantifiables ?

	• Les pouvoirs publics ont-ils adopté une législation efficace sur la protection des données et sur les renseignements commerciaux pour fluidifier la circulation des informations sur la solvabilité et faciliter l'accès au financement ? Existe-t-il des registres publics ou des bureaux privés de renseignements sur la solvabilité pouvant fournir des informations fiables ? La loi prévoit-elle que les débiteurs ont le droit d'accéder en temps voulu aux informations relatives à leur propre solvabilité, et des dispositions leur donnent-elles accès à des mécanismes de plainte ou de résolution de différends leur permettant de contester toute information qu'ils considéreraient comme incorrecte ? • Les textes législatifs et réglementaires relatifs à l'investissement et aux investisseurs à long terme sont-ils clairs, transparents et largement accessibles, sans être inutilement lourds ? • Quelles sont les mesures qui ont été prises pour garantir que les acteurs du secteur financier et des marchés de capitaux respectent des normes élevées de gouvernance d'entreprise ?
Accès aux financements bancaires	• Quelle est la part des financements apportés aux entreprises par les banques dans l'économie par rapport à celle revenant aux marchés de capitaux ? Quels sont le cas échéant les facteurs qui font obstacle au financement par les banques ? • Des réglementations ou des incitations, par exemple des mécanismes de garantie, ont-ils été mis en place pour favoriser les concours bancaires aux PME ? Ces initiatives répondent-elles à des objectifs d'action publique ? Pourraient-elles d'une manière ou d'une autre compromettre la stabilité du secteur bancaire ? • Existe-t-il des programmes ou des initiatives visant à développer les capacités managériales et financières des entrepreneurs et des PME pour faciliter leur accès aux financements ? Les pouvoirs publics ont-ils pris des mesures pour développer les compétences financières et commerciales des entrepreneurs, et avec quelle l'efficacité ? • Dans quelle mesure les pouvoirs publics œuvrent-ils à promouvoir les compétences financières et ont-ils recours à des programmes d'éducation financière en complément des mesures de protection des consommateurs et des réformes de la réglementation pour faire progresser l'inclusion financière et la sensibilisation des consommateurs ?
Atténuation des risques et assurance	• Quel est le stade de développement des marchés de l'assurance, en particulier pour les entités commerciales ? Dans quelle mesure ces marchés offrent-ils des couvertures pour les principaux risques auxquels sont confrontés les entreprises, par exemple assurance des biens, des créances commerciales, assurance contre les interruptions d'activité ? • Comment les risques liés aux chaînes de valeur nationales et mondiales et aux échanges internationaux sont-ils gérés par les entreprises ? Quel rôle les entreprises publiques et le secteur des assurances jouent-ils le cas échéant pour atténuer ces risques ? • (*Si applicable*) Les pouvoirs publics ont-ils mis en place des politiques visant à développer l'assurance islamique ?
Accès au capital-risque, financement sur les marchés de capitaux et marché du contrôle des entreprises	• Quel est le rôle joué par le secteur du capital-risque privé (par exemple capital-risque, financements structurés et capital-investissement) dans le financement des entreprises en croissance ? Les pouvoirs publics ont-ils essayé d'accroître le rôle du capital-risque privé dans le financement de la croissance ? • Dans quelle mesure les marchés de capitaux offrent-ils un mécanisme favorable à l'intermédiation financière dans l'économie ? Quels sont les rôles respectifs des marchés boursiers et du marché des obligations d'entreprise ? Des emprunts en monnaie locale sont-ils possibles pour de longues échéances ? Une culture du crédit fondée sur l'évaluation et la gestion des risques est-elle en train d'émerger ? Existe-t-il un marché secondaire suffisant pour refinancer les dettes et échanger des fonds propres ? Quelles sont les évolutions futures attendues ? Quels sont les enjeux ? • Les investisseurs peuvent-ils lever des fonds sur le marché local pour financer des investissements, par exemple dans des projets d'infrastructure à grande échelle ? • Le cas échéant, quelles sont les mesures qui ont été prises pour faciliter l'accès des PME aux marchés de capitaux, notamment grâce à des places boursières dédiées et des marchés des obligations de PME ? • Quelle est la nature des règles boursières régissant les offres publiques d'achat ? Ces règles contribuent-elles à l'efficience du marché du contrôle des entreprises et à celle de la discipline de marché ? Le marché des fusions et acquisitions d'entreprises cotées est-il actif ? Le système financier est-il correctement développé pour soutenir les activités de reprise d'entreprises ? • Les états financiers préparés par les entreprises, cotées ou non, respectent-ils des normes comptables et d'audit de haute qualité et internationalement admises ? • Existe-t-il une base d'investisseurs diversifiée pour les titres du marché des capitaux ? Y a-t-il une classe dominante d'investisseurs (par exemple banques, fonds de pension, compagnies d'assurance, banques centrales, etc.) ? • Quelles sont les mesures qui ont été prises pour garantir la mise en place de cadres juridiques et réglementaires bien conçus s'appliquant à différents types d'investisseurs institutionnels ? Quels sont les types d'investisseurs institutionnels qui bénéficient d'un soutien ? Des contraintes réglementaires directes pèsent-elles sur les activités d'investissement des investisseurs institutionnels ? Si tel est le cas, quel est l'objectif recherché ? • Les pouvoirs publics ont-ils élaboré des politiques ou des stratégies spécifiques destinées à accroître les dotations aux projets d'investissement à long terme engagés par des investisseurs institutionnels ?

	• Quels sont, le cas échéant, les obstacles à la participation des investisseurs institutionnels au financement des PME (que ce soit sous la forme de dettes, de fonds propres ou de capital-risque par exemple) ? • Les pouvoirs publics ont-ils mis en place des cadres propice aux activités de prestataires de services extérieurs nécessaires tels que les actuaires, réviseurs comptables, dépositaires, fiduciaires, etc. ? • Les opérations d'émission et d'introduction en bourse de titres sont-elles particulièrement complexes, coûteuses et pesantes ? Quelles sont les mesures qui ont été prises pour les rationaliser et faciliter l'accès aux marchés ? Les entreprises souhaitant lever des fonds ont-elles à leur disposition d'autres méthodes d'émission assorties de conditions moins lourdes, comme le placement privé par exemple ? • (*Si applicable*) Lorsque des financements islamiques existent, quelles sont les politiques qui ont été mises en œuvre pour favoriser le développement de marchés de capitaux islamiques, notamment pour les instruments à base de dettes ou de fonds propres ?
Efficience du système financier	• Quelles sont les politiques qui ont été mises en œuvre pour garantir un niveau adéquat de concurrence dans le secteur financier ? Quelle est la performance relative du secteur bancaire et des autres secteurs financiers par rapport à celle observée dans d'autres économies comparables ? • Les institutions financières étrangères installées sur le territoire (succursales ou filiales) se voient-elle accorder le même traitement que les institutions financières à capitaux nationaux dans tous les aspects de la réglementation ? Décrire le cas échéant les différentes existantes (voir la section sur la *Politique en faveur de l'investissement*). • Existe-t-il des obstacles de droit ou de fait à l'entrée d'institutions financières étrangères, y compris d'investisseurs institutionnels (par exemple plafonds limitant les participations étrangères, restrictions concernant l'établissement de succursales ou de filiales, limitation du volume des actifs ou du nombre de prestataires de services, etc.) ? Quelles sont les parts de marché détenues par des institutions financières à capitaux étrangers ? • Si des mesures de contrôle des flux de capitaux et de contrôle des changes existent, sont-elles prévisibles et stables ? • Ces restrictions sont-elles périodiquement passées en revue pour en évaluer les coûts par rapport à l'objectif public recherché ? • Lorsque l'État possède ou contrôle des institutions financières dans le pays, quelle est la part de marché des institutions concernées ? Comment est perçue la participation de l'État dans ce secteur ? • Existe-t-il des restrictions spécifiques à l'entrée pour les entités nationales (par exemple obligation de desservir certaines zones géographiques ou segments de marché) ? • (*Si applicable*) Lorsque des politiques ont été adoptées pour soutenir le développement des banques islamiques, comment les pouvoirs publics veillent-ils à assurer un niveau adéquat de concurrence, à l'intérieur du secteur lui-même d'une part, et entre le secteur bancaire islamique et les autres d'autre part ?

Ressources supplémentaires

Sites Internet

OCDE, *Les marchés financiers, www.oecd.org/fr/finances/marches-financiers.*

OCDE, *Les marchés de l'assurance www.oecd.org/fr/finances/assurances.*

OCDE, *Les marchés obligataires et la gestion de la dette publique, www.oecd.org/fr/finances/dette-publique.*

OCDE, *Le financement des pensions et de l'investissement à long terme, www.oecd.org/fr/finances/pensions-privees.*

Association internationale des superviseurs d'assurance, *www.iaisweb.org.*

Banque mondiale, Le développement du secteur financier, *http://go.worldbank.org/8MLE647NBO.*

Banque mondiale-FMI, *Manuel de la Banque mondiale et du FMI sur l'évaluation du secteur financier, www.imf.org/external/pub/ft/fsa/eng/index.htm.*

Comité de Bâle pour la supervision bancaire, *www.bis.org/bcbs/index.htm.*

FMI, Code de bonnes pratiques du FMI pour la transparence des politiques financières et monétaires : déclaration de principes, *www.imf.org/external/pub/ft/fsa/eng/index.htm.*

Groupe de travail OCDE/G20 sur le financement des investissements à long terme des investisseurs institutionnels, *www.oecd.org/fr/finances/principles-long-term-investment-financing-institutional-investors.htm.*

Organisation internationale des commissions de valeurs, *www.iosco.org.*

USAID, Partage de connaissances sur le secteur financier (Financial Sector Knowledge Sharing), *http://egateg.usaidallnet.gov/fsshare.*

Instruments et outils de l'OCDE

G20-OCDE (2014), *Principes de haut niveau G20/OCDE sur le financement des investissements à long terme par les investisseurs institutionnels, www.oecd.org/daf/fin/private-pensions/G20-OECD%20Checklist%20on%20Long-term%20Investment%20Financing%20Strategies.pdf.*

G20-OCDE (2013), *Principes de haut niveau du G20 sur la protection financière des consommateurs, www.oecd.org/daf/fin/private-pensions/G20-OECD-Principles-LTI-Financing.pdf.*

OCDE (2011), *Lignes directrices de l'OCDE sur la gouvernance des assureurs*, Éditions OCDE, Paris, *http://dx.doi.org/10.1787/9789264117488-frOCDE.*

OCDE (2010), *Cadre d'action publique pour une réglementation financière efficace et efficiente : liste de vérification de haut niveau de l'OCDE*, OCDE, Paris, *www.oecd.org/fr/daf/fin/marches-financiers/48434079.pdf.*

OCDE (2009), *Bonnes pratiques de sensibilisation et d'éducation aux questions financières dans le domaine du crédit*, Éditions OCDE, Paris, *www.oecd.org/daf/fin/financial-education/46193051.pdf.*

OCDE (2009), *Recommandation de l'OCDE sur les principes fondamentaux de reglementation des pensions professionnelles*, OCDE Paris, *www.oecd.org/fr/finances/pensions-privees/33620031.pdf.*

OCDE (2004), *Principes de gouvernement d'entreprise de l'OCDE*, OCDE, Paris, *www.oecd.org/daf/ca/corporategovernanceprinciples/31557724.pdf.*

OCDE-FMI-BERD-Banque mondiale (2013), *Cadre de diagnostic pour les marchés obligataires en monnaie locale, www.imf.org/external/np/pp/eng/2013/070913.pdf.*

OCDE-INFE (2012), *Principes de haut niveau sur des stratégies nationales d'éducation financière, www.oecd.org/finance/financial-education/OECD_INFE_High_Level_Principles_National_Strategies_Financial_Education_APEC.pdf.*

Références, outils, orientations, manuels

BAD-OCDE (2014), *ADB-OECD Study on Enhancing Financial Accessibility for SMEs*, Éditions OCDE, Paris, *www.adb.org/sites/default/files/publication/41747/adb-oecd-study-enhancing-financial-accessibility-smes.pdf.*

Banque mondiale (2014), *Financial Inclusion, Global Financial Development Report 2014*, Banque mondiale, Washington, DC, *http://siteresources.worldbank.org/EXTGLOBALFINREPORT/Resources/8816096-1361888425203/9062080-1364927957721/GFDR-2014_Complete_Report.pdf.*

Banque mondiale-FMI (2005), *Handbook on Financial Sector Assessment*, Banque mondiale, Washington, DC, *https://openknowledge.worldbank.org/bitstream/handle/10986/7259/337970rev0Fina10Assessment01PUBLIC1.pdf?sequence=1.*

FMI (1999), *Code of Good Practices on Transparency in Monetary and Financial Policies: Declaration of Principles*, FMI, Washington, DC, *www.imf.org/external/np/mae/mft/code/eng/code2e.pdf.*

OCDE (2014), *Financing SMEs and Entrepreneurs 2014: An OECD Scoreboard*, Éditions OCDE, Paris, *http://dx.doi.org/10.1787/fin_sme_ent-2014-en.*

Statistiques et indicateurs

OCDE, *Statistiques financières, http://stats.oecd.org.*

OCDE (2015), Indice de restrictivité de la réglementation de l'IDE établi par l'OCDE, *www.oecd.org/investment/fdiindex.htm.*

OCDE (2014), *Corporate Governance Factbook 2014 www.oecd.org/daf/ca/Corporate GovernanceFactbook.pdf.*

Indicateurs de la Banque mondiale sur l'inclusion et l'infrastructure financières, *http://go.worldbank.org/8HMXYGW890.*

Indicateurs de solidité financière élaborés par le FMI, *http://fsi.imf.org.*

Cadre d'action pour l'investissement
Édition 2015

11. Gouvernance publique

La politique de réglementation recouvre le processus par lequel les réglementations sont élaborées, actualisées, mises en œuvre et respectées. Les performances économiques profitent de réglementations qui stimulent le dynamisme du marché, l'innovation et la compétitivité. La réforme de la réglementation a pour objectif d'en accroître l'efficience et l'efficacité, et d'établir un meilleur équilibre dans la mise en œuvre des politiques économiques et sociales dans le temps. Les principaux aspects de la gouvernance étudiés ici couvrent la qualité, la transparence, l'ouverture et l'intégrité de la réglementation. Une promotion efficace de ces aspects favorisera l'investissement et réduira les coûts des entreprises. La section *Politiques et pratiques horizontales* étudie d'autres aspects, plus généraux.

La qualité de la réglementation a une influence importante sur le climat des affaires et de l'investissement. Des réglementations mal conçues ou mal appliquées peuvent nuire à la réactivité des entreprises, diminuer les ressources consacrées aux investissements productifs, entraver l'entrée sur les marchés, réduire les créations d'emplois et, d'une façon générale, décourager l'entrepreneuriat. Rien ne contribue davantage à la confiance des investisseurs que la prévisibilité de la réglementation et la constatation que les règles atteignent leurs objectifs. La qualité des services publics, qui est déterminée par la réglementation interne à l'administration ainsi que par la réglementation visant les prestataires du secteur privé, a donc une influence importante sur le climat de l'investissement. Du point de vue d'un investisseur, la politique de réglementation devrait de préférence prendre la forme d'orientations claires et de repères pour l'action des agents publics et d'indications sur ce que les investisseurs peuvent attendre des pouvoirs publics en ce qui concerne la réglementation.

Cadre réglementaire

À l'heure où les marchés s'ouvrent davantage et deviennent de plus en plus interdépendants, le besoin de cadres réglementaires et institutionnels bien conçus va probablement s'amplifier, tout comme les difficultés auxquelles les autorités chargées de la réglementation sont confrontées. Du point de vue des investisseurs, l'aspect majeur de la qualité de la réglementation est qu'elle doit avoir des objectifs clairs et des cadres de mise en œuvre qui garantissent qu'en cas d'application, les avantages économiques, sociaux et environnementaux justifient les coûts, les effets distributifs soient pris en compte et les avantages nets optimisés. Il faut que la politique de réglementation énonce des principes qui fournissent des orientations claires et des repères pour l'action des agents publics ainsi que des indications sur ce que les investisseurs peuvent attendre des pouvoirs publics en ce qui concerne la réglementation. Dans le passé, la réglementation a souvent été régie à l'échelon sectoriel et parfois mal coordonnée entre les départements de l'administration, rendant ainsi le paysage réglementaire complexe. L'adoption d'une approche plus globale, souvent gérée par l'administration publique centrale, réduit le risque de contradiction ou de duplication des dispositions réglementaires et clarifie la contribution des réglementations dans différents domaines d'action publique à un objectif global défini, tel que la compétitivité ou l'allègement de la charge bureaucratique. La *Recommandation du Conseil concernant la politique et la gouvernance réglementaires de l'OCDE* (2012) propose un cadre détaillé pour définir une politique de réglementation pangouvernementale intégrée.

Simplification administrative

La simplification administrative vise à réduire et à rationaliser les formalités et la paperasserie administratives – dont les autorisations et licences sont souvent l'élément le plus visible – et a donc un impact direct sur le coût et l'efficience de l'investissement. De nombreux pays imposent une charge administrative significative aux entreprises, en particulier aux PME. L'économie informelle découle souvent de la charge administrative que les entreprises, surtout les petites, ne peuvent supporter. Le bon niveau de réglementation, y compris la prise en compte des coûts de mise en conformité quand les réglementations sont conçues à travers une analyse d'impact de la réglementation, peut aider à supprimer les incitations à l'économie informelle, au bénéfice des gouvernements, travailleurs et investisseurs. Il est également important de tenir compte de l'effet cumulatif de l'ensemble des réglementations, et pas seulement des plus récentes. De plus en plus, les États utilisent les technologies de l'information et de la communication pour réduire les charges administratives et la « paperasserie ». La paperasserie excessive accroît les coûts des entreprises, peut entraver l'entrée sur le marché et diminue les pressions concurrentielles (voir aussi la section *Politique de la concurrence*) et réduit l'incitation à innover. Elle est aussi source d'incertitudes qui peuvent perturber la planification des activités et empêcher les entreprises de réagir rapidement aux nouvelles possibilités qui s'offrent sur le marché. En fin de compte, cela décourage les nouveaux investissements, tant nationaux qu'étrangers, et affaiblit les performances économiques.

Dans le cadre de l'effort actuel engagé pour réduire le poids de la réglementation et rationaliser celle-ci, il conviendrait de réaliser des examens systématiques des réglementations importantes avec des objectifs clairement définis, notamment une prise en compte des coûts et des avantages, afin de s'assurer que les réglementations demeurent d'actualité, que leur coût est justifié, qu'elles présentent un bon rapport coût-efficacité et sont cohérentes, et qu'elles atteignent les résultats visés en termes d'action publique.

Analyses d'impact de la réglementation

Les analyses d'impact de la réglementation examinent et mesurent les avantages, les coûts et les effets probables des nouvelles réglementations ou des modifications de réglementations existantes. Ce sont des instruments qui permettent aux décideurs de disposer de données quantitatives et d'un cadre pour évaluer les choix qui s'offrent à eux et les conséquences économiques, sociales et environnementales probables de leurs décisions. Une mauvaise appréciation des problèmes qui se posent ou des effets secondaires des mesures gouvernementales peut compromettre les actions réglementaires et aboutir à des effets indésirables et des échecs. Les analyses d'impact de la réglementation sont utilisées pour identifier les problèmes et veiller à ce que les mesures gouvernementales soient justifiées et bien adaptées sur le plan économique, social et environnemental. Le processus d'analyse fournit une approche systématique pour évaluer les impacts d'un projet de réglementation et contribue à éclairer la prise de décision réglementaire. Les analyses d'impact de la réglementation constituent un instrument potentiellement utile pour examiner les incidences de la réglementation sur les décisions d'investissement et permettent d'identifier et d'éviter les réglementations qui imposent des restrictions inutiles ou découragent l'investissement. Le rapport de 2009 de l'OCDE intitulé *Introductory Handbook for Undertaking Regulatory Impact Analysis* décrit les principales étapes de l'élaboration d'une approche fondée sur l'analyse d'impact de la réglementation pour concevoir des réglementations. De nombreux États étant confrontés à la difficulté de devoir regagner ou conserver la confiance publique et de fournir des services plus nombreux et de meilleure qualité, il conviendrait que les analyses d'impact de la réglementation soient autant que possible rendues publiques parallèlement aux projets de réglementation. L'utilisation des analyses d'impact de la réglementation dans le cadre du processus de consultation constituerait une bonne pratique.

Application et respect des réglementations

Les pouvoirs publics doivent veiller à ce que des mécanismes et des institutions soient en place pour appliquer les réglementations et promouvoir leur respect. Des modes d'exécution inadéquats et appliqués sans équité réduisent la prévisibilité du cadre réglementaire pour les investisseurs. En théorie, les réglementations devraient être appliquées de façon équitable à tous les acteurs économiques. Dans le passé, on s'est trop peu intéressé aux solutions permettant d'améliorer le mode de mise en œuvre et d'application des réglementations. Pourtant, une réglementation ne pourra pas être efficace si elle ne s'accompagne pas d'un mécanisme d'exécution approprié. Les inspections sont l'un des principaux moyens pour faire appliquer les réglementations et garantir leur respect. Il conviendrait d'intégrer une planification, un ciblage et une communication appropriés des inspections dans le système global de gouvernance réglementaire, parallèlement à une prévention de la corruption et à une promotion des comportements respectueux de l'éthique. Le rapport de 2014 de l'OCDE intitulé *Best Practice Principles in Regulatory Policy: Regulatory Enforcement and Inspections* propose un cadre pour soutenir les initiatives visant à améliorer l'application de la réglementation par le biais des inspections. Le but est de les rendre plus efficaces, efficientes et moins pesantes pour ceux qui sont inspectés, et en même temps moins onéreuses pour les gouvernements. Les principes se penchent sur la conception des politiques, les institutions et les outils qui favorisent le respect des normes réglementaires ainsi que le processus de réforme des services d'inspection pour obtenir des résultats.

Structure de gouvernance et institutionnelle

Les autorités de tutelle indépendantes jouent un rôle de plus en plus important en matière de réalisation des objectifs économiques et sociétaux, et sont chargées de réglementer des situations plus complexes dans un certain nombre de secteurs, y compris les secteurs d'utilité publique. Leurs activités ont un impact significatif sur la réglementation de l'économie dans les secteurs qu'elles chapeautent et influent sur les investissements, les recettes et la rentabilité des investissements à laquelle les investisseurs peuvent s'attendre. Les organismes chargés de la réglementation interviennent aussi de façon déterminante en faisant participer les citoyens et les entreprises aux décisions dans ce domaine. L'État devrait élaborer des mesures cohérentes régissant le rôle et les fonctions des organismes chargés de la réglementation. De plus, et en collaboration avec les organes concernés, il devrait concevoir des mécanismes de coordination qui donnent confiance dans l'objectivité, l'impartialité et la cohérence des prises de décision en matière de réglementation, à l'abri de tout conflit d'intérêts, parti pris ou influence indue. Il faut inciter les organismes chargés de la réglementation à travailler avec les parties prenantes pour assurer un fonctionnement efficace du marché et à assumer, en parallèle, un rôle arbitral impartial entre les acteurs du marché, dans l'intérêt des consommateurs. Il conviendrait que des systèmes – facilement accessibles aux entreprises et à la société civile à des coûts raisonnables – soient mis en place pour examiner la légalité et l'équité procédurale des réglementations et des décisions prises par les organismes habilités à prononcer des sanctions réglementaires pour garantir la transparence et promouvoir la confiance. Le document *Principes de bonnes pratiques de l'OCDE pour la politique de la réglementation : La gouvernance des régulateurs* peut aider les décideurs à élaborer des dispositifs de gouvernance des régulateurs afin d'atteindre ces objectifs.

Cohérence des réglementations entre les différents niveaux administratifs et juridictionnels

Le monde se globalise de plus en plus, offrant aux investisseurs d'importantes opportunités comme en attestent le flux toujours croissant des investissements internationaux et l'activité économique des entreprises multinationales, mais il n'est pas « linéaire ». Des normes et des règles distinctes et propres à chaque pays s'appliquent dans différentes régions du monde. Si des normes et des règles spécifiques permettent de répondre à des préférences spécifiques, ces divergences induisent parfois des coûts inutiles pour les entreprises. Le besoin de cohérence réglementaire entre les différents échelons de l'administration publique et au niveau international se fait particulièrement pressant pour les entreprises qui exercent des activités transfrontalières. La cohérence réglementaire pourrait le cas échéant être promue par le biais de mécanismes de coordination entre les administrations supranationales, nationales et infranationales. Les avantages d'une réglementation de qualité élevée à un niveau de l'administration risquent d'être minimisés, voire de disparaître, du fait d'une réglementation de mauvaise qualité à des échelons inférieurs de l'administration publique. Pour gommer les divergences inutiles de réglementation qui imposent des charges supplémentaires aux investisseurs et pour combattre les problèmes mondiaux liés aux risques systémiques, à l'environnement et à la santé et la sécurité des êtres humains, il faut que les États harmonisent mieux les réglementations au niveau international et promeuvent une application et une exécution plus poussées des règles entre les pays. L'OCDE a élaboré une typologie de mécanismes internationaux de coopération réglementaire et prépare un document d'orientation spécifique (intitulé *Best-Practice Principles on International Regulatory Cooperation* à paraître) pour aider les pays à coordonner les normes et réglementations nationales et internationales.

Administration ouverte

L'ouverture de l'administration publique incite fortement le secteur public à améliorer ses performances. Les citoyens et les entreprises sont mieux à même d'analyser les résultats de l'action publique, de commenter une performance décevante et d'encourager les pouvoirs publics à mieux faire. Avec le temps, ce processus pousse fortement le secteur public à se réformer et se moderniser. L'étendue de la participation des citoyens dépasse de très loin les simples aspects de consultation et de prestation de services pour aller jusqu'à une mise en œuvre commune et un suivi citoyen. En utilisant des plateformes basées sur l'Internet et des outils conviviaux de collecte de données et d'information, les pouvoirs publics peuvent promouvoir un « écosystème » composé d'acteurs divers qui participent à la mise en œuvre de l'action publique et à l'évaluation de ses résultats. Un processus décisionnel ouvert et participatif est à même d'améliorer la performance de l'action publique car il aide les pouvoirs publics à mieux comprendre les besoins changeants des populations et permet d'exploiter les informations, les idées et les ressources des entreprises. Les *Principles on Digital Governance* de l'OCDE reposent sur l'idée que la technologie actuelle peut soutenir des politiques efficaces et créer des administrations publiques plus ouvertes, transparentes, inclusives et dignes de confiance. Cependant, nombreux sont les États qui ne considèrent toujours pas la technologie comme un outil de collaboration permettant de façonner l'avenir de la gouvernance publique. Ces principes ont pour principal objectif de promouvoir une réorientation drastique des approches centrées sur les citoyens (par le biais desquelles les pouvoirs publics tentent d'anticiper les besoins des citoyens et des entreprises) vers des approches régies par les citoyens (par le biais desquelles les citoyens et les entreprises formulent et définissent leurs besoins en partenariat avec l'administration publique).

La transposition de ce concept dans la pratique relève cependant du défi. Les pouvoirs publics doivent investir pour intégrer un processus décisionnel ouvert et participatif dans le cadre de leurs « activités fondamentales » afin de renforcer les compétences des fonctionnaires et d'instaurer une culture administrative et politique porteuse. Pour la plupart des États, l'évaluation de la qualité de processus décisionnels ouverts et participatifs (et de leur impact) est un exercice nouveau. Les *Principes directeurs pour l'élaboration transparente et participative des politiques* actualisés comprennent dix recommandations destinées à soutenir l'action des gouvernements. Par exemple, les droits à l'information, la consultation et la participation du public à l'élaboration des politiques et à la prestation de services doivent être solidement ancrés dans les lois ou politiques. L'obligation qu'a l'État de rendre des comptes aux citoyens doit être clairement stipulée. Des dispositifs de surveillance indépendants sont essentiels pour le respect de ces droits. Des ressources techniques, financières et humaines appropriées sont nécessaires si l'on veut parvenir à une information, une consultation et une participation efficaces du public. Les agents publics doivent avoir accès aux compétences, aux orientations et aux formations nécessaires, et être dotés d'une culture institutionnelle promouvant les outils traditionnels et en ligne. Ces principes directeurs établissent un cadre simple qui permet aux administrations nationales d'évaluer les actions à mettre en œuvre pour s'ouvrir davantage.

Intégrité du secteur public

L'intégrité du secteur public influe de façon déterminante sur l'instauration d'un climat d'investissement porteur. Les données comparatives semblent indiquer une forte corrélation entre la confiance dont bénéficie le personnel politique, tant auprès des entreprises que des individus, et la perception de la corruption. Les outils et mécanismes visant à assurer l'intégrité, qui ont pour objet de prévenir la corruption et de favoriser un comportement irréprochable, contribuent à renforcer la crédibilité et la légitimité des acteurs qui participent aux décisions relatives à l'action publique en préservant l'intérêt général et en rétablissant la confiance dans l'équité des décisions adoptées. Des outils axés sur les zones sensibles de rencontre entre les secteurs public et privé tels que les dispositifs de gestion des conflits d'intérêts, la formulation de règles de conduite strictes pour les fonctionnaires, et la réglementation du lobbying et du financement de la vie politique peuvent permettre de limiter les influences indues et d'établir des garde-fous permettant de préserver l'intérêt général.

Une politique efficace en matière de conflits d'intérêts constitue un élément essentiel du cadre politique, administratif et juridique de la vie publique d'un pays. Les *Lignes directrices de l'OCDE pour la gestion des conflits d'intérêts dans le service public* proposent une démarche moderne en la matière qui vise à trouver le bon équilibre :

- en recensant les risques pour l'intégrité des administrations et des fonctionnaires,
- en interdisant certaines formes inacceptables d'intérêts privés,
- en sensibilisant les administrations et les fonctionnaires aux circonstances dans lesquelles des conflits d'intérêts peuvent survenir,
- en veillant à ce que des procédures efficaces soient déployées pour l'identification, le signalement, la gestion et la résolution appropriée des situations de conflit d'intérêts.

Encadré 11.1. **Expériences des pays de l'OCDE en matière de gestion des conflits d'intérêts**

D'après l'*Enquête sur les conflits d'intérêts* (2012) de l'OCDE, la majorité des pays de l'OCDE ont mis en place des politiques visant à gérer ces conflits. Au niveau institutionnel, 76 % des pays de l'OCDE sont dotés d'un service central chargé de formuler et d'appliquer des politiques, règles ou procédures en la matière. La plupart des pays de l'OCDE accordent une grande importance à la connaissance et à la compréhension des politiques relatives aux conflits d'intérêts. Ainsi, dans 97 % des pays de l'OCDE, la politique dans ce domaine est expliquée aux fonctionnaires lorsqu'ils rejoignent la fonction publique ou lorsqu'ils prennent de nouvelles fonctions. Certaines limites persistent néanmoins. La divulgation de leurs intérêts personnels par les fonctionnaires est une pratique courante mais, dans la plupart des pays de l'OCDE, l'information n'est que partiellement mise à la disposition du grand public. C'est, pour partie, dû au poids des considérations liées au respect de la vie privée. S'agissant de l'application effective des règles, seuls 24 % des pays de l'OCDE emploient des outils de diagnostic tels que des enquêtes, des données statistiques et des analyses coûts-bénéfices afin de mesurer l'impact des politiques, règles et procédures permettant de veiller à la gestion efficace des conflits d'intérêts. Mesurer le respect des règles reste également un défi et, si la majorité des pays de l'OCDE prévoient des sanctions en cas de manquement aux règles relatives aux conflits d'intérêts, aucune donnée n'est disponible quant à l'application effective de ces sanctions.

Source : OCDE, *Enquête sur les conflits d'intérêts* (2012).

Le phénomène des « allers-retours » des personnels entre fonction publique et secteur privé suscite aussi des inquiétudes quant aux conditions d'embauche d'avant- et après-mandat et à leurs effets délétères sur la confiance accordée au secteur public. Ces risques d'irrégularités (c'est-à-dire d'utilisation abusive d'informations « privilégiées », de positions et de contacts) ont conduit un nombre grandissant de pays à moderniser leurs dispositifs de prévention et de gestion des conflits d'intérêts dans l'avant- et l'après-mandat dans la fonction publique. Pour trouver un équilibre entre des intérêts divergents, de nombreux pays ont adopté des normes ou des principes visant à assurer l'intégrité des anciens fonctionnaires et des fonctionnaires en poste. Ainsi, de nombreux pays ont instauré un délai de carence pendant lequel les fonctionnaires doivent limiter leurs interactions avec leur ancien employeur. Les *Principes de gestion des conflits d'intérêts liés aux emplois d'après-mandat* de l'OCDE et le document *L'emploi d'après-mandat : Bonnes pratiques en matière de prévention des conflits d'intérêts* peuvent guider les décideurs publics dans l'évaluation de leurs dispositifs actuels ou futurs en matière d'emplois d'après-mandat.

Dans les démocraties modernes, les pressions exercées par les représentants d'intérêts particuliers pour influer sur les décisions et les textes officiels ou sur l'attribution des marchés publics fait partie intégrante du processus de prise de décision. Ces pressions peuvent aboutir à de bonnes décisions et permettre aux responsables publics de mieux comprendre les enjeux en fournissant des éclairages et des données précieux dans le cadre de processus de consultation transparents. Il peut aussi apporter des avantages indus à des groupes d'intérêts particulièrement actifs si le processus manque de transparence et de responsabilité. Les *Principes pour la transparence et l'intégrité des activités de lobbying* (2010) de l'OCDE proposent aux décideurs des indications pour promouvoir une bonne gouvernance en matière de lobbying.

Marchés publics

Les marchés publics constituent un domaine d'activité important pour l'économie et les pouvoirs publics. Ils font intervenir des fonds publics importants et sont utilisés pour fournir des services aux citoyens et pour réaliser des objectifs politiques tels que la création d'emplois, le développement des petites et moyennes entreprises (PME), la viabilité écologique ou l'innovation. Les marchés publics représentent en moyenne 30 % des dépenses des administrations publiques et 13 % du produit intérieur brut (PIB) des Membres de l'OCDE, soit environ 4 300 milliards EUR en 2012. En moyenne, 55 % des dépenses totales au titre des marchés publics engagées par les administrations des Membres de l'OCDE sont effectués aux niveaux de gouvernement infranationaux.

En outre, les marchés publics forment un secteur dans lequel les risques sont élevés en raison des liens étroits qui existent entre les sphères privée et publique. La fraude, la corruption et le gaspillage associés parfois aux marchés publics réduisent la capacité des administrations à servir dûment les citoyens. Pour ces raisons, il est important d'atteindre des degrés élevés d'efficacité et d'efficience et de mettre en place des mécanismes pour garantir l'intégrité et la responsabilité concernant la procédure de passation des marchés. Cela empêchera les malversations et contribuera à renforcer la confiance des citoyens à l'égard des administrations publiques. Enfin, il importe également de préserver le rôle stratégique des marchés publics grâce à une planification, à une conception et à une prestation solides. Un bon système de marchés publics contribue à répondre aux besoins du public, apporte satisfaction au client, participe à l'optimisation des ressources de manière équitable, ouverte, concurrentielle et transparente ; il est mesuré régulièrement et fait l'objet de d'évaluations périodiques dans un souci d'amélioration.

La *Recommandation de l'OCDE sur les marchés publics* réaffirme le rôle stratégique des marchés publics. La Recommandation donne des indications claires et utiles sur le moyen de mettre en place un système de marchés publics exploitant les outils et les techniques les plus avancés, l'objectif étant de dépenser les fonds publics de manière viable et efficiente. Parallèlement, elle aidera à résoudre les problèmes de gouvernance qui se posent notamment dans le cadre de projets d'envergure comme la réalisation de travaux publics, l'installation de systèmes complexes reposant sur les technologies numériques ou l'organisation de grands événements.

Transposition des normes internationales en matière de lutte contre la corruption et d'intégrité dans la législation nationale

Les normes en matière de lutte contre la corruption et d'intégrité comprennent des mesures préventives et des mesures répressives. Les États devraient adopter des dispositions, principalement de droit pénal, mais aussi dans les codes civil et administratif, pour prévenir et sanctionner la corruption des agents publics nationaux. Il conviendrait également qu'ils promeuvent des mesures modernes de lutte contre la corruption et incitent les entreprises à investir dans des systèmes de mise en conformité afin d'établir des règles du jeu équitables dans la lutte contre la corruption.

Au cours de la dernière décennie, de nombreux États ont élaboré des normes de conduite pour traiter les conflits entre les intérêts privés des agents publics et leurs fonctions publiques. Les pouvoirs publics se sont concentrés initialement sur les sources traditionnelles d'influence, comme les cadeaux ou les marques d'hospitalité offerts à des agents publics, et les relations personnelles ou familiales. Du fait de la coopération accrue entre les secteurs public et privé, de nombreux pays ont également institué ces dernières années des normes de conduite pour s'attaquer à d'autres formes de conflit d'intérêts, comme les intérêts commerciaux (sous la forme de partenariats, participations), les affiliations à d'autres organisations et l'emploi après-mandat. Afin de s'attaquer aux risques pour la bonne gouvernance liés aux conflits d'intérêts, l'OCDE a élaboré un cadre pour examiner et moderniser les politiques nationales en matière de conflit d'intérêts avec les *Lignes directrices pour la gestion des conflits d'intérêts dans le service public* de 2003, ainsi que des Outils de gestion pour aider les agents publics à les mettre en œuvre.

Application et respect des lois et réglementations de lutte contre la corruption

L'application et le respect des lois et réglementations visant à lutter contre la corruption et à favoriser l'intégrité concernent de nombreuses institutions publiques, et les textes doivent être appliqués par des autorités indépendantes et libres de toute influence politique. Des lignes directrices et des mesures pratiques spécifiques pour les organismes publics (par exemple rotation du personnel, sessions de formation ou réunions d'information spécifiques, etc.) pourraient devoir être élaborées pour assurer le respect des normes en matière de lutte contre la corruption et d'intégrité dans les secteurs du service public qui sont particulièrement exposés à la corruption. Les domaines à risque particuliers comprennent notamment le maintien de l'ordre, les marchés publics, les crédits à l'exportation, l'aide au développement ainsi que les administrations douanières et fiscales.

Des codes de conduite sont souvent élaborés pour énoncer des règles de conduite dans un document unique concis. Ces codes de conduite devraient être disponibles et communiqués de manière appropriée à tous les agents publics. Des mécanismes de socialisation comme la formation et les conseils permettent de mieux sensibiliser les employés et contribuent à développer leur aptitude à respecter les normes d'intégrité dans leur pratique quotidienne. En outre, les politiques de gestion des ressources humaines devraient prévoir des conditions et des incitations appropriées pour les agents publics, comme des recrutements et des promotions fondés le mérite, une rémunération suffisante et la prise en compte des considérations éthiques lors du recrutement et de l'évaluation des performances.

L'obligation de signaler toute faute présumée d'agents publics peut être imposée par la loi ou cela peut être facilité par les règles de l'organisation. La dénonciation, c'est-à-dire l'acte permettant de mieux sensibiliser aux comportements fautifs au sein de l'organisation, est un élément essentiel de la bonne gouvernance pour assurer la transparence et la responsabilité. Toute une série d'institutions et de procédures, comme le Médiateur, l'Inspecteur général, les procédures de plainte, les services d'assistance et les numéros d'appel spéciaux pourraient permettre aux agents publics et aux citoyens de dénoncer les actes répréhensibles. Leur efficacité dépend aussi de la confiance du public dans le fait que les personnes qui dénoncent de bonne foi des actes répréhensibles bénéficient d'une protection appropriée contre les représailles.

On ne peut lutter efficacement et durablement contre la corruption et d'autres comportements répréhensibles associés que si les secteurs public et privé unissent leurs forces. La première étape consiste à renforcer le dialogue entre les autorités publiques et les représentants du secteur privé afin de définir des mesures et des initiatives communes.

Mécanismes d'examen pour évaluer la performance en matière de lutte contre la corruption

Un examen indépendant rigoureux est essentiel pour assurer l'application des lois et réglementations relatives à la lutte contre la corruption et à l'intégrité. En général, l'organe législatif procède à des examens des activités des services publics. D'autres types courants d'évaluation vont d'enquêtes indépendantes externes par le Médiateur ou l'Inspecteur général à des examens judiciaires ou éthiques spécifiques. Le contrôle du respect de ces lois et réglementations peut être fondé sur des contrôles internes, largement utilisés pour déceler les anomalies individuelles et les défaillances des systèmes, et s'accompagnent généralement d'un examen indépendant. Cet examen rend les agents publics responsables de leurs actions, en dernier ressort, devant le public.

La transparence des activités de l'État est considérée comme un instrument pour assurer la responsabilité et lutter contre la corruption ainsi que pour promouvoir la participation démocratique en informant et en associant les citoyens. Ces dernières années, l'accès du public à l'information officielle s'est sensiblement amélioré, en particulier avec l'élaboration de lois sur la liberté d'accès à l'information et le recours croissant aux procédures électroniques. Si l'on y ajoute des médias de plus en plus actifs et des groupes d'intérêt de mieux en mieux organisés, cela se traduit par un contrôle plus vigilant du public sur les comportements des agents publics.

Initiatives internationales de lutte contre la corruption

Les États se sont rendu compte qu'on ne peut pas lutter contre la corruption au seul niveau national. Seule une action concertée, coordonnée au plan international, peut apporter une contribution utile à l'élimination de la corruption. Ils ont donc adopté plusieurs instruments de lutte contre la corruption au niveau international et régional. Ces instruments ont des champs d'application différents, sont complémentaires et se renforcent mutuellement, et par conséquent visent généralement à assurer une approche holistique qui englobe des mesures préventives ainsi que des dispositions répressives pour lutter contre la corruption à l'échelon national et étranger. De plus, ils contiennent des dispositions concernant l'assistance juridique mutuelle, qui facilitent la détection, l'investigation et la sanction de la corruption.

La coopération internationale a aussi un rôle à jouer dans la lutte contre la corruption. Par exemple, la *Convention de l'OCDE sur la lutte contre la corruption d'agents publics étrangers dans les transactions commerciales internationales* vise à mettre fin au versement de pots-de-vin aux agents publics dans les pays d'accueil. D'autres organisations intergouvernementales comme l'Organisation des Nations Unies, la Banque mondiale, la Banque asiatique de développement et le Fonds monétaire international ont également élaboré des mesures visant à favoriser la bonne gouvernance et à sanctionner la corruption et les actes répréhensibles connexes. L'OCDE a également proposé au G20 un cadre pour la mise en place des pratiques les plus courantes pour protéger les dénonciateurs d'abus.

Questions et principes essentiels

Cadre réglementaire

1. Les pouvoirs publics ont-ils mis en place des organes et des outils pour assurer la qualité et la cohérence des processus réglementaires (ex : conception, supervision et respects des règles dans tous les secteurs) ?
2. Existe-t-il des procédures gouvernementales pour identifier et réduire les charges réglementaires inutiles, y compris celles pesant sur les investisseurs ?
3. Des études d'impact de la réglementation sont-elles utilisées pour évaluer les conséquences des réglementations sur les conditions d'investissement ?
4. Les mécanismes nécessaires sont-ils en place pour garantir la conformité vis-à-vis de la réglementation et le respect de celle-ci ainsi que pour suivre les résultats des mesures réglementaires ?
5. Le cadre institutionnel et de gouvernance des organismes chargés de la réglementation favorise-t-il la mise en place d'un environnement réglementaire efficient et porteur ?
6. Quels mécanismes sont en place pour assurer la cohérence des réglementations entre les différents échelons de gouvernement, une application transparente des mesures réglementaires et des normes de qualité claires en matière de réglementation ?

Intégrité du secteur public

7. Comment le gouvernement identifie-t-il les risques pour l'intégrité des administrations et des fonctionnaires ?
8. Le système des marchés publics est-il conçu pour garantir un accès, une concurrence et une transparence appropriés tout en étant efficient et rentable ? Les pouvoirs publics ont-ils analysé d'autres options et les conséquences de la poursuite des projets d'investissement au moyen de ces autres solutions existantes ?
9. Dans quelle mesure les normes internationales en matière d'intégrité et de lutte contre la corruption ont-elles été transposées dans la législation et les réglementations nationales ? Les dispositions du droit pénal, administratif et civil fournissent-elles un cadre législatif et réglementaire efficace pour lutter contre la corruption et encourager l'intégrité, réduisant ainsi les incertitudes et améliorant les conditions d'activité pour tous les investisseurs ?
10. Les institutions et procédures assurent-elles une application transparente, efficace et cohérente des lois et réglementations pour lutter contre la corruption et favoriser l'intégrité dans les services publics ?

Questions supplémentaires

Cadre réglementaire	• Les pouvoirs publics ont-ils élaboré une politique pangouvernementale intégrée pour garantir la qualité de la réglementation ? • Cette politique a-t-elle des objectifs clairs et des cadres de mise en œuvre qui garantissent que les avantages économiques, sociaux et environnementaux de la réglementation en justifient les coûts, que les effets distributifs sont pris en compte et que les avantages nets sont optimisés ? • Quels mécanismes et institutions sont chargés de superviser les procédures et objectifs de la politique de réglementation ? • Quels mécanismes et institutions sont chargés d'appuyer et de mettre en œuvre la politique de réglementation ?

Simplification administrative	• Dans quelle mesure a-t-on évalué et quantifié la charge administrative et les autres contraintes réglementaires pesant sur les investisseurs ? • Les pouvoirs publics réalisent-ils des examens systématiques des réglementations importantes au regard de critères clairement définis, notamment une prise en compte des coûts et des avantages, afin de s'assurer que ces réglementations demeurent d'actualité, que leur coût est justifié, qu'elles présentent un bon rapport coût-efficacité et sont cohérentes, et qu'elles atteignent les résultats visés en termes d'action publique ? • Quelles suites donnent-ils aux résultats de ces examens et aux évaluations de la charge administrative et des autres contraintes réglementaires pesant sur les investisseurs ? • Quel usage les pouvoirs publics font-ils des technologies de l'information et de la communication afin d'alléger la charge administrative, de simplifier les formalités et de rationaliser la réglementation ?
Analyses d'impact de la réglementation	• Des analyses d'impact sont-elles prévues dès les premiers stades de l'élaboration de projets de nouvelle réglementation ? • Ces analyses permettent-elles de définir des objectifs clairs, d'établir si une réglementation est nécessaire et de déterminer comment atteindre les objectifs visés de manière aussi efficace et rationnelle que possible ? • Des solutions autres que réglementaires y sont-elles envisagées ? Les inconvénients des différentes options y sont-ils pris en considération afin de déterminer laquelle est la plus indiquée ? • Les conclusions des analyses d'impact de la réglementation sont-elles divulguées au public en temps opportun ?
Application et respect des réglementations	• Quelle place fait-on à l'application et à la promotion des réglementations au niveau de la conception de politiques, des institutions et des outils ? • Comment la planification, le ciblage et la communication des inspections sont-ils intégrés au système global de gouvernance réglementaire ?
Structure de gouvernance et institutionnelle	• Comment les mesures régissant le rôle et les fonctions des organismes chargés de la réglementation ainsi que leur coordination avec d'autres acteurs et parties prenantes garantissent l'objectivité, l'impartialité et la cohérence des décisions prises en matière de réglementation, à l'abri de tout conflit d'intérêts, parti pris ou influence indue ? • Quels sont les systèmes en place pour examiner la légalité et l'équité procédurale des réglementations adoptées et des sanctions réglementaires prononcées ? Les entreprises et la société civile y ont-elles accès pour un coût raisonnable ? • L'efficacité de la politique de réglementation et des programmes de réforme, les organismes publics chargés de l'application des réglementations et le fonctionnement des outils de réglementation font-ils l'objet de rapports périodiques (par ex. analyses d'impact, consultations publiques, révisions des réglementations en vigueur) ?
Cohérence des réglementations entre les différents niveaux administratifs et juridictionnels	• Quels mécanismes sont en place pour promouvoir la coordination entre les administrations supranationales, nationales et infranationales ? • Comment le gouvernement détermine-t-il qu'une question de réglementation est commune à ces différents échelons ? • Comment assure-t-on le développement de la capacité de gestion et de la performance en matière de réglementation, notamment au niveau des administrations infranationales ?
Administration ouverte	• Par quels moyens veille-t-on à ce que la réglementation serve le bien commun et tienne compte des attentes légitimes des parties intéressées et de celles qui en supportent les conséquences ? • Afin que les parties concernées comprennent facilement quels sont leurs droits et obligations, les textes réglementaires sont-ils rédigés de manière claire et intelligible ? • Les ressources financières, humaines et techniques affectées à l'information du public sont-elles suffisantes pour garantir l'efficacité de celle-ci ? • Donne-t-on au public la possibilité de participer, de manière juste et équitable, à l'élaboration des politiques et à la prestation de services ? • Les droits des individus à être informés, consultés au préalable et associés à l'élaboration des politiques sont-ils inscrits dans la législation ou les cadres d'action ? • Un contrôle indépendant est-il prévu pour veiller au respect de ces droits ?
Intégrité du secteur public	• Existe-t-il une politique en matière de conflits d'intérêts, avec à l'appui des stratégies et pratiques institutionnelles contribuant à révéler ces conflits ? • Quelles sont les procédures en place pour déceler, gérer et résoudre les conflits d'intérêts ? • Les pouvoirs publics ont-ils interdit certaines formes inacceptables d'intérêts privés ? • Comment les pouvoirs publics sensibilisent-t-ils les organisations du secteur public et les fonctionnaires aux situations dans lesquelles des conflits d'intérêts peuvent survenir ? • Quelles sont les procédures en place pour déceler, signaler et gérer les situations de conflit d'intérêts et en promouvoir une résolution appropriée ? • Comment les pouvoirs publics veillent-ils à la transparence et à l'intégrité des activités de lobbying ? • En quoi les règles et lignes directrices relatives aux activités de lobbying répondent-elles aux préoccupations que suscitent ces activités du point de vue de la gouvernance ? Sont-elles en adéquation avec le contexte socio-politique et administratif, notamment les grands cadres politique et réglementaire ?

	• Les organisations de la société civiles et les médias ont-ils toute liberté pour enquêter sur la conduite des agents publics dans l'exercice de leurs fonctions ? • Des mesures sont-elles prévues pour protéger les « lanceurs d'alerte » et permettre ainsi aux fonctionnaires et aux particuliers de dénoncer les actes répréhensibles et les manquements présumés de la part d'agents publics ? • Ces règles et lignes directrices sont-elles revues régulièrement et adaptées si nécessaire ?
Marchés publics	• Quels sont les mécanismes en place pour pourvoir périodiquement à la mesure et à l'évaluation du système des marchés publics dans un souci d'amélioration, afin d'en garantir l'efficacité et la valeur ajoutée ? • Comment le gouvernement assure-t-il l'équité et la transparence des procédures de marchés publics ?
Application respect et révision des lois et réglementations de lutte contre la corruption	• Des codes de conduite à l'usage des agents publics ont-ils été élaborés et diffusés ? Sont-ils accessibles et dûment communiqués et transmis à tous les agents publics ? • Quelles sont les mesures destinées à aider les agents publics et à veiller au respect des normes attendues en ce qui concerne les conflits d'intérêts, le lobbying, les « allers-retours » et autres questions particulièrement sensibles ? • Existe-t-il des directives et des mesures concrètes propres à telle ou telle administration (par ex. rotation des effectifs, formations ou consignes spécifiques) pour donner effet aux normes en matière de lutte contre la corruption et d'intégrité dans les secteurs de la fonction publique où le risque est particulièrement élevé ? • Existe-t-il des mécanismes permettant d'évaluer l'application des lois et règlements en matière d'intégrité et de lutte contre la corruption ? • Les pouvoirs publics encouragent-ils le secteur privé à se doter de systèmes de mise en conformité ? • Les pouvoirs publics promeuvent-ils le dialogue entre les secteurs public et privé quant aux moyens à employer pour lutter contre la corruption et les manquements connexes ? • En quoi les mécanismes permettant d'évaluer l'application des lois et règlements en matière d'intégrité et de lutte contre la corruption permettent-ils d'améliorer ces mêmes lois et règlements ?
Normes et initiatives internationales en matière de lutte contre la corruption et d'intégrité	• L'État est-il partie à des initiatives internationales axées sur la lutte contre la corruption et le renforcement de l'intégrité dans le secteur public ? • La participation à ces initiatives donne-t-elle lieu à des examens de l'effet donné, par les pouvoirs publics, aux normes internationales pertinentes ? • Les résultats de tels examens sont-ils rendus publics ? • Les pouvoirs publics ont-ils donné suite aux recommandations formulées dans le cadre de ces initiatives ?

Ressources supplémentaires

OCDE, *Gouvernance publique, www.oecd.org/fr/gouvernance.*

FMI (1997), « Roads to Nowhere: How Corruption in Public Investment Hurts Growth », *Economic Issues* No. 12, FMI.

OCDE (2015 à paraître), *Regulatory Policy Outlook 2015*, Éditions OCDE, Paris.

OCDE (2014a), *Principes de bonnes pratiques de l'OCDE pour la politique de la réglementation: Contrôle et mise en œuvre de la réglementation*, Éditions OCDE, Paris, *http://dx.doi.org/10.1787/9789264208926-fr.*

OCDE (2014b), *Principes de bonnes pratiques de l'OCDE pour la politique de la réglementation : la gouvernance des régulateurs*, Éditions OCDE, Paris, *www.oecd.org/fr/reformereg/gouvernance-des-regulateurs.htm.*

OCDE (2013), *International Regulatory Co-operation: Addressing Global Challenges*, Éditions OCDE, Paris, *http://dx.doi.org/10.1787/9789264200463-en.*

OCDE (2012), *Recommandation du Conseil concernant la politique et la gouvernance réglementaires, www.oecd.org/fr/gouvernance/politique-reglementaire/Recommendation%20with %20cover%20FR.pdf.*

OCDE (2011), *L'emploi d'après mandat : bonnes pratiques en matière de prévention des conflits d'intérêts*, Éditions OCDE, Paris, *http://dx.doi.org/10.1787/9789264056725-fr.*

OCDE (2010), *Principes pour la transparence et l'intégrité des activités de lobbying*, OCDE, Paris, *www.oecd.org/fr/corruption/ethique/lobbying.htm.*

OCDE (2009), *Focus on Citizens: Public Engagement for Better Policy and Services*, OECD Studies on Public Engagement, Éditions OCDE, Paris, *http://dx.doi.org/10.1787/9789264048874-en.*

OCDE (2006), *Gérer les conflits d'intérêts dans le secteur public: Mode d'emploi*, Éditions OCDE, Paris, *http://dx.doi.org/10.1787/9789264018259-fr.*

OCDE (1997), *Convention de l'OCDE sur la lutte contre la corruption d'agents publics étrangers dans les transactions commerciales internationales, www.oecd.org/fr/corruption/conventionsurlaluttecontrelacorruptiondagentspublicsetrangersdanslestransactionscommercialesinternationales.htm.*

Nations Unies (2005), *Convention des Nations Unies contre la corruption.*

Programme mondial des Nations Unies contre la corruption, United Nations Office for Drug Control and Crime Prevention, UNODCCP, *www.unodc.org/unodc/corruption.*

Programme de la Banque mondiale sur la gouvernance du secteur public.

12. Cadre d'investissement pour une croissance verte

L'investissement pour une croissance verte doit être considérablement renforcé pour promouvoir un développement durable et atteindre les objectifs économiques, sociaux et environnementaux de l'action publique. Pour parvenir à un développement durable, il faut notamment rester au-dessous de l'objectif d'élévation de la température de deux degrés* (2°C) adopté par les gouvernements, s'adapter aux effets des changements climatiques, réduire la pollution, promouvoir la conservation de la biodiversité et une utilisation durable des ressources, et faire en sorte que tous profitent des avantages des services d'écosystème. La croissance verte « offre un moyen de favoriser la croissance économique et le développement tout en assurant que les actifs naturels continuent de fournir les ressources et les services environnementaux sur lesquels repose notre bien-être ». L'économie doit en conséquence soutenir une dynamique de croissance qui catalyse l'investissement et l'innovation dans les nouvelles technologies, les services et les infrastructures sur lesquels s'appuiera une croissance qui sollicite de façon plus durable les ressources naturelles tout en s'attaquant à la réduction de la pauvreté et en tenant compte de l'équité sociale (OCDE, 2011a). Au-delà des actions qui visent à intégrer des dimensions de croissance verte dans l'investissement en général, cette section s'intéresse aux possibilités de développer « l'investissement vert » à grande échelle. Ce type d'investissement couvre notamment les investissements :

- dans les infrastructures vertes et l'écologisation des infrastructures existantes (ex : énergies durables, efficience de l'énergie et des ressources, transports durables, bâtiments, systèmes d'assainissement et de distribution de l'eau, gestion des déchets, infrastructures essentielles comme des réseaux intelligents et des interconnexions, et infrastructures résistantes aux changements climatiques y compris la mise à niveau des installations existantes),
- dans la gestion durable des ressources naturelles et les services qu'elles fournissent (ex : pêcheries, forêts, tourisme axé sur la faune et la nature, productivité des sols, sécurité de l'eau et minerais), et
- dans des activités du secteur des biens et services environnementaux, et dans l'ensemble des segments des chaînes de valeur vertes (ex : industries intervenant en amont et au

* Lors de la Conférence des Parties à la Convention-cadre des Nations Unies sur les changements climatiques (CCNUCC) de 2002 à Doha, les États ont décidé qu'ils « s'emploieront dans les meilleurs délais à procéder aux réductions notables des émissions mondiales de gaz à effet de serre qui sont nécessaires pour contenir l'élévation de la température moyenne de la planète en dessous de 2°C par rapport aux niveaux préindustriels et pour parvenir au plafonnement des émissions mondiales de gaz à effet de serre dès que possible ».

niveau intermédiaire produisant des intrants intermédiaires pour la fabrication de panneaux photovoltaïques ou d'énergie éolienne, entre autres) et l'écologisation des chaînes de valeur existantes.

Ces trois types d'investissements verts ont de nombreuses caractéristiques communes, mais sont en définitive distincts par nature. Les structures d'investissement utilisées pour les promouvoir sont habituellement très diverses, comme le sont les principaux obstacles à l'investissement. Les mesures utilisées pour les favoriser ou les régir sont également susceptibles d'être différentes.

Compte tenu de l'ampleur des besoins d'investissement, la mobilisation et le développement à grande échelle des investissements verts imposent de recourir aux investissements nationaux, internationaux, publics et privés. Toutefois, il arrive souvent que les projets d'infrastructures vertes soient sérieusement limités du fait d'obstacles spécifiques à l'investissement. Parmi ceux-ci, les principaux comprennent notamment l'absence de tarification ou la faible tarification des externalités négatives, les subventions qui favorisent une utilisation inefficiente des ressources, le manque de prévisibilité des politiques et des réglementations, les rigidités des marchés et des réglementations qui favorisent les technologies historiques polluantes, une absence de mécanismes pour exploiter l'intérêt des services d'écosystème pour une gestion durable des ressources naturelles, et tout un ensemble des distorsions affectant les infrastructures hydrauliques. Outre lever ces obstacles, les États peuvent soutenir l'investissement pour la croissance verte en mettant en place un cadre prévisible d'actions et de réglementations dans ce domaine. Ils peuvent atténuer le risque lié à la réglementation en redonnant confiance aux investisseurs grâce à des consultations globales et transparentes avec le secteur privé sur les réformes des politiques et la formulation des lois et réglementations. Les pouvoirs publics peuvent également mobiliser des financements privés grâce à des interventions publiques au niveau national et international (ex : en faisant en sorte que les financements publics internationaux puissent s'appuyer sur des financements privés ou en facilitant la participation des acteurs du secteur privé aux infrastructures vertes).

Un cadre d'action pour l'investissement vert promeut à de nombreux égards un environnement porteur pour l'investissement en général, les mesures favorisant uniquement l'investissement ne conduisant pas automatiquement à une augmentation substantielle des investissements verts. Un cadre d'action pour l'investissement est donc une condition nécessaire mais pas suffisante pour promouvoir une croissance et des investissements verts. Les décideurs devront également mettre en place un meilleur environnement spécifiquement conçu pour promouvoir l'investissement vert. À cette fin, il leur faudra élaborer des politiques et des réglementations qui internalisent systématiquement le coût des externalités négatives (ex : en facturant un prix pour les émissions de carbone, en mettant en place un péage de congestion dans les villes ou en établissant des réglementations financières qui identifient et récompensent les effets sociaux et environnementaux positifs). La tarification des externalités environnementales doit être crédible tout en tenant compte de la situation nationale et des éventuels impacts sur la compétitivité. La conception des mesures favorisant l'investissement vert impose aussi de recourir à des techniques d'évaluation environnementale pour s'assurer que l'analyse coûts-avantages des pouvoirs publics tient compte du coût associé à l'épuisement des ressources naturelles et à la dégradation de l'environnement. Il faudra en outre que le cadre d'action envoie un signal cohérent aux investisseurs, producteurs et consommateurs, qui apporte la preuve de l'intérêt d'une trajectoire « verte » plutôt que « brune » pour la croissance et le développement futurs.

L'investissement vert crée des opportunités pour les économies aux différents stades de leur développement. En effet, il permet d'améliorer la sécurité de l'énergie en limitant la dépendance vis-à-vis des importations de combustibles fossiles, de réduire la pollution de l'air local et les coûts de santé associés, et de stimuler l'innovation et le transfert de technologie. Les pays en développement peuvent également faire l'impasse sur les anciennes technologies pour éviter des trajectoires de développement à forte intensité de carbone tout en répondant de façon efficace et économe à une demande croissante d'investissements en infrastructures. L'investissement pour la croissance verte peut également contribuer à créer de la valeur et des emplois dans différents segments des chaînes de valeur. Les pouvoirs publics ont un rôle clé à jouer dans la conception des programmes d'incitation à l'investissement vert afin de maximiser ces avantages (et d'internaliser le coût des externalités environnementales) ainsi que les avantages de l'investissement vert. Les entreprises peuvent également jouer un rôle important dans l'investissement vert par divers moyens : en sensibilisant aux risques et aux opportunités ; en encourageant les consommateurs à réduire leur impact sur l'environnement ; en améliorant les résultats des autres acteurs par l'intermédiaires des chaînes d'approvisionnement ; en prenant des décisions transparentes et fondées ; en travaillant en collaboration sur des solutions durables de pointe pouvant être utilisées dans de multiples industries.

L'intérêt pour des mesures ciblées visant à attirer les investissements dans des segments particuliers des chaînes de valeur vertes plutôt que pour d'autres qui visent à améliorer le climat de l'investissement en général semble s'être renforcé ces dernières années. En période de reprise post-crise, différents États ont élaboré des « politiques industrielles vertes » ayant pour objectif de soutenir la production nationale de biens et services environnementaux. Ils l'ont notamment fait en imposant des obligations de contenu local et en accordant des subventions faussant les échanges. S'agissant des chaînes de valeur mondiales, ces politiques peuvent cependant entraver l'investissement vert et la concurrence internationaux car elles alourdissent le coût des intrants pour les activités situées en aval (OCDE, 2015c). Ce problème est particulièrement aigu pour les petits pays en développement où la demande intérieure est faible et les infrastructures de soutien relativement limitées. Sauf si elles ciblent des activités susceptibles d'affronter la concurrence sur les marchés mondiaux – critère difficile à évaluer *ex ante*, ce type de politiques risque d'accroître les coûts des biens environnementaux achetés en interne. En outre, les mesures de soutien national qui opèrent une distinction entre les différents types d'investisseurs se gênent mutuellement et risquent d'entraîner des flux d'investissement loin d'être optimaux à l'échelon mondial.

Cette section ne porte pas sur une approche mécaniquement applicable à tous. Les pays doivent en effet concevoir leurs propres stratégies pour l'investissement vert et les adapter à leur situation, à leurs besoins et à leurs priorités spécifiques. La promotion de l'investissement vert se fera en fonction des cadres d'action et institutionnels, des niveaux de développement, des points de tension en matière d'environnement et de ressources naturelles ainsi que du leadership et de la volonté politiques à établir des priorités. Même si la situation de chaque pays reste unique, un certain nombre d'éléments communs doivent être pris en compte quel que soit le contexte.

L'objectif de cette section est d'aider les États à identifier ces éléments communs afin de mobiliser l'investissement pour la croissance verte. Les principaux points de réflexion des décideurs sont notamment :

- Faire en sorte qu'un engagement ferme des pouvoirs publics aux niveaux national et international soutienne la croissance verte et catalyse l'investissement vert du secteur privé ;
- Améliorer la cohérence des mesures de promotion et de facilitation de l'investissement, y compris pour aligner l'ensemble des mesures incitatives et dissuasives et faire disparaître progressivement les subventions aux combustibles fossiles inefficaces afin de soutenir la croissance verte comme moyen de développement durable ;
- Réformer l'action publique pour favoriser l'investissement vert, y compris en appliquant les principes de la politique d'investissement tels que la non-discrimination, la transparence et la protection des droits de propriété dans des secteurs susceptibles d'attirer des investissements verts. Il peut notamment s'agir des énergies renouvelables, de la gestion des ressources en eau ou des réseaux d'infrastructure de transports multimodaux et résilients face aux changements climatiques ;
- Lutter contre les rigidités des marchés et des réglementations qui favorisent les technologies et les pratiques historiques consommatrices de ressources et fondées sur les combustibles fossiles, dans les secteurs des transports, de l'électricité ou de l'eau par exemple (voir la section sur la *Politique de la concurrence*) ;
- Proposer des outils, des fonds et des instruments financiers publics pour faciliter l'accès aux financements et mobiliser des cofinancements pour les projets verts, y compris pour mobiliser des investissements institutionnels à long terme, tout en veillant à optimiser l'utilisation des fonds publics ;
- Renforcer la coordination et améliorer la gouvernance publique aux différents échelons de gouvernement et au sein de ceux-ci, en particulier concernant les autorités chargés de la gestion de l'environnement et des ressources naturelles, de l'énergie et de l'investissement ;
- Mettre en place des politiques pour encourager un comportement des entreprises qui soit responsable et respectueux de l'environnement et une participation de l'ensemble des parties prenantes à la croissance verte, y compris aux stratégies d'investissement vert, et
- S'attaquer à d'autres problèmes transversaux tels que l'instauration de mesures pour promouvoir une participation efficace du secteur privé (international ou national) aux projets d'infrastructures vertes, y compris par le biais de co-entreprises ou de partenariats public-privé (PPP), et combattre les obstacles actuels aux échanges et aux investissements internationaux dans les projets, les biens et les services environnementaux.

Questions et principes essentiels

1. Quels sont les objectifs et les priorités du pays à l'égard de la croissance verte et comment sont-ils intégrés dans la vision ou les objectifs de développement nationaux, les plans de développement, d'occupation des sols ou d'infrastructure, et les politiques qui concernent notamment les investissements en infrastructures et l'occupation des sols ?
2. Quels sont les politiques, lois, instruments fondés sur les lois du marché et réglementations (y compris sectoriels) en place pour stimuler l'investissement privé afin de soutenir la croissance verte tout en contribuant à d'autres objectifs de l'action publique tels que la réduction de la pauvreté ?
3. Les pouvoirs publics ont-ils soutenu la transition vers l'investissement vert et l'adoption de technologies et de pratiques vertes par le biais, par exemple, de mesures d'incitation ciblées et à durée limitée, de l'innovation, de financements innovants ou de réformes des réglementations financières afin de stimuler l'investissement vert ?

4. Les pouvoirs publics respectent-ils les principes fondamentaux de l'investissement comme la protection des investisseurs et des droits de propriété intellectuelle et la non-discrimination dans des secteurs susceptibles d'attirer des investissements verts ?
5. Les lois sur la concurrence et leur application garantissent-elles des conditions de concurrences égales pour les acteurs historiques et les nouveaux entrants sur les marchés des infrastructures vertes ?
6. Comment les pouvoirs publics veillent-ils à garantir l'uniformité et la cohérence des politiques environnementales, sectorielles, économiques et d'investissement qui ont une incidence sur l'investissement vert du secteur privé aux différents niveaux de l'administration et des organismes publics et au sein de ceux-ci ?
7. Quelles mesures le gouvernement a-t-il prises pour aligner les politiques nationales et infranationales (y compris urbaines) susceptibles d'avoir un impact sur l'investissement vert ?
8. Existe-t-il un cadre juridique clairement établi pour les marchés publics, les PPP et d'autres dispositifs de cofinancement pour soutenir l'investissement vert ?
9. Comment les pouvoirs publics consultent-ils le secteur privé et les autres parties prenantes locales pour concevoir et mettre en œuvre des stratégies et des plans, des mesures et des réglementations qui soutiennent l'investissement vert ? Quel est le rôle des politiques en matière de science et de technologie et des établissements de recherche-développement dans la promotion de l'investissement vert ?
10. Les pouvoirs publics s'attaquent-ils aux obstacles actuels aux échanges internationaux et veillent-ils à ce que les politiques en matière d'investissement vert soient compatibles avec les règles de l'OMC ? Comment peut-on utiliser les règles du commerce international pour promouvoir ces politiques ?

Questions supplémentaires

Vue d'ensemble des possibilités d'investissement vert	• Quelle est la situation générale du pays en matière de ressources (ressources naturelles, biodiversité, mix énergétique, etc.) ? • Quels sont les engagements internationaux du pays à l'appui de la croissance verte, par exemple : objectifs de réduction des émissions de gaz à effet de serre (GES) en vertu de la Convention-cadre des Nations unies sur les changements climatiques (CCUCC), ou engagements relatifs à la biodiversité en vertu de la Convention sur la diversité biologique (CDB) ? • Quels risques se posent (ou pourraient se poser à l'avenir), en termes de contraintes pesant sur les ressources naturelles ou de raréfaction, et seraient susceptibles de freiner le développement futur ? • Quels sont, selon le pays, ses principaux défis et opportunités en matière de croissance verte dans les différents segments des chaînes de valeur vertes ? Quels sont, selon les autorités, les principaux obstacles à l'investissement vert ? Le pays a-t-il identifié les besoins en investissement pour atteindre ses objectifs de croissance verte ? • Les pouvoirs publics ont-ils trouvé le juste équilibre entre les objectifs à atteindre sur le plan environnemental et sur le front de l'investissement ? • Le gouvernement a-t-il identifié les actions à mener en priorité pour renforcer la participation du pays aux chaînes de valeur mondiales vertes, dans les divers segments (projets d'infrastructure d'aval, activités manufacturières du secteur intermédiaire et extraction des matières premières en amont) ? • Le gouvernement tient-il compte de la contribution de la croissance verte et des possibilités d'investissement vert aux objectifs publics en matière de réduction de la pauvreté, d'équité sociale et d'inclusion sociale ?
Engagements des pouvoirs publics envers la croissance verte	• L'État prend-il en compte des considérations liées à l'environnement ou aux ressources naturelles dont il dispose dans ses plans d'infrastructures et/ou ses plans de développement nationaux ? Dans l'affirmative, de quelle façon ? Dans la négative, envisage-t-il de le faire, et comment ? • Existe-t-il des politiques ou des lois en vigueur portant sur l'investissement privé dans le ou les domaines considérés comme prioritaires pour la croissance verte (par exemple, les énergies renouvelables, l'efficacité énergétique, la reforestation et/ou l'eau) ?

	• Quels ministères et organismes publics sont associés à l'élaboration et à la coordination des politiques d'investissement à l'appui de la croissance verte ? Quel est leur rôle respectif ? • Les accords d'investissement internationaux et les accords de libre-échange auxquels le pays est partie prennent-ils en compte les problèmes environnementaux ? Dans l'affirmative, veuillez préciser lesquels et comment.
Promotion et facilitation de l'investissement : principales politiques et incitations en faveur de l'investissement vert	• Le gouvernement a-t-il pris des mesures pour supprimer les subventions aux énergies fossiles qui sont inefficaces ? Le niveau de ces subventions et leur efficacité font-ils l'objet d'un suivi régulier ? • L'État a-t-il mis en place des mécanismes de tarification (taxe sur les émissions de carbone ou sur d'autres émissions ou taxes foncières) pour soutenir la croissance verte ? Quelles sont les autres mesures en place pour corriger les dysfonctionnements du marché, notamment ceux concernant les infrastructures vertes ou l'aménagement du territoire ? • Les autorités ont-elles recours à des systèmes d'échanges de droits d'émission tels que le Mécanisme pour un développement propre (MDP) pour atteindre leurs objectifs en matière de lutte contre le changement climatique, ou pour stimuler l'élaboration de systèmes d'échanges de droits d'émission nationaux, infranationaux ou régionaux ? • Quelles incitations (subventions, exonérations fiscales et tarifs d'achat, par exemple) l'État offre-t-il pour stimuler l'investissement privé à l'appui des objectifs de croissance verte ? • Ces incitations sont-elles limitées dans le temps et dûment ciblées (voir la section sur la *Politique fiscale* pour des orientations adaptées en matière d'incitations fiscales) • Les pouvoirs publics suivent-ils et évaluent-ils dûment la finalité, le coût et la réussite des mesures prises pour favoriser l'investissement vert ? À l'aune de quels référentiels la réussite est-elle mesurée, le cas échéant ? • Efficacité environnementale et suivi : Comment les autorités évaluent-elles et suivent-elles le coût et l'efficacité environnementale des taxes, des subventions et autres mesures d'incitation en faveur de l'investissement vert (*ex-ante* et *ex-post*)? • Quelles mesures l'État prend-il pour inscrire les politiques en faveur de l'investissement vert dans un cadre stratégique englobant les infrastructures nationales, l'énergie, l'aménagement du territoire, l'environnement et le climat ? • Quelles mesures ont été prises pour promouvoir les interactions entre les entreprises vertes, en particulier entre des filiales étrangères et des entreprises locales ? (voir la section *Promotion et facilitation de l'investissement* pour une analyse approfondie des liens d'investissement). • Quelles mesures ont été mises en place pour remédier aux obstacles spécifiques rencontrés par les PME pour investir dans la croissance verte ? • Les pouvoirs publics prennent-ils en considération les effets redistributifs des mesures d'incitation et de dissuasion en matière d'investissement vert (par exemple en associant les réformes des subventions aux énergies fossiles à des transferts monétaires) ? • À mesure que les marchés des nouvelles technologies vertes gagnent en maturité, les autorités veillent-elles à ajuster les technologies ciblées par les mesures incitatives de transition de façon à continuer de cibler des technologies qui ne sont pas encore compétitives et à éviter les subventions inefficaces ? • Les autorités veillent-elles à ce que le soutien public à court terme soit souple et ne privilégie aucune technologie en particulier, de façon à ne pas enfermer les secteurs verts dans des infrastructures et des technologies dépassées ? • Comment est évalué le rapport coût-efficacité du soutien public apporté aux technologies et activités vertes au sein des chaînes de valeur vertes ?
Politique d'investissement et politiques en faveur de l'investissement vert	• L'État veille-il à ce que les lois et règlements applicables à l'investissement vert ne soient pas discriminatoires envers les différents types d'investisseurs, qu'ils soient publics ou privés, étrangers ou nationaux ? • Quelles mesures l'État prend-il pour protéger les droits de propriété intellectuelle attachés aux technologies vertes ? Les lois et règlements régissant la protection des droits de propriété intellectuelle sont-ils appliqués de manière efficace ? Quelles mesures sont prises pour faciliter l'innovation environnementale dans les secteurs verts et d'autres secteurs ? • Le système d'exécution des contrats est-il efficace et largement accessible à tous les investisseurs en infrastructures vertes ? • Quelles mesures l'État prend-il pour faciliter la délivrance de permis pour des projets verts ? • Le gouvernement se penche-t-il sur les mesures de protectionnisme vert (comme les exigences de contenu local) qui sont de plus en plus souvent remises en question dans le cadre de différends entre investisseurs et États et de plaintes déposées en vertu de conventions internationales ? Parallèlement, les autorités vérifient-elles si les traités d'investissement font obstacle aux politiques environnementales ?
Problèmes de concurrence concernant l'investissement vert	• Les autorités de la concurrence ont-elles dûment sanctionné les pratiques contraires à la concurrence des opérateurs historiques, y compris des entreprises publiques, qui entravent l'investissement vert et freinent la croissance verte ? • Les investisseurs et producteurs privés jouissent-ils d'un accès non discriminatoire aux financements en faveur de l'investissement vert ? • Les entreprises publiques et les entreprises privées bénéficient-elles des mêmes conditions de concurrence sur les marchés de l'énergie ? La séparation, qu'elle soit comptable, fonctionnelle ou structurelle, entre la production, le transport et la distribution des énergies renouvelables, a-t-elle été envisagée comme une solution pour faciliter l'investissement des producteurs d'électricité indépendants.

Politique relative aux marchés financiers et instruments financiers	• Quels instruments et mécanismes financiers (mécanismes d'atténuation des risques et d'amélioration de la rentabilité, prêts à taux bonifiés, obligations vertes, fonds publics pour l'environnement ou fonds verts de banques privées, etc.) sont en place pour stimuler l'investissement privé en faveur de la croissance verte, notamment pour attirer un investissement institutionnel à long terme ? • Que font les institutions financières publiques (banques nationales de développement, banques d'investissement vert, par exemple) pour mobiliser et accroître le financement des investissements émanant du secteur privé ? • Quelles règles financière en vigueur (se traduisant par un marché de l'assurance fonctionnant correctement et offrant une couverture des catastrophes naturelles) sont susceptibles de favoriser des investissements ayant des effets positifs en termes de croissance verte ? Les autorités ont-elles dûment pris en considération les conséquences imprévues que pourrait avoir la réglementation financière sur l'investissement vert ?
Gouvernance publique	• Quels mécanismes sont en place pour gérer la réforme de la réglementation aux différents échelons de l'administration afin d'assurer une application cohérente et transparente de la réglementation et des politiques visant à promouvoir la croissance verte, et le respect de normes claires de qualité de la réglementation ? (comités de pilotage, tables rondes, délivrance de permis environnementaux, etc.). • Quelles mesures l'État prend-il pour garantir l'indépendance des autorités de réglementation des marchés (par exemple pour le marché de l'électricité). • Des considérations touchant à l'environnement et à la croissance verte comme les impacts à long terme du changement climatique et la résilience au changement climatique sont-elles prises en compte dans les passations de marchés publics pour des projets d'infrastructure comme des routes, et dans la planification des infrastructures au niveau national et infranational ? • L'État a-t-il pleinement intégré la planification des infrastructures vertes et l'aménagement du territoire ? • L'État a-t-il pris en considération la croissance verte dans ses politiques d'urbanisme et de zonage (par exemple en vue de décourager l'étalement urbain ou d'éviter d'implanter de nouvelles infrastructures dans des zones inondables) ? • Les politiques de marchés publics tiennent-elles compte de considérations liées à l'environnement et à la croissance verte, comme l'utilisation efficace des ressources, la réduction de la pollution et la résilience au changement climatique ? De quelle manière ces critères sont-ils communiqués aux fournisseurs potentiels ?
Promouvoir une conduite verte des entreprises et la participation des parties prenantes à la croissance verte	• Quelles analyses d'impact environnemental et obligations d'évaluation environnementale stratégique sont en place et sont-elles dûment appliquées ? • Quelles mesures le gouvernement a-t-il prises pour promouvoir une conduite responsable des entreprises « verte » (par exemple : communication d'information sur l'environnement par les entreprises, mise en œuvre de système de gestion de l'environnement, formation du personnel aux problèmes environnementaux, information des consommateurs, certification et étiquetage, etc.) ? • Comment les autorités consultent-elles d'autres groupes de la société civile et encouragent-elles la sensibilisation et la participation du public (notamment des consommateurs) aux objectifs de croissance verte ? • Quelles mesures sont en place pour promouvoir le développement des compétences (dans le secteur public et privé) et préparer la main-d'œuvre dans domaines touchant à l'investissement vert ?
Coopération régionale	• Les pouvoirs publics ont-ils mis à profit les initiatives internationales et régionales visant à renforcer l'expertise en matière de promotion de l'investissement vert ? • Quelles mesures prend l'État pour faire avancer l'intégration régionale des marchés d'infrastructure nationaux et infranationaux ?
Choix entre fournisseur privé ou public dans le cadre de la croissance verte et mise en application de ce choix	• Les autorités envisagent-elles de recourir aux partenariats public-privé (PPP) pour mobiliser des financements et/ou des compétences privés pour déployer et gérer des infrastructures vertes ? Envisagent-elles d'autres formes de collaboration public-privé dans certains domaines « verts » ? • Quels cadres, instruments et dispositions institutionnels, réglementaires et législatifs sont en place pour assurer la soutenabilité financière, la responsabilité et l'optimisation des ressources dans les projets verts en PPP (capacités administratives au sein des institutions gouvernementales concernées, appels d'offres, contrats sur objectifs, mécanismes de règlement des différends, estimation *ex ante* de l'accessibilité financière des projets, transparence complète des conditions des appels d'offres, ou création de cellules PPP, par exemple) ? • Les contrats PPP sont-ils conçus pour offrir un partage des risques et une souplesse adaptés ? • Des critères de performance environnementale sont-ils intégrés dans les PPP ?
Politique commerciale	• Dans quelle mesure le gouvernement s'emploie-t-il à accroître les possibilités d'investissement vert par le biais d'accords commerciaux et par la mise en œuvre de ses engagements dans le cadre de l'OMC ?
Gestion de la biodiversité, de l'eau et des ressources naturelles	• L'État fixe-t-il le prix des ressources naturelles de façon à offrir des incitations économiques stables en faveur de l'investissement vert (par exemple en investissant davantage dans les infrastructures dans le secteur de l'eau et dans un traitement écologiquement viable des ressources naturelles) ? • Les autorités ont-elles recours à des mécanismes financiers innovants pour accroître les financements et les investissements en faveur de la biodiversité, comme des paiements pour services environnementaux (PES), une réforme fiscale en faveur de l'environnement et des systèmes de compensation pour la conservation de la biodiversité ?

Ressources supplémentaires

Pages Internet

OCDE, *L'investissement vert, www.oecd.org/fr/investissement/green.htm.*

OCDE, *Le changement climatique, www.oecd.org/fr/env/cc/financing.htm.*

OCDE, *La croissance verte et développement durable, www.oecd.org/fr/croissanceverte.*

Outils, orientations et manuels

AIE-OPEP-OCDE-Banque mondiale (2011), *Joint report by IEA, OPEC, OECD and World Bank on fossil-fuel and other energy subsidies: An update of the G20 Pittsburgh and Toronto Commitments*, élaboré pour la réunion des Ministres des finances et des Gouverneurs de banques centrales du G20 et le Sommet du G20, 2011.

AIE (2015, à paraître), *Energy Technology Perspectives 2015*, Éditions OCDE, Paris, *http://dx.doi.org/10.1787/energy_tech-2015-en.*

AIE (2014), *Energy Technology Perspectives 2014*, IEA, Paris, *http://dx.doi.org/10.1787/energy_tech-2014-en.*

AIE (2012), *Energy Technology Perspectives 2012*, Éditions OCDE, Paris, *http://dx.doi.org/10.1787/energy_tech-2012-en.*

Ang, G. et V. Marchal (2013), "Mobilising Private Investment in Sustainable Transport: The Case of Land-Based Passenger Transport Infrastructure", *Documents de travail de l'OCDE sur l'environnement*, No. 56, Éditions OCDE, Paris, *http://dx.doi.org/10.1787/5k46hjm8jpmv-en.*

Corfee-Morlot, J. et al. (2012), « Toward a Green Investment Policy Framework: The case of low-carbon, climate-resilient infrastructure », *Documents de travail de l'OCDE sur l'environnement*, No. 48, Éditions OCDE , Paris, *http://dx.doi.org/10.1787/5k8zth7s6s6d-en.*

G20-OCDE (2012), « Policy Note on Pension Fund Financing for Green Infrastructure and Initiatives », Éditions OCDE, Paris.

Gordon, K. et J. Pohl (2011), "Environmental Concerns in International Investment Agreements: A Survey", *OECD Working Papers on International Investment*, No. 2011/01, Éditions OCDE, Paris, *http://dx.doi.org/10.1787/5kg9mq7scrjh-en.*

Kaminker, C. et al. (2013), « Institutional Investors and Green Infrastructure Investment: Selected Case Studies », OECD Working Papers on Finance, Insurance and Private Pensions, No. 35, Éditions OCDE, Paris, *http://dx.doi.org/10.1787/5k3xr8k6jb0n-en.*

Kaminker, C. et F. Stewart (2012), « The Role of Institutional Investors in Financing Clean Energy », *OECD Working Papers on Finance, Insurance and Private Pensions*, No. 23, Éditions OCDE, Paris, *http://dx.doi.org/10.1787/5k9312v2116f-en.*

OCDE (2015a, à paraître), *Aligning Policies for the Transition to a Low-Carbon Economy*, Éditions OCDE, Paris.

OCDE (2015b), *Lignes directrices pour l'investissement dans une infrastructure énergétique propre : faciliter l'accès aux énergies propres en faveur du développement et de la croissance verte*, Éditions OCDE, Paris.

OCDE (2013a), « How to unlock private investment in support of green growth? », note de réflexion rédigée pour le Forum de l'OCDE sur la croissance verte et le développement durable, 5-6 décembre 2013, Paris.

OCDE (2013b), « Enabling Investment in Sustainable Energy Infrastructure », *OECD Post-2015 Series, www.oecd.org/dac/POST-2015%20sustainable%20energy.pdf.*

OCDE (2011a), *La transition vers une économie sobre en carbone : objectifs publics et pratiques des entreprises*, Éditions OCDE, Paris, *http://dx.doi.org/10.1787/9789264090255-fr.*

OCDE (2011b), *Vers une croissance verte*, Éditions OCDE, Paris, *http://dx.doi.org/10.1787/9789264111332-fr.*

OCDE (2011c), « Harnessing Freedom of Investment for Green Growth », Table ronde sur la liberté d'investissement, No. 14, OCDE, Paris, France, avril 2011, *http://dx.doi.org/10.1787/9789264111318-8-en.*

OCDE (2009), « Infrastructures en eau et secteur privé : Guide de l'OCDE pour l'action publique », *Études de l'OCDE sur l'eau*, Éditions OCDE, Paris, *www.oecd.org/fr/developpement/investissementpourledeveloppement/infrastructureseneauetsecteurpriveguidedelocdepourlaction publique.htm.*

OCDE (2006), *Recommandation du Conseil sur les bonnes pratiques de gestion des dépenses publiques d'environnement*, C(2006)84, Éditions OCDE, Paris.

Examens, études de cas/de pays et indicateurs

Francke, E. et al. (2012), « The Mobilisation of Private Investment for Low-carbon, Climate-Resilient Infrastructure: The Case of Metrobus Bus Rapid Transit System in Mexico City », étude de cas établie par CTS EMBARQ Mexico pour l'OCDE.

OCDE (2015c à paraître), *Inventory of Estimated Budgetary Support and Tax Expenditures for Fossil Fuels 2015*, Éditions OCDE, Paris.

OCDE (2014a), *Green Growth Indicators 2014, Études de l'OCDE sur la croissance verte*, Éditions OCDE, Paris, *http://dx.doi.org/10.1787/9789264202030-en*.

OCDE (2013c), *OECD Investment Policy Reviews: Malaysia 2013*, Éditions OCDE, Paris, *http://dx.doi.org/10.1787/9789264194588-en*.

OCDE (2013d), *OECD Investment Policy Reviews: Costa Rica 2013*, Éditions OCDE, Paris, *http://dx.doi.org/10.1787/9789264203952-en*.

OCDE (2013e), *OECD Investment Policy Reviews: Jordan 2013*, Éditions OCDE, Paris, *http://dx.doi.org/10.1787/9789264202276-en*.

OECD (2013f), *Inventory of Estimated Budgetary Support and Tax Expenditures for Fossil Fuels 2013*, Éditions OCDE, Paris, *http://dx.doi.org/10.1787/9789264187610-en*.

OCDE (2012a), *Examens de l'OCDE des politiques de l'investissement: Tunisie 2012*, Éditions OCDE, Paris, *http://dx.doi.org/10.1787/9789264179431-fr*.

OCDE (2012b), *OECD Investment Policy Reviews: Colombia 2012*, Éditions OCDE, Paris, *http://dx.doi.org/10.1787/9789264167742-en*.

ORGANISATION DE COOPÉRATION ET DE DÉVELOPPEMENT ÉCONOMIQUES

L'OCDE est un forum unique en son genre où les gouvernements œuvrent ensemble pour relever les défis économiques, sociaux et environnementaux liés à la mondialisation. À l'avant-garde des efforts engagés pour comprendre les évolutions du monde actuel et les préoccupations qu'elles suscitent, l'OCDE aide les gouvernements à y faire face en menant une réflexion sur des thèmes tels que le gouvernement d'entreprise, l'économie de l'information et la problématique du vieillissement démographique. L'Organisation offre aux gouvernements un cadre leur permettant de confronter leurs expériences en matière d'action publique, de chercher des réponses à des problèmes communs, de recenser les bonnes pratiques et de travailler à la coordination des politiques nationales et internationales.

Les pays membres de l'OCDE sont : l'Allemagne, l'Australie, l'Autriche, la Belgique, le Canada, le Chili, la Corée, le Danemark, l'Espagne, l'Estonie, les États-Unis, la Finlande, la France, la Grèce, la Hongrie, l'Irlande, l'Islande, Israël, l'Italie, le Japon, le Luxembourg, le Mexique, la Norvège, la Nouvelle-Zélande, les Pays-Bas, la Pologne, le Portugal, la République slovaque, la République tchèque, le Royaume-Uni, la Slovénie, la Suède, la Suisse et la Turquie. L'Union européenne participe aux travaux de l'OCDE.

Les Éditions OCDE assurent une large diffusion aux travaux de l'Organisation. Ces derniers comprennent les résultats de l'activité de collecte de statistiques, les travaux de recherche menés sur des questions économiques, sociales et environnementales, ainsi que les conventions, les principes directeurs et les modèles développés par les pays membres.

ÉDITIONS OCDE, 2, rue André-Pascal, 75775 PARIS CEDEX 16
(20 2014 04 2 P) ISBN 978-92-64-20867-4 – 2015-01

www.ingramcontent.com/pod-product-compliance
Lightning Source LLC
LaVergne TN
LVHW080656011026
849160LV00014B/1454